# CONTES DE DACHAU

DU MÊME AUTEUR

*Aux Éditions du Seuil*

Allemagne (1955).
Histoire du catholicisme politique en Allemagne (1957).
Une idée neuve, la Démocratie (1962).
L'Europe (1966).
L'Allemagne n'est pas ce que vous croyez (1978).
L'Histoire de la social-démocratie allemande (1979).

*Aux Éditions Arthaud*

La Bavière (1981).

*Aux Éditions Calmann-Lévy*

L'Allemagne du Changement (1983).
Bismarck « Pensées et Souvenirs » (présentation) (1984).

*Aux Éditions Anthropos*

« Que devient l'Allemagne ? (avec B. Brigouleix) (1986).

*à paraître en 1987*

« Konrad Adenauer » (éd. Beauchêne).
« Deux peuples, un avenir » (éd. Anthropos).

JOSEPH ROVAN

# CONTES DE DACHAU

JULLIARD
8, rue Garancière
PARIS

ISBN 2-260-00503-9

*pour mes fils Christophe et Benoît,*
*afin qu'ils sachent*

# LE VOYAGE

C'était dimanche et le soleil de 7 heures du matin donnait à toute la ville un air neuf, doux et humide. L'air d'une châtaigne à peine tombée de son arbre. La longue colonne des prisonniers avait traversé Compiègne par rangs de cinq, deux mille cinq cents hommes. Après des mois de cellule et des semaines de camp c'était la première fois, pour la plupart d'entre eux, qu'ils marchaient à nouveau dans une rue entre des maisons, des fenêtres et des magasins.

C'était dimanche et les magasins d'alimentation et les bistrots étaient seuls ouverts et quelques-uns seulement, car il était tôt. En passant, on voyait les hommes qui buvaient le café ou le coup de rouge. Certains s'étaient mis à la fenêtre ou à la porte, leur verre à la main. D'autres, sans doute habitués au spectacle, ne s'étaient pas donné cette peine.

C'était dimanche et les rues auraient été vides, à part quelques jocistes et quelques vieilles dévotes en route pour une première messe; les rues auraient été vides sans notre colonne qui marchait vers la gare, cinq cents rangs de cinq hommes qui partaient vers l'Allemagne, le 2 juillet 1944, quatre semaines après le Débarquement.

Il ne faut jamais faire confiance aux événements, ne jamais aller au-devant des déceptions. Cela au moins on l'avait appris en prison (ou peut-être le savait-on déjà avant, au moment même de l'arrestation, et avant, de toujours) : ne pas espérer, se méfier de l'espoir. Ils avaient eu un mois pour nous libérer, et le mois avait passé, et nous partions pour l'Allemagne; tant pis, durer, durer, toujours durer était le seul désir, la seule façon de triompher de l'ennemi, la seule façon qu'il nous laissait de le combattre; durer, c'est-à-dire durer intacts, durer tels quels, durer nous, et non pas d'autres hommes, démantelés, désarmés, émasculés par les concessions, les trahisons, les découragements.

Le train ne nous attendait pas dans la vraie gare (peut-être n'y avait-il plus de vraie gare; les bombardements peut-être...), mais, ce matin, Compiègne n'était pas Compiègne et je ne reconnaîtrais pas ces lieux qui n'ont existé que ce jour-là, les lieux du départ.

Le train nous attendait sur une voie de garage. Il y avait une large étendue de soleil à traverser avant de le rejoindre et le soleil qui était déjà plus chaud que tout à l'heure, car cinq cents rangs de cinq hommes n'avancent pas très vite à moins qu'on ne les force à courir, à coups de bâton et de crosse (et cela, nous ne l'avions pas encore connu, pas ce jour-là), le soleil rendait plus vert encore, d'un vert plus criard, l'uniforme vert de la Geheime Feldgendarmerie qui nous attendait devant le train.

C'étaient de solides gaillards plus grands et plus larges que la moyenne des hommes et ils portaient tout l'attirail barbare de la puissance allemande, des chaînes d'honneur, des croix et des médailles, des instruments pour tueries mécaniques, légers et brillants comme des ustensiles pour cuisines américaines, des casques et beaucoup de courroies en cuir. Des bottes à la mesure de leurs pieds puissants rendaient leurs jambes redoutables. Le train était formé d'une trentaine de wagons de marchandises, qui avaient l'air abandonnés et sans tête, laissés-pour-compte sans locomotives sur cette voie de garage. Le soleil se faisait brûlant.

La longue colonne piétinait devant le train. Les Feldgendarmen prenaient des ordres et se les transmettaient en criant. J'étais content quand même, parce que ce n'étaient pas des SS. Nous étions tous ensemble, tous les membres du groupe, sauf Yéfime qui se trouvait loin en arrière avec les étrangers que, la veille, on avait séparés des Français, inutilement d'ailleurs car au camp tout le monde était mélangé. Nous étions plutôt en avant, et immédiatement devant nous se tenait le groupe de Lamirand, cinq ou six garçons d'un réseau groupés autour d'un chef légendaire pour sa bravoure, sa folle audace, et ses épaisses moustaches à la Guillaume II. Gaston, qui connaissait L., avait mis à Compiègne notre groupe en rapport avec le leur, mais nos relations n'étaient pas à la chaleur; hommes de réseau, ils méprisaient sans doute notre groupe de résistants de l'intérieur, hommes de droite à tempérament de ligueurs ou d'AF, ils devaient se méfier d'intellectuels de gauche dont quelques-uns, visiblement, étaient juifs.

Mais depuis que nous avions partagé la même baraque, après un des nombreux déménagements qui bouleversaient de temps en temps l'économie domestique de Compiègne, nous en étions venus à une espèce d'alliance, soutenue par une commune volonté d'évasion en cas de transport vers l'Allemagne. Nous savions par Gaston qu'ils s'étaient procuré quelques instruments et qu'ils avaient réussi à les garder lors de la grande fouille qui, la veille, avait marqué notre passage dans les deux baraques réservées aux « partants ».

Le Zébu, lui aussi, avait eu plusieurs entretiens avec Lamirand et nos deux groupes avaient décidé d'exécuter en commun leurs projets. Un Feldgendarm à l'uniforme d'officier se plaça face à notre colonne et se mit à parler en un français lent mais correct. Nous allions partir groupés par cent. Cent prisonniers par wagon. La discipline la plus stricte était de mise. Toute tentative d'évasion serait réprimée par les armes; en outre, des otages choisis dans le wagon d'où partiraient ces tentatives seraient également fusillés, et les survivants groupés par deux cents et mis à nu. Tous ceux qui seraient possesseurs d'instruments coupants ou tranchants pourraient les déposer immédiatement et seraient alors exempts de punition. Découverts plus tard, les possesseurs éventuels de ces objets seraient immédiatement fusillés. Le mot fusillés était prononcé calmement, avec une pause après la première syllabe.

L'officier termina son discours et l'embarquement commença. Chacun de nous craignait que la division par centaines ne vînt déchirer l'unité de nos deux groupes. Chacun s'apprêtait aux manœuvres nécessaires pour rejoindre les autres en cas de séparation, à la faveur du désordre qui ne manquerait pas de se produire quand la précédente centaine serait poussée vers son wagon, ou qu'il faudrait au besoin créer. Nous guettions le progrès des opérations. Au bout de cinq ou six centaines nous vîmes que nous n'étions pas menacés. Nous étions à peu près au centre de notre groupe de cent. Et comme la mesure de l'angoisse dont l'homme est capable se trouve vite atteinte, nous n'eûmes guère le temps d'éprouver des peurs plus générales; le soulagement de n'être point désunis nous rendait presque joyeux. Quelque chose de l'excitation qui précède tout voyage subsistait dans ces conditions anormales et le changement, l'incertitude, le départ hors des voies connues, mêlait à l'appréhension une espèce de charme, un étrange sentiment de liberté, au moment même où notre espace physique allait se trouver réduit à presque rien.

C'était sans doute l'espoir de l'évasion prochaine, irréalisable à Fresnes et presque impossible à Compiègne, et dont seule une mince paroi de bois allait nous séparer dès la tombée de la nuit. Mais c'était également le plaisir même de la nouveauté, en deçà de tout projet, et dont l'arrière-goût accompagne peut-être encore le condamné à mort sur le chemin du poteau, mêlé aux torrents de la peur, de la colère et de la peine.

Ce fut notre tour. La centaine dont nous faisions partie fut rapidement comptée par les gardes, puis, aux cris de « *Rauf, rauf* », de « *Schnell* », de « *Los* », il fallut escalader le plancher du wagon à bestiaux. Ce n'était pas facile sans escabeau ni échelle et je ne fus pas le seul qui, pressé par les camarades, eux-mêmes poussés par les Feldgendarmen, se déchira la peau des mains sur les planches inégales. Les premiers montés tiraient les suivants et bientôt nous fûmes réunis. Un garde monta après nous et se plaça au milieu de notre troupeau. Je n'avais pas eu le temps encore de regarder notre domaine. Il demanda en allemand qu'on lui passât couteaux, ciseaux et lames.

Deux ou trois peureux s'exécutèrent sous la muette désapprobation des autres. Le gendarme sortit et la porte fut tirée. Des bruits d'instruments nous firent comprendre qu'on scellait la serrure. En regardant par une lucarne latérale, je vis deux gendarmes entourer les poignées de fil de plomb et couper les bouts de fil à l'aide d'immenses tenailles.

Une lumière tamisée régnait à l'intérieur du wagon. Il me parut d'abord que la place était relativement grande. Les récits plus ou moins documentés entendus à Compiègne avaient parlé d'asphyxies. Quelques camarades, assis le long des parois, mangeaient du pain avec du saucisson, ce gros saucisson mou dont les Allemands nous avaient distribué une livre par homme. Comme les rations étaient maigres d'habitude, c'était l'annonce d'un long voyage. Au milieu du wagon se distinguaient un gros récipient vide, sans doute destiné aux immondices, une bouteille également vide et un tonneau contenant une vingtaine de litres d'eau. Quelqu'un, au bout de quelques instants, s'approcha avec un gobelet. Il y eut des protestations et l'on décida de rationner la boisson. Personne n'aurait à boire jusqu'à nouvel ordre. Il y avait un peu de paille par terre, et chacun posa le sac, la musette ou le petit paquet autorisé au pied d'une des parois. La lumière et l'air arrivaient par quatre ouvertures larges de trente centimètres peut-être et longues de cinquante, réparties tout en haut, aux deux bouts de chaque paroi longitudinale. Ces ouvertures étaient grillagées de barbelés.

Je m'aperçus soudain qu'il faisait chaud. Je m'approchai d'une des parois et m'assis en bas d'une ouverture. Beaucoup de camarades étaient encore debout. Gaston et Gilbert s'étaient déjà installés derrière moi, Gaston adossé aux deux parois d'angle, Gilbert à côté de lui. Zébu parlait avec Lamirand. Il faisait chaud et sombre et je ne me sentais plus du tout excité. Dehors, on entendait des bruits de pas et de voix allemandes, l'embarquement continuait plus loin. Il y avait trente wagons à remplir. Le temps se mit à ralentir, je compris qu'il fallait attendre; à ma droite, quelques camarades commencèrent à jouer aux cartes.

L'attente se prolongeait. Maintenant nous désirions ce départ qui pourtant nous conduisait vers l'inconnu et nous éloignait de la libération. Mais l'attente est pire; et partir, au moins, nous rapprochait d'une certitude, celle que nous trouverions au terme du voyage. Des bruits variés avaient couru, à ce sujet, au camp. Nous avions appris d'abord que les déportés étaient conduits dans de vastes camps en Allemagne centrale, en Thuringe où ils demeuraient de longs mois. De là, ils pouvaient écrire en France et recevoir des colis. Plus tard, revêtus d'habits de forçats, en tissu rayé, ils étaient envoyés dans des Kommandos de travail d'où ils ne pouvaient plus écrire. Il était probable que la guerre finirait avant le terme de notre séjour dans le camp central.

D'autres bruits disaient que notre convoi allait en Autriche et d'autres encore, qui nous étaient parvenus par le canal de notre ami le dentiste, ce résistant périgourdin à qui nous avions laissé en partant toutes nos provisions encombrantes, une grosse valise pleine de riz, de sucre, de pâtes et de haricots (nous ne savions pas que, de tous les convois de déportation, nous serions le seul à qui les SS rendraient, au camp même, leurs valises et bagages personnels), parlaient du camp de concentration de Dachau. Si grandes étaient encore, après quatre ans de lutte, notre naïveté et notre ignorance que nous nous étions refusés à croire que les nazis pussent envoyer des résistants étrangers dans leurs célèbres camps de concentration.

Plusieurs fois, j'avais moi-même expliqué aux amis que ce n'était pas possible, et qu'il y avait, sans doute, à proximité de la petite ville de Dachau un camp de prisonniers de guerre. Il y en avait un, en effet, mais ce n'est pas là que nous allions.

L'on se refuse toujours à penser à un péril dont l'étendue est inhabituelle, et nous ne pouvions croire, en partant, aux camps de la mort. La BBC anglaise elle-même, quand elle reçut les premiers documents détaillés sur les camps d'extermination, crut avoir affaire à des faux, et ne les publia pas. En effet, admettre l'existence des « Camps », c'est admettre que le Mal n'est pas cantonné quelque part aux frontières, aux extrêmes limites de notre monde civilisé, comme les Bédouins en marge de la vie sédentaire, mais qu'il vit au cœur du réel, mordant sur chaque instant, sur chaque être, sur chaque institution. L'esprit ne s'habitue pas facilement à la réalité de cette cohabitation.

L'attente se prolongeait. François, dit le Zébu, était revenu s'asseoir à côté de moi. « Il faut attendre la nuit, me disait-il, espérons que nous serons encore en France à ce moment-là. »

« De ce point de vue, disais-je, l'attente est du temps de gagné. Il fallait six heures à peu près, avant guerre, pour aller à Strasbourg, mais à présent c'est plus lent. Un train de marchandises va moins vite qu'un train de voyageurs, avec ses vingt-cinq ou trente wagons!... Sûr, disait François, et puis il y a la Résistance, et les voies qui sautent, et tous leurs trains militaires. Quelle heure est-il à présent? »

Il était 9 heures et demie sur la petite montre qu'on m'avait un jour rendue, à Compiègne, avec mon portefeuille et ma fausse carte d'alimentation.

« Avec la double heure d'été, il ne fait nuit qu'à 10 heures et demie, 11 heures du soir. Il faudrait qu'il aille bien lentement, ce train.

– Oui, et puis j'aimerais autant pouvoir sauter avant l'Alsace; d'abord tu es moins sûr des sentiments des gens, et puis là-bas c'est déjà l'administration allemande avec ses gendarmes et il y a une espèce de frontière à franchir qui est certainement gardée.

– C'est Lamirand qui décidera, mais je lui en parlerai.

– Tu crois qu'il est bien d'accord pour nous emmener? Je ne peux m'empêcher de me méfier, ils ne nous aiment pas.

– Mais si, ils me l'ont formellement promis, j'ai confiance dans sa parole. Comment penses-tu qu'on pourra se protéger contre la chute?

– Il faudra s'envelopper la tête dans une couverture pour essayer d'amortir le choc, et se plier en boule. »

Je rêvais au moment de l'évasion. Ce serait l'obscurité complète. En tombant nous risquions de heurter un parapet ou un aiguillage, de nous couper en morceaux ou de nous crever un œil. Sauter dans la nuit, ou plutôt se couler à travers le trou ce serait comme le saut du plus haut tremplin dans la piscine, les doigts de pied cramponnés au tapis rugueux et mouillé; se décider, c'est cet instant matérialisé par la secousse, le temps est perçu sans l'opposition radicale du « pas encore » et du « maintenant », maintenant je suis parti, je tombe et j'ai à peine le temps de penser à une seule chose, tendre mes jambes et tout mon corps, n'être plus qu'une pointe qui fonce, et c'est déjà la tempête bouillonnante de l'eau.

Il y eut une secousse violente qui nous jeta les uns sur les autres. C'était sans doute l'arrivée de la locomotive et un jalon de plus vers la fin de l'attente. Nous étions presque tous assis, à présent, et l'espace dont disposait chacun ne nous permettait pas d'étendre nos jambes. Il fallait s'encastrer et s'emboîter les uns dans les autres, les jambes écartées. La chaleur était telle que certains, déjà, avaient enlevé tous leurs vêtements et restaient en slip. Les chemises et les pantalons étaient accrochés aux parois ou se balançaient au-dessus de nos têtes, suspendus sur des cordes, des ficelles, des ceintures, des bretelles. Le nombre d'objets hétéroclites que cent gaillards précédemment fouillés, leurs bagages réduits à l'extrême, peuvent encore porter sur eux est étonnant.

La bouteille que nous avions trouvée à côté du tonneau fut mise en circulation. Elle fut d'abord l'objet de mainte plaisanterie. Ce n'était pas facile en effet d'adapter à son étroit goulot, et devant toute l'assemblée, le membre viril. Certains eurent peur de la contagion et se continrent. Le Zébu, lui, n'y arriva jamais. Je le vis, la figure flambante de colère, s'efforcer de vaincre l'inhibition de ses muscles et de ses nerfs. Il fut réduit à uriner dans un vieux chapeau qui passait ensuite de main en main jusqu'au tonneau. La bouteille pleine était vidée par la lucarne. C'était quand même mieux que si chacun, dérangeant tout le monde, avait été obligé de se frayer un chemin jusqu'au récipient. On plaisanta beaucoup les ennuis supplémentaires que devaient subir, de ce point de vue, les convois de femmes.

Et puis ce fut quand même le départ, soudain, après une attente si longue qu'on avait déjà commencé à s'installer dans cette immobilité, de sorte que ce fut encore une surprise. Lentement, de plus en plus vite, le bruit régulier des roues nous constitua un champ sonore.

Par les lucarnes entrait un petit courant d'air chaud. Nous roulions vers l'Allemagne et nous roulions en même temps à la rencontre de l'heure de l'évasion; l'espoir faisait taire l'appréhension et il n'y avait plus que cette journée à passer. Demain déjà nous serions libres, peut-être, et chacun tentait d'imaginer cette liberté, le premier instant, la chute sur le ballast, les cris des gardes, les rafales des mitraillettes (car il ne fallait pas s'attendre à passer inaperçus), la fuite courbée hors du champ de vision des gens du train, la marche rapide dans la nuit pour s'éloigner le plus possible du lieu de l'évasion et, le jour même, les premiers contacts avec la société, avec l'instituteur sans doute ou avec le curé. Il y avait un « pour » et un « contre » dans chaque cas, et nous retrouvions, au sein du groupe, pour discuter cette éventualité, tous les arguments dont la vie publique se sert, en France, depuis plus de cent ans, pour sa grande querelle intestine et vivifiante. Il y avait aussi le problème du groupe : fallait-il continuer tous ensemble, ou se diviser immédiatement ? Je m'efforcerais de rester avec François dont la force et le calme apaisaient mon courage souvent inquiet. Nous nous retrouverions tous à Paris chez Pierre Lebar. Quelques-uns avaient encore de l'argent, ces billets de mille que nous nous étions distribués à Compiègne. Nous nous arrangeâmes pour que chaque « couple » en eût un.

La journée, commencée si fraîche, se faisait à présent torride. Dans la pénombre du wagon, les corps dénudés respiraient avec peine. Le train ne marchait pas assez vite pour que le courant d'air entré par les lucarnes pût renouveler réellement l'air usé par la respiration. Avec la journée et le voyage, progressait une vague mauvaise humeur dont nous ne savions pas qu'elle appartenait déjà aux signes annonciateurs de l'asphyxie. Deux ou trois camarades assis derrière la lourde porte avaient la bouche et le nez collés à la mince ouverture qui subsistait, entre les parois et les vantaux, large à peine d'un centimètre, mais d'où entrait un filet d'air pur. Ils ne bougeaient pas de leur place, en dépit des prières, des grognements, des menaces même de leurs voisins et les voix, de temps en temps, s'élevaient. Alors quelqu'un disait : « ne parlez pas si haut, vous usez l'air des copains » et la querelle continuait à voix plus basse. Aux lucarnes, par contre, s'était établi une sorte de roulement et, juchés sur des bagages déposés au pied des parois, agrippés aux rebords en bois, ceux qui se sentaient faibles pouvaient respirer un quart d'heure durant l'air plein de soleil et de fraîcheur que le vent jetait vers la lucarne; un air précieux au goût plus pur que l'atmosphère même des hautes montagnes, qui sentait les fleurs et les prairies et les fruits, qui avait le goût du bon lait frais. Le vent, de temps en temps, jetait vers celui qui s'efforçait ainsi d'emmagasiner une provision de vie un moucheron ou une guêpe pour qui la traversée de notre prison ne posait pas de problème et que plus d'un regard suivait avec une envie puérile.

Ce n'est qu'aux environs de midi que l'on décida de procéder à la première distribution d'eau. « On », c'était un groupe qui s'était constitué au milieu du wagon et qui gardait le tonneau. Il y avait là deux ou trois garçons grands et forts de la bande à Lamirand, le comte d'Ussel, officier d'active mince et racé au profil d'oiseau de proie, et un homme d'une trentaine d'années, ni grand ni petit, aux traits pleins et calmes, qui durant la matinée prit beaucoup d'autorité. L'on sut peu à peu qu'il était médecin, on l'appela « Toubib » quand on eut à lui parler et tout le monde se sentit rassuré par la présence d'une autorité. Notre petite société eut donc ses cadres, une autorité temporelle exercée par d'Ussel et Fortier, l'adjoint de Lamirand, et une autorité seconde, culturelle, capable de prendre le relais si la première avait éprouvé de la peine à s'imposer. Nous eûmes tous une sorte d'élan mystique vers la garantie que représentait le titre de la Faculté de médecine. « Il » devait savoir ce qu'il fallait faire. Il le savait en effet, mais il n'était pas médecin. Quelques jours plus tard, à Dachau, il me raconta qu'il avait quelques connaissances d'amateur, mais qu'une fois promu par l'opinion publique au rang de médecin, il avait voulu se servir de la confiance presque religieuse qu'on lui portait pour maintenir un peu d'ordre parmi nous. Il y réussit assez bien, comme le montrera la suite de ce récit.

Fortier et le Toubib procédèrent à la première distribution d'eau. Chacun eut droit à un quart et nous avions calculé que le tonneau contenait l'équivalent de six cents quarts, donc de six distributions. Il fallait compter au moins trois jours de voyage si nous allions en Autriche. Deux distributions par jour. L'eau était chaude et de goût impur. Je plongeai ma langue dans le gobelet et l'y maintint longtemps. C'est si vite bu, un quart d'eau. Les voisins protestèrent parce que je gardais le récipient trop longtemps. Il n'y avait pas assez de verres, de gobelets et de quarts en aluminium pour tout le monde. Il y eut quelques controverses et contestations, l'un ayant bu, avant son tour, le quart destiné à un autre. Un « débrouillard » s'arrangea pour en boire deux, en happant au passage un envoi qui ne lui revenait pas. Fortier fit taire les voix, mais des murmures continuèrent longtemps à agiter âprement certains coins.

Au début de l'après-midi, nous arrivâmes en gare de Reims. Nos wagons restèrent immobiles, un temps qui nous parut interminable, plusieurs heures durant, sur une voie de garage, loin des quais réservés aux voyageurs. Des soldats allemands passaient à gauche ou à droite, à plusieurs ou seuls. Certains chassaient des lucarnes, à grands cris, ou même à coups de pierres, ceux qui venaient y respirer un peu plus librement. A côté de chaque lucarne il y en avait une seconde fermée par une planche clouée. Nous avions réussi durant le voyage à faire sauter un de ces morceaux de bois. Nous étions en train d'essayer de faire de même de l'autre côté quand vint à passer un soldat allemand qui, sans que nous eussions le temps de nous arrêter, vit ce que nous étions en train de faire, les bras passés à travers la lucarne ouverte entre les fils de fer. Alors, s'arrêtant, en trois mouvements, se servant de sa baïonnette comme d'un levier, il fit sauter les clous et la planche, puis recommença l'opération sur la seconde lucarne de la même paroi. De l'intérieur on lui criait merci et il nous souriait, inquiet, regardant à gauche et à droite si personne ne l'avait vu. Ensuite il passa sous le train, entre deux wagons, et nous enleva la troisième planche. Du coup nos ouvertures avaient doublé de surface. Tant que nous restâmes à l'arrêt, le soleil de l'après-midi frappant en plein le toit goudronné du wagon, la chaleur ne cessa de se faire plus pesante. Mais quand nous repartîmes enfin, chacun sentit que nous recevions deux fois plus d'air frais qu'auparavant. Ce n'était toujours pas beaucoup, mais ce fut décisif.

Nous ne roulâmes pas longtemps. Dans la petite gare où nous nous arrêtâmes cette fois-ci, notre train demeura le long d'un quai ordinaire où circulaient en liberté des Français quotidiens dont rien ne nous séparait, sinon l'abstraite et cependant si réelle menace des mitraillettes. Nous les appelâmes et ils eurent, pour nous reconnaître, cette mine de crainte sourde, d'inquiétude et d'incrédulité qui manifeste toujours le trouble d'une pensée soudain forcée à voir et à admettre qu'il est des hommes frappés d'un malheur inconnu et qui, peut-être, ne sont point coupables. Ils avaient peine à admettre que, derrière ces lucarnes grillagées, d'où montait d'ordinaire le meuglement déchirant des vaches déjà retranchées du monde au cours de leur voyage vers l'abattoir, apparussent des figures humaines, noires de sueur et de poussière, les yeux fiévreux, et que de ces figures émanassent des voix françaises réclamant de l'eau. Trop ancienne est la crainte de l'Ordre et de l'Autorité, la crainte respectueuse et vénérante, pour que le prisonnier ne soit pas tout d'abord un coupable à qui incombe de faire la preuve du contraire. La population allemande voyait passer, sans pitié, le plus souvent, les squelettes hagards des concentrationnaires habillés de rayé, car c'étaient des assassins et des terroristes et l'Autorité qui les punissait ne pouvait se tromper. Non seulement l'Autorité ne pouvait errer, mais le malheur de ces misérables paraissait le sceau d'une condamnation plus fondamentale encore, portée par le destin même et qui exigeait des spectateurs un geste d'adhésion active. C'est pourquoi la foule des badauds en vient peu à peu à participer aux lapidations qu'elle n'est d'abord venue voir qu'en spectateur.

De l'extrême misère, il faut se garantir par des gestes de désolidarisation. La foule allemande nous jetait des pierres et les Français de la petite gare nous demandaient : « Qui êtes-vous ? Qu'avez-vous fait ? »

Ceux des lucarnes criaient : « Nous sommes des résistants qu'on emmène en Allemagne, nous sommes des patriotes, nous sommes à cent dans chaque wagon, aidez-nous, on a soif, de l'eau, de l'eau. » La rumeur et les cris se communiquaient à l'intérieur du wagon et le spectacle offert aux gens de la gare devait être à la fois curieux et horrible : ces wagons à bestiaux remplis d'une sourde rumeur d'où sortaient des cris perçants et les figures sombres et luisantes se bousculant aux lucarnes. On entendait, plus loin, des Allemands qui hurlaient des menaces, mais de notre côté tout se passait entre les « Français libres » et nous. Quelques cheminots organisèrent une chaîne et les bouteilles, les gourdes, les casseroles pleines d'eau commencèrent à arriver aux lucarnes.

Il y eut des bousculades parmi nous, ceux du fond et de la paroi opposée essayant de percer à travers les copains massés autour des ouvertures. Fortier, d'Ussel, François, tous ceux qui avaient une haute taille s'efforcèrent de refouler les assaillants en hurlant et en invitant tout le monde à s'asseoir. Le Toubib distribuait l'eau qui arrivait. Il suivait chaque quart du regard jusqu'à son arrivée dans les mains du destinataire. D'autres cependant repassaient par les lucarnes des récipients vides. Tout le monde eut deux quarts pleins et quelques malins en eurent davantage. Les cheminots couraient, tout à leur tâche. Sur le perron, certains voyageurs se décidèrent à se mêler à la chaîne, d'autres restaient à l'écart, saisis de crainte ou de stupeur. Quelques-uns d'entre nous rédigeaient des messages et les faisaient passer aux cheminots.

Alors que nous en étions au commencement de la troisième distribution le train repartit et le soleil reprit son œuvre.

Les partisans avaient sans doute fait sauter de nombreuses voies dans la région, car l'on ne comprenait plus rien au trajet que nous suivions. C'était un de nos grands espoirs, que notre départ fût connu et toutes les voies bloquées; l'on disait à Compiègne qu'un convoi, déjà, avait été obligé de rebrousser chemin, quelques semaines plus tôt. C'est d'ailleurs ce qui devait se produire à la fin d'août avec les tout derniers convois. Mais vers le milieu de cet après-midi du 2 juillet, en dépit de nos quatre ouvertures supplémentaires et de la distribution d'eau par les cheminots, nous n'eûmes bientôt plus la force d'observer notre route. L'air lourd et nauséabond nous donnait des vertiges; des vieillards, des cardiaques, des malades suffoquaient; il y eut des évanouissements, un, deux, d'abord, puis en masse.

L'équipe dirigeante réunie autour du tonneau essaya de garder la situation en main. Elle ordonna à la moitié du wagon de se mettre debout pour que l'autre moitié puisse s'étendre, les malades et les évanouis étaient couchés au milieu, où le Toubib pouvait les soigner. Cet ordre fut encore exécuté mais à la relève, une demi-heure plus tard, il fut impossible de faire mettre debout les hommes de l'autre moitié. Les évanouissements se multipliaient ainsi que les congestions. Les figures rouges et suantes aux yeux blancs n'étaient pas belles à voir. Ceux qui ne suffoquaient pas pleuraient ou grommelaient, ou criaient contre leurs voisins. Deux petits paysans en vinrent aux mains et durent être séparés par les hommes valides les plus proches. Le Toubib ordonna le silence, pour ménager l'air, et dès lors on n'entendait parmi les plaintes des malades et les râles que des chuchotements et les ordres brefs des dirigeants.

A ce moment tout le monde était plus ou moins malade ou couché, les uns sur les autres, sans grand ordre, à l'exception des dirigeants qui, armés de serviettes et de chemises mouillées, essayaient, en faisant du vent, de procurer quelque soulagement aux plus congestionnés. De temps en temps, l'un d'eux, pris d'étourdissement, était obligé lui aussi de s'étendre et un camarade de la masse tentait alors de le remplacer. Le Toubib lui-même disparut ainsi pendant quelques minutes, mais il fallait le faire lever au bout de très peu de temps, parce que les malades, ne le voyant plus, commençaient à s'agiter. Le Zébu, à certains moments, était seul debout, le torse nu et brun, la figure rouge ocre, son grand nez palpitant. Il était beau et solide et j'éprouvai, dans ma demi-conscience, une espèce d'orgueil d'avoir toujours su et affirmé, même contre lui, que de nous tous il était le meilleur meneur d'hommes et le plus capable de jouer un rôle politique. Ce qui comptait pour lui c'était la décence, et c'était décent dans ce wagon d'aider et de soulager des gens qu'il méprisait pour la plupart. La contradiction ne l'affectait pas et elle n'existait effectivement qu'en surface.

A ce moment cependant, lui aussi fut pris d'étouffement et je pris la relève pendant une heure. Debout au milieu du wagon j'agitais doucement mon linge humide au-dessus des rangées désordonnées des malades et des affaiblis.

De temps en temps, un homme titubant se dirigeait vers le

seau, marchant sur des pieds et des mains qui n'avaient plus la force de réagir, et souvent il fallait l'aider à s'asseoir pour se soulager. L'odeur du seau que nous tenions fermé tant bien que mal par une planche contribuait elle aussi à charger l'atmosphère, et le wagon avançait à travers un monde auquel nous ne faisions plus attention. Nous oubliâmes même, peu à peu, que nous avancions et que nous étions dans un wagon. Tout se resserrait autour de la souffrance et de l'étouffement, le sang lourd aux paupières, aux tempes, dans nos pieds et dans nos mains, qui semblait ne plus circuler, et autour de l'attente des battements de notre propre cœur entre lesquels semblait s'écouler à présent une effrayante durée vide. Au bout d'une heure, je fus incapable de me tenir debout à la place de François et revins me coucher.

Gilbert, derrière moi, respirait péniblement, les yeux clos, son torse puissant se soulevait et retombait d'un mouvement qui me parut outré. Je sombrais dans une espèce d'inconscience, coupée de pensées balbutiantes. Quelqu'un dit : « Ceux qui sont croyants feraient bien de prier. » J'essayais de me concentrer dans un mouvement d'abandon et d'inclinaison, de me situer, de faire surface dans les multiples dimensions de l'univers mais les pensées dansaient devant mes yeux, dans mes orbites.

Le soir vint sans qu'il nous parût d'abord que la chaleur décrût. Peu à peu, cependant, la plupart d'entre nous sortirent de leur torpeur et de leur prostration. Il faisait toujours chaud mais nous respirions mieux et une nouvelle teinte d'ombre se mêlait à la semi-obscurité de notre petit monde. Nous procédâmes à une distribution d'eau tant que ce peu de jour nous restait encore. L'eau tiède au goût métallique ne procurait aucun soulagement, nos lèvres étaient gonflées, la langue trop grosse collait au palais et le pauvre quart d'eau disparut dans nos tissus comme les ruisseaux de pluie dans le désert. Il fallait à présent chercher des positions pour la nuit. Mais auparavant encore, il fallait s'entendre une dernière fois, pour l'évasion. Je me glissai près de Gilbert, de Gaston et d'Igor pour leur dire de ne pas changer de place pour que nous puissions les avertir facilement, dans l'obscurité, quand l'heure serait venue. Je me cherchai une petite place près d'eux et, enjambant les corps étendus ou écroulés, je m'en fus avertir François qui se reposait plus près du milieu et dans le voisinage du groupe Lamirand. Il fut entendu qu'il viendrait me chercher quelques minutes avant le départ et je retournai vers ma place, mais ma place était prise.

Il était difficile de se déplacer et je marchais sur les camarades déjà étendus qui s'impatientaient et m'injuriaient. Ce fut, comme une vague qui noie tout à son passage, un instant de désespoir complet, tout était fermé, barré, obstrué, je ne cherchais plus d'autre issue que celle de la position couchée qui m'était refusée, il n'y avait pas d'autres raisons de désespoir, car celle-là les comprenait toutes, je ne désirais rien d'autre que de m'étendre car ce désir ne laissait de place à aucun autre. Enfin, dans l'obscurité, quelqu'un en grognant réussit à me faire une petite place près de la paroi où j'avais posé mes chaussures et mes autres vêtements. Je pus m'asseoir et, profitant des moindres interstices, du moindre changement de position opéré par un voisin, j'arrivai à m'étendre sur le côté, les genoux emboîtés dans les genoux d'un camarade, la tête sur la cuisse d'un second, enserré dans un étau de chairs qui étaient toutes entre elles étrangères et cependant mêlées.

Du sommeil qui suivit ne me reste que le souvenir du sommeil. Chose extraordinaire que ce jour ait pu se terminer comme tous mes autres jours, par sa fin légitime.

Je me réveillai d'un sommeil noir; ce mot, d'ordinaire dépourvu de sens profond, était ici d'une vérité grandiose, au milieu d'une agitation confuse dans l'obscurité totale et le souvenir de la nuit du sommeil rendait plus noire encore la nuit du wagon. Les camarades au courant du projet ramassaient leurs affaires et s'habillaient, ce qui n'allait pas sans réveiller tous les autres voyageurs. Les candidats à l'évasion essayaient de s'avancer vers le milieu du wagon pour être plus près de la porte et chacun de leurs pas alertait un compagnon non prévenu. La rumeur grandissait et des protestations s'y mêlaient. Les uns n'y comprenaient rien et les autres ne comprenaient que trop, l'évasion leur apparaissait avant tout comme un péril nouveau, car ils n'étaient pas du nombre ou n'avaient voulu en être, et bientôt quelqu'un hurlait dans le noir : « C'est un crime! », et « il faut alerter les gardes »; « Ils vont tuer ceux qui ne seront pas partis », « ils nous mettront nus et à deux cents par wagon », et l'on se traitait de salauds et de pétainistes, d'égoïstes ou d'aventuriers. Pendant ce temps, je cherchais mes souliers sans les trouver. L'on entendait, dans un coin, le bruit de coups et de cris de plus en plus excités. Je hurlais moi aussi.

« Zébu, Zébu où es-tu ? » Et François me répondit à travers le tumulte : « Vers la porte! – Ne partez pas sans moi. » Mes souliers restaient introuvables, les beaux souliers bruns que Germaine m'avait envoyés dans un colis à Royallieu, car la cellule, les longues marches en rond des heures durant, pour maintenir la forme physique, avaient usé les semelles de ceux que je portais le jour de notre arrestation. Ce fut, pour moi, la deuxième panique intérieure de la nuit. Partir sans souliers, les pieds en chaussettes sur les pierres du ballast, puis courir sans souliers pour échapper aux gardes du train stoppé et à leurs projecteurs, c'était une espèce de suicide. Ma main en fouillant le long de la paroi rencontra de fortes chaussures montantes. Je les pris, et mes pieds s'y sentirent à l'aise. Je me souvins qu'un garçon qui n'était pas de notre groupe avait posé ses chaussures à côté des miennes au moment de la plus grande chaleur. C'était un jeune notaire périgourdin arrêté comme otage et qui n'était pas au courant des projets d'évasion. Je reportai sur lui la charge des pieds nus, et me consolai en pensant qu'il ne voulait pas, lui, s'évader et qu'au matin il aurait mes souliers.

Et puis, muni de mon sac de couchage retrouvé pendu à un clou au-dessus de la fenêtre et dont je pensais m'enrouler la tête en sautant (ce serait atroce que de tomber sur un pieu, se blesser à l'œil, rester sanglant sur la voie, tant d'images qu'il fallait chasser), je rejoignis François près de la porte et j'entendis les voix de Lamirand, de Fortier, du comte d'Ussel qui paraissaient être en train de forcer l'ouverture. Le tumulte grandissait, les discussions étaient furieuses et, souvent, complètement insensées. Mais le bruit des roues couvrait encore les cris et les protestations.

Nous attendîmes, l'instant me parut long et puis les travaux près de la porte s'arrêtèrent. Il y eut des conciliabules autour de l'endroit d'où venait la voix de Lamirand, j'appelai François, il vint et me dit à voix basse : « Ils ont renoncé, ils disent qu'ils ont cassé leur lime. Je crois qu'ils pensent que nous sommes trop nombreux, que nous avons été imprudents, qu'on aurait dû éviter de donner l'alerte aux autres. » J'étais comme anéanti. Tout le courage auquel je m'étais préparé, de sauter, de tomber, de courir, était coupé avant même de passer à l'épreuve du réel. François tenta encore une fois de faire fléchir la résolution de Lamirand. Il échoua.

J'enlevai les souliers volés et les remis près de la paroi. Je retrouvai une place je ne sais comment, le tumulte se calma peu à peu et je ressentis une immense fatigue avant de retomber dans le sommeil. La déception elle aussi fait dormir.

⁂

Le matin vint et une nouvelle journée. Le ciel était gris et le demeura jusqu'à la fin de l'après-midi et, alors même, le soleil ne fut plus ce qu'il avait été la veille, flamboyante menace d'extermination. La fraîcheur de la nuit demeura et le train, avec des alternances de lentes avances et d'arrêts prolongés, progressa à travers un pays qui était toujours la France et, plus particulièrement, les confins de la Champagne et de la Lorraine. Mais ces paysages encore si joliment français, avec leurs villages bas bien protégés par des haies et des bosquets, quand nous les apercevions à travers des fentes ou quand notre tour venait de pouvoir regarder par les lucarnes, n'avaient plus pour nous le même sens que la veille.

Ce n'étaient plus les lieux que nous aurions eu à retraverser, après l'évasion, pour revenir vers Paris et l'aventure de la Libération. C'étaient les murs peints et mouvants d'une nouvelle prison élargie jusqu'à l'horizon, mais prison quand même, et il n'importait déjà plus que cet horizon fût de France ou d'Allemagne. Nous roulions ou nous arrêtions et la journée passa, ni rapide ni lente – la résignation n'a pas d'écoulement.

La soif ne nous tenailla pas ou à peine, nul ne se trouva mal et certains même songèrent à ce qui restait de la livre de saucisse et du pain que l'administration allemande nous avait distribués. Ils mangèrent et, ensuite, comme nous, ils demandèrent la bouteille ou se frayèrent un chemin jusqu'au récipient idoine.

Vers la fin de l'après-midi le train s'immobilisa en pleine campagne, près d'un ruisseau et non loin d'un bois. Le soleil était revenu, mais tout de modération, il enjolivait sans chauffer. L'arrêt se prolongea et des voix allemandes remontèrent le train. Parvenues près de nous, elles parurent accompagnées d'autres bruits, plus surprenants : on ouvrait, c'était certain, les lourdes portes à coulissoirs et l'on faisait descendre les prisonniers. Bientôt, ce fut notre tour.

La porte était à plus d'un mètre au-dessus du ballast et nous sautions les uns après les autres. Un Allemand expliqua que nous pouvions faire la queue pour aller boire à une fontaine qu'il nous indiqua sur le bord de la voie, et soulager nos besoins naturels. Il fallait faire vite. Il demanda si nous avions des malades. L'interprète alsacien qui s'était trouvé parmi nous (je ne tenais pas à attirer l'attention par mes connaissances en allemand) alignait des phrases laborieuses. Nous avions trois malades, mais pas graves. L'homme de l'autorité se les fit présenter. Il décida de les emmener à la voiture-infirmerie où, dès le départ de Compiègne, on avait étendu sur une couche de paille plus épaisse les vieillards, les unijambistes et les fiévreux.

Je voyais tout cela se dérouler dans un monde latéral au mien, juxtaposé, mais l'essentiel n'était pas là, l'essentiel était le retour bruissant et étourdissant de l'air frais, le bruit de l'air frais dans mes oreilles et son battement dans mes tempes, c'était, mon tour enfin venu, l'eau froide de la fontaine coulant sur ma nuque, mes yeux, mes cheveux, coulant dans ma gorge et lavant l'épaisse couche de poussière, de crasse et d'indifférence qui m'avait isolé dans une gangue d'abrutissement.

Après quoi nous fûmes une longue, longue file de plusieurs centaines d'hommes accroupis, leurs fesses à l'air, sur le talus d'un fossé, la figure tournée vers le train. Dans notre dos, de cinquante mètres en cinquante mètres un Feldgendarm farouche, aux yeux vides, pointait sur nous le canon de sa mitraillette. Liberté sous condition. En me relevant je souris à la sentinelle la plus proche, un jeune à peu près de mon âge. Rien ne bougea dans ses traits un peu crispés par l'attention et j'effaçai mon sourire. Plus loin, le long du train, il y avait encore de l'agitation et des cris. Mais notre abrutissement, sans doute, était encore si profond qu'en dépit du bon air qui me faisait chanceler comme un homme ivre, en dépit du bon soleil vespéral, clément et doré, nous n'arrivions pas à fixer notre attention sur ce qui se passait chez les gens des autres wagons.

Bientôt les voix allemandes aboyèrent à nouveau et les ordres se rapprochèrent de nous : « *los los, schnell, schnell* »; il fallait briser le fin tissu d'enchantement aérien et solaire et regrimper dans le trou noir du wagon. C'était haut, et je crus que mes membres ankylosés n'y arriveraient jamais, mais les cris derrière nous étaient un bon stimulant : je me hissai avec violence et me trouvai en haut, debout, les mains encore une fois déchirées par des clous mal enfoncés dont les planchers étaient garnis.

Le wagon à l'air épais puait mais le jour entrait encore par la porte grande ouverte. Ensuite les Feldgendarmen surgirent, l'un d'eux se hissa dans l'ouverture et, nous ordonnant de nous enfoncer tous ensemble dans l'une des moitiés du wagon, il nous en fit sortir un par un et passer dans l'autre moitié, pour nous compter. Nous étions bien quatre-vingt-dix-sept. Le Feldgendarm sauta sur la voie, la porte glissa, le wagon fut obscur de nouveau et nous entendîmes que du dehors on bloquait comme à Compiègne les poignées avec des fils de plomb et des tenailles.

⁂

La deuxième nuit fut sans histoire, comme si le wagon lui-même s'était fait plus spacieux; l'épuisement nous fit dormir et nous savions que le lendemain nous nous réveillerions hors de France, tout au moins hors de cette France qu'Hitler avait mutilée des trois départements d'Alsace et de Lorraine.

Le temps, ce lendemain venu, demeura gris comme si le soleil voulait se contenter, une fois pour toutes, du mal qu'il nous avait fait le premier jour. Mais avec la lumière grise montait en nous l'appréhension du but du voyage. Tant que nous étions encore en France, même après l'évasion manquée, ce but nous avait paru lointain et comme invraisemblable. Le train semblait errer à travers le paysage lorrain : dans les petites villes, les inscriptions étaient maintenant en allemand.

Au passage des gares, sous les noms allemands, nous relevions, à travers la peinture fraîche, les lettres pas encore effacées des anciens noms français. Nous avions faim, mais la saucisse touchée quatre jours auparavant n'était plus qu'une masse peu appétissante. Nous avions froid et vers la fin de la matinée, puissante et trapue, apparut au loin la cathédrale de Metz et nous passâmes Metz sans nous arrêter. Nous roulâmes encore quelque temps et le train s'immobilisa dans la gare encaissée d'une petite cité qui était Sarrebourg. A gauche du train, les civils passaient sur les quais sans lever les yeux vers notre wagon de marchandises. Au-dessus du train un pont enjambait la voie et une route, à la sortie du pont, grimpait parmi les villas et les vergers. Un vieillard sur le pont nous regardait avec stupéfaction.

Nous, c'étaient des figures sales et hirsutes se poussant aux lucarnes et hurlant « à boire! »; les gens sur le quai pressaient le pas et coulaient vers nous des regards furtifs. Des SS arrivèrent en courant, brandissant leurs armes et glapissant des injures. Des officiers passèrent sans nous accorder la moindre attention. Et puis vint la surprise. Devant notre wagon apparut une petite voiture à bras, tirée et poussée par quatre infirmières de la Croix-Rouge allemande. La porte à coulissoir s'ouvrit à nouveau et « *schnell, schnell* », alors que nous nous tournions vers la lumière, des mains féminines gantées de blanc nous tendaient des gobelets de carton plein d'un potage odorant, épais et brûlant. Tout se passa si vite et les gardes nous observèrent de si près. « Qui êtes-vous ? » demanda cependant à voix basse et en français l'une des infirmières lorraines, celle qui était jolie. Le wagon tout entier répondit : « Des déportés politiques »; les questions se pressèrent, se bousculèrent : « Où allons-nous ? le savez-vous ? » Les pauvres filles n'en savaient rien et n'osèrent guère parler. Quand les gardes jugèrent que tout le monde avait été servi, la porte se ferma. Les gobelets vides nous restèrent comme un signe amical, incompréhensible, le commencement d'une nouvelle possession, premier pas au-delà d'un dénuement total, ou dernier don du continent connu que nous laissions derrière nous.

Après Sarrebourg le soleil, bien joli et timide, perça la grisaille et quelqu'un sut, soudain, que nous allions à Bitche. C'était une vieille forteresse et les Allemands avaient enfin compris que les prisonniers de la Résistance étaient des prisonniers de guerre comme les autres. Les rails chantaient presque joyeusement à notre passage puisque nous n'allions point traverser le Rhin. Au poste d'aiguillage le train obliqua. Augmentant sa vitesse il traversait en flèche des champs dorés.

Après, ce furent des maisons, et encore des maisons et un immense bruit de ferraille et le train s'engagea sur le pont. « Ce n'est pas le Rhin, dit quelqu'un, le Rhin est plus large », mais nous savions tous que c'était bien le Rhin et celui qui avait dit que ce n'était pas le Rhin savait lui aussi que c'était bien le Rhin.

De l'autre côté, il y avait des bois et des landes et des terrains vagues. J'étais debout sur une valise, le nez pressé contre les fils de fer du grillage et je regardais l'Allemagne. Nous débouchâmes sur une extraordinaire gare de triage, large de centaines et de centaines de mètres, qui alignait des kilomètres de rails à présent soulevés et embrouillés par les bombardements. Au loin, en bordure de la gare de triage, de hautes maisons dont plusieurs me parurent éventrées par les bombes.

Tout autour de notre train nos amis avaient labouré le terrain, mais le train passait à travers les ruines comme si le génie allemand avait jeté une passerelle de cratère en cratère. Les bombes alliées avaient détruit Karlsruhe, elles n'avaient pu empêcher notre train de passer. Les Alliés allaient à coup sûr gagner la guerre, mais il n'était plus sûr du tout qu'ils réussiraient à nous empêcher de la perdre.

Et beaucoup d'entre nous l'ont perdue, en effet, qui avaient partagé notre espérance toujours précise et toujours déçue; à Fresnes le jour du Débarquement, dans le grand silence qui tout à coup avait rempli la maison, plus totalement que les bruits de bottes et de chariot; à Compiègne, quand nous attendions l'offensive qui n'aurait lieu que dans six semaines; dans le train, quand nous espérions l'attaque FFI pour nous libérer, ou les rails déboulonnés. La science des cheminots allemands avait renversé les rôles et l'armée de Pharaon faisait traverser aux Hébreux captifs la mer Rouge, l'Europe ployée sous sa tyrannie.

Passé Karlsruhe, la nuit se mit à tomber et, le monde extérieur aboli, il fallut songer à dormir encore; c'était la troisième nuit. Installé tant bien que mal entre des bras, des poitrines, des jambes tous à moi étrangers et étrangers entre eux, dans une proximité physique à autrui que ne nous donne d'ordinaire que l'amour, et ce même voisinage nocturne qui nous donne tant de joie et de calme et d'apaisement était ici torture presque intolérable, incursion sans cesse répétée dans notre domaine privé, source de haine véhémente, de coups, de grognements furieux. Je m'endormis mais sans échapper à ce monde renversé et comprimé. Toute la nuit, les géants des mythes grecs et les cyclopes d'Ulysse montèrent à l'assaut de ma couche et j'eus beau, à l'aide d'un bâton pointu, crever leurs yeux uniques – et leur sang gélatineux m'éclaboussait –, ils me serraient de toutes parts, leurs pieds m'écrasaient, leurs bras musclés me battaient, leurs mains m'étouffaient, m'étranglaient, me soulevaient et me laissaient retomber au rythme des roues et du rail.

Les plus anciennes batailles de l'Univers étaient concentrées dans notre étroit wagon dont je savais pourtant l'étroitesse au fond de mon sommeil; si noire que fût la nuit, la réalité de ces étroites limites était immédiatement perceptible et présente et durait à travers mes cauchemars. Quand je me réveillai, un jour gris et indécis glissait sur nous des lucarnes et révélait la laideur du wagon. J'eus une espèce de déception, ce matin encore, quand ces hommes barbus, sales, fiévreux et dénudés, ce plancher où la paille, les immondices et les vêtements formaient un magma indistinct, se substituèrent au noir et pur enfer de la nuit, à la Mère première, à l'archétype de toutes les prisons.

Le train était arrêté de nouveau au milieu d'un paysage assez sévère de montagne; de grands prés inclinés se mêlaient aux bosquets de hauts sapins. Une petite pluie froide accentuait cette sévérité. L'Allemagne n'avait rien de riant.

En dépit du froid, nous eûmes soif. Le train s'était remis en marche et traversait les sombres vallées encaissées et les hautes étendues implacables du Jura souabe. Nous passâmes le Danube près d'Ulm et la plus haute église d'Europe avec sa puissante tour grise appartenait à une autre planète. Pour tromper la soif, nous tendîmes les gobelets de carton de la Croix-Rouge lorraine à travers le grillage des lucarnes et la pluie peu à peu les remplissait d'une eau douce et tiède. La plupart des camarades n'avaient plus la force de se livrer à d'aussi vastes entreprises et ma place à la lucarne ne m'était plus guère disputée. Ils se tenaient, mi-assis, mi-couchés, les yeux clos, dans le demi-jour du wagon et les régions traversées ne les intéressaient pas. L'on ne parlait plus guère, les discussions sur le but du voyage s'étaient tues. Je savais à présent que nous roulions vers Munich et j'avais de la peine à contenir le souvenir des renseignements que nous avions reçus à Compiègne et que nous n'avions pas voulu prendre au sérieux. Ce n'était pas possible! Mais je savais que Dachau n'était pas loin de Munich.

Une odeur étrange nous enveloppait depuis le début de la journée, une odeur de pourriture et de décomposition qui suintait de partout. Quelqu'un, vers le milieu de la matinée, émit l'opinion qu'elle provenait de la saucisse de Compiègne, vieille en effet de cinq jours. Nous jetâmes la saucisse par la lucarne, mais l'odeur ne disparut point. Elle n'était pas plus forte autour du petit tonneau qui recevait nos excréments qu'au-dessous des fenêtres. Elle ne nous quitta plus désormais, écœurante, de plus en plus forte et pénétrante et ce n'est qu'à la fin du voyage que nous devions comprendre son origine. C'était une odeur de cadavre.

A travers la pluie et les bois de la Souabe bavaroise le train atteignit Augsbourg, ville grise aux grands immeubles 1890 éventrés par les bombes. La vieille cité historique demeura invisible, nous étions interdits de beauté. Il n'y a qu'une cinquantaine de kilomètres entre Augsbourg et Munich.

## L'ARRIVÉE

Le train s'est arrêté vers 3 heures de l'après-midi. De Munich nous n'avions rien pu voir, rien que quelques wagons de marchandises et des rails sous la pluie fine et grise, mais je cherchais surtout un souvenir à raccrocher et ces rails si semblables à tous les rails du monde, je voulais qu'ils me fissent signe. Perché à la lucarne, je disais aux camarades qui regardaient avec moi que je reconnaissais la ville dont ils ne voyaient rien et s'ils n'avaient pas été si abrutis par le voyage qui en était à son quatrième jour, ils se seraient étonnés, peut-être, de me voir si agité.

Je leur expliquai que j'avais été à Munich avant la guerre. Raconter des histoires était devenu un plaisir commun depuis les longs mois à Fresnes qui avaient précédé l'interrogatoire, quand il fallait cacher au gendarme et au trafiquant de marché noir, mes compagnons de cellule, mon identité et mon activité dont la Gestapo ne savait rien. Et pendant l'interrogatoire le plaisir d'inventer avait soutenu le moral chancelant par l'appréhension des coups et des contradictions et le corps qui n'en pouvait plus de claquer des dents après la baignoire.

Mais le train était reparti de Munich sans avoir atteint la gare principale (sans doute était-elle déjà détruite), celle où on allait prendre le fiacre tiré par deux chevaux quand on arrivait de Vienne (jusqu'en 1926, parce que, l'année suivante, des innombrables fiacres il ne restait plus que quatre, misérables, isolés dans une masse de taxis tout neufs). Ce changement – comme le jour où Maman s'était fait couper les cheveux pour la première fois –, quelle haine de toute révolution ne m'avait-il pas inspirée pour des dizaines d'années! On roulait en sens contraire et je voyais bien que ce n'était pas la direction Rosenheim-Autriche.

C'était donc vrai qu'on allait à Dachau. Des camarades bien informés nous l'avaient dit sous le sceau du secret à Compiègne. Je leur avais ri au nez. Il était bien connu que des camps de concentration étaient réservés aux seuls prisonniers politiques allemands. On ne pouvait y envoyer les étrangers. Je me l'étais dit, et je l'avais dit aux autres, pour faire taire la petite contraction peureuse – et si c'était vrai quand même? Je n'y avais plus pensé durant le voyage. A moi qui avais lu avec tant d'attention angoissée, avide, les livres d'avant-guerre sur les horreurs des camps, il paraissait profondément impossible qu'on nous destinât, nous autres étrangers, à ces mêmes camps. Entre-temps, on passa le long d'un camp aux nombreux miradors. Renouveau d'angoisse. « Tenez, un Stalag », dis-je aux voisins. Mais je n'étais pas rassuré. Il ne pleuvait presque plus. On était arrivé. On avait fini de se rhabiller (la plupart d'entre nous avaient voyagé en slip ou en chemise, mais depuis la veille le climat changé nous rhabillait peu à peu).

Comme notre wagon était vers la fin du train, il fallut attendre longtemps le bruit déjà familier des bottes, puis celui des grosses tenailles qui coupaient les fils de plomb de la porte. Ensuite il fallait éviter la bousculade. Et surtout ne pas nous séparer. Rester ensemble tous les six et accrocher le groupe à la bande à Lamirand. Sauter du haut du wagon sur le ballast. Les hurlements en allemand. J'observais attentivement, tout entier à espérer que les brutalités de rigueur seraient simplement celles de tous les convois de prisonniers du monde et ne nous forceraient pas à conclure au « camp de concentration ». On chancelait dans l'air trop frais, trop pur, trop gras, trop humide. Des groupes se formaient peu à peu devant les wagons. On s'efforçait à suivre le sens des ordres, à être disciplinés, attentifs à garder quand même de la dignité. La tête tournait. On essayait de comprendre ce qui s'était passé dans les autres wagons durant le voyage. Toujours plus forte l'écœurante odeur de pourri. Les Allemands envoyaient des prisonniers robustes sortir des wagons quelques impotents aux figures hallucinées. Derrière, les camarades du wagon d'infirmerie semblaient en meilleure forme que nous. Les Allemands du voyage, géants vert clair de la Geheime Feldgendarmerie, faisaient sortir du rang ceux qui ne pouvaient plus marcher. Je voyais, inquiet, des SS à tête de mort discuter avec « notre » lieutenant et prendre possession des papiers qu'il leur tendait. Ce sont des SS, disait-on autour de moi. Mais non, mais non, disais-je, l'uniforme SS est noir. J'ignorais encore ce qu'étaient au juste les Waffen-SS. En face, dans la petite gare, un petit train électrique arrêté, tout pareil à celui de mes souvenirs d'enfant, nous regardait avec curiosité. Les voyageurs nous dévisageaient, sans hostilité ni intérêt. Un jeune soldat embrassait une jeune fille blonde en costume régional sur la plateforme. Puis l'autre train partit.

Il fallait traverser des voies, rester avec les amis, se ranger par cinq. Des soldats, en uniforme vert, ordinaires, oh non pas des SS, venaient nous encadrer. Certains avaient des chiens. Cela me paraissait inquiétant, mais ce n'étaient pas des SS! La longue, longue colonne s'ébranlait lentement. Il fallait marcher, une vraie route, une vraie ville, un Metzger (charcutier), une Brauerei (brasserie); dommage, c'était dimanche. Mais on voyait que les étalages étaient pauvres, vides. Cela me faisait plaisir, mais, en même temps, cela me peinait, cela faisait désordre. J'étais sur un rang avec des inconnus. François était juste devant moi. La route était humide, il faisait chaud. Ma tête tournait, tournait, tournait. J'essayais de sourire au soldat le plus proche; il n'était pas gentil, il ne répondit pas.

Je n'avais pas vraiment mal à la tête, mais une lourdeur, une absence, une peine vague, de la peine à me reconnaître, à savoir qui j'étais, un moi assourdi, obscurci. Ce malaise ne m'empêchait pas de voir, de sentir, de réagir, mais il y avait de la distance entre moi et les choses, entre moi et moi. La route, après un brusque tournant dans la verdure, s'écartait de la petite ville avant de l'avoir vraiment atteinte; à notre gauche, nous laissions un vieux château fort bien propre et peint à la chaux, dressé sur la colline qui dominait ville et rivière; la route passait sous la voie ferrée et les soldats ne nous regardaient pas. Ils nous voyaient sans nous voir comme si nous étions transparents.

Les petits enfants étaient ridiculement blonds, je ne me souvenais pas qu'il y eût tant d'enfants blonds en Allemagne. Ils ont tout changé, jusqu'à la couleur des cheveux, me disais-je avec colère. On peut faire des aryens. Les petits enfants en costume tyrolien et souvent pieds nus ne nous souriaient pas. Nous n'avions pas l'air de les intéresser. S'ils riaient, ce n'était pas d'un rire d'amitié. S'ils criaient quelques mots à notre intention, ce n'étaient pas des mots d'amitié. Mais moi, dès ce moment, j'allais chercher dans les paroles, sur les figures, dans les plus petits gestes des alibis pour l'homme, des contrepoids à la terreur, des excuses pour notre dégradation, et la leur. Ce n'était pas chez des enfants que je pouvais les trouver.

Ces petites maisons nazies peintes, au milieu de leurs minuscules jardins, entourées de fleurs, beaucoup de fleurs très colorées par la proximité de la montagne et qui sentaient trop fort, je ne les aimais pas du tout. Celles-là aussi, les nazis les avaient changées. Chaque famille a son illusion d'indépendance et les voisins sont assez près pour qu'on ne soit jamais seul. Tout ce quartier, un, deux kilomètres de petites maisons peintes en blanc, était trop neuf. Les jardins trop petits, les enfants trop blonds. A gauche, le chemin de fer rejoignait la route. Sans doute avait-on dit aux premiers rangs de marcher plus vite car soudain nous dûmes courir pour ne pas perdre le contact. Je ne voulais pas être séparé de François. Je haïssais les camarades autour de moi que je ne connaissais pas et qui avaient l'air si fatigués avec leurs barbes de cinq jours. A gauche, à présent, apparaissait une scierie. Sur les planches accumulées l'on distinguait, travaillant, des hommes habillés de costumes rayés bleu et gris, aux rayures verticales, coiffés de casquettes informes de même tissu. Je me rappelai ce qu'on nous avait dit à Compiègne. Il fallait courir encore.

A droite, les maisons disparurent. On approchait d'un petit

bois épais, mi-pins, mi-feuillus. Le paysage gardait toujours cet air vaguement inquiétant, trop soigné, de parc anglais. Il y avait cependant du bétail dans les champs, mais la route qui traversait ces champs était neuve, trop citadine avec son asphalte impeccable, ses trottoirs aux bornes blanches, ses allées pour cyclistes. Tout près du bois la route bifurquait. L'un des embranchements, escorté d'une voie ferrée, continuait tout droit et butait contre un immense portail fermé. L'autre longeait le bois et le mur.

Il devait se faire tard. Certainement 5 heures passées. Il faisait frais. Des soldats de plus en plus nombreux venaient à notre rencontre. Leur rire était franchement hostile. Ils portaient l'uniforme à la tête de mort. Des deux côtés de la route apparaissaient des villas d'un type nouveau, citadin, lourd, trop orné. Beaucoup de femmes, beaucoup d'enfants, des officiers SS. Pour tous nous étions transparents. Et toujours ce pays trop propre.

A présent j'avais vraiment de la peine à marcher. Pieds douloureux, estomac vide, tempes battantes malgré le retour de la fraîcheur. Je ne regardais pas les camarades. J'étais à peine conscient de leur présence. Nous ne parlions pas entre nous. L'immense troupe – nous ne savions pas combien d'entre nous étaient morts – avançait en silence, pressait le pas souvent sous les hurlements puis retombait à sa cadence épuisée.

Personne ne parlait à voix haute, parfois un mot bref, à peine articulé. Le contraste était vif avec la route de plus en plus animée. Une jolie femme trop blonde, trop grasse, un peu mûre, la première que je regardais attentivement, individuellement, depuis la jeune fille qui m'avait donné un petit morceau de chocolat dans le couloir central de Fresnes, après l'interrogatoire, quand je m'étais évanoui. Elle avait senti bon, drôle et désirable avec son manteau de fourrure en plein mois de mai et ses jambes nues. Mais nous étions transparents. La route s'élargissait, aboutissant à une vaste place carrée, au bout d'un grand casino-cinéma, à droite des villas trop cossues, à gauche un grand portail garni de grilles forgées, une vaste porte cochère défendue par une barrière noir-blanc-rouge, une guérite, un factionnaire. La barrière se leva, le factionnaire s'écarta, notre troupe tourna à gauche et passa sous le portail.

Derrière le mur la route continuait sur deux cents mètres environ au milieu d'un alignement de magasins et de bâtiments divers, quelques-uns sévèrement touchés par un bombardement qui devait être récent. Il y avait donc danger de bombardement allié. Mais s'il y a des bombes on doit pouvoir s'évader. Les bâtiments étaient gris et sombres, d'un style qui se voulait imposant et n'était que lourd. A gauche un immense édifice à quatre étages était écroulé à moitié sur une vaste place d'exercice. Les toits d'un rouge vif juraient avec les murs gris. Au bout des deux cents mètres, nouveau tour à droite.

Une allée bordée de magnifiques peupliers menait vers un deuxième portail plus haut, plus massif. Nous passâmes devant un petit bâtiment surmonté d'un mât de radio, appelé Standortskommandantur [1]. Dans chaque intervalle entre deux peupliers se tenait un SS armé de fusil, le chien en laisse. Les chiens aboyaient, les SS hurlaient; les soldats qui nous avaient accompagnés jusque-là nous abandonnèrent. Il fallait encore presser le pas. Le temps devenait de plus en plus frais. Les feuilles des peupliers laissaient passer une petite pluie fine. Cinq par cinq nous franchîmes le deuxième portail. François était toujours devant moi.

***

Après avoir passé le portail nous reçûmes l'ordre de nous arrêter. Sur une vaste place bordée d'un côté de baraques basses en bois et de l'autre côté de grands bâtiments en dur surmontés de toits pointus, plusieurs dizaines de tables avaient été installées. Le long de ces tables siégeaient des hommes en tenue rayée. Les membres de notre long cortège furent poussés vers ces tables, répartis par groupes de trente. J'étais dans le même groupe que François.

Les prisonniers qui nous interrogeaient parlaient plus ou

1. Commandement de la place.

moins bien le français. Beaucoup étaient luxembourgeois, d'autres des prêtres allemands. Commença alors la cérémonie de l'enregistrement. Plus tard je devais moi aussi y participer quelquefois, quand de grands convois de Français étaient annoncés et que je n'étais pas pris par le travail de mon propre Kommando. Ce jour-là, comme le scribe se rendit compte que je savais l'allemand, il me laissa me débrouiller seul avec ma fiche signalétique, décrire la couleur de mes yeux et de mes cheveux, la forme de mon menton, indiquer ma religion, les noms et prénoms de mes parents, les lieux de mon arrestation et de ma provenance (il fallait mettre SIPO-Paris, SIPO désignait la Sicherheitspolizei, police de sécurité, une branche de la Gestapo), d'après ce que me dit le prisonnier du service de l'enregistrement. La question importante était celle du métier. Était-il préférable d'indiquer une profession manuelle, électricien, ouvrier tourneur, quelque chose dont le Grand Reich pouvait avoir besoin pour son effort de guerre (un prisonnier utile avait peut-être des chances d'être mieux traité) ? Je me résolus à me déclarer comme « professeur » avec l'idée que je pourrais ainsi justifier et peut-être exploiter mes connaissances de l'allemand.

C'était le bon choix, car les camarades qui s'étaient affublés de métiers, qu'en fait ils ne maîtrisaient pas, se firent souvent maltraiter par les kapos des kommandos auxquels on les affecta, en fonction de la profession figurant sur leur Karte, leur fiche. Peu de Français, par contre, avaient de bonnes connaissances de l'allemand, et nos compatriotes étant soudain passés à un des premiers rangs numériques du camp, après les deux grands convois du 20 juin et du 5 juillet, mon bilinguisme me conférait, à mon insu, une haute valeur marchande. L'enregistrement des 1 500 hommes se fit en un temps record. La nuit n'était pas encore tombée que déjà, munis de nos bardas, nous étions rassemblés à nouveau en colonne par cinq et dirigés sur un des grands bâtiments en dur.

J'avais repris mes esprits, je me sentais moins angoissé, comme chaque fois que l'irréparable est arrivé, qu'un événement irréversible nous place dans un monde nouveau. Le fait d'avoir dû et pu opérer un choix y était certainement pour quelque chose. Je cherchai du regard François et les autres. Je rattrapai sa haute silhouette au moment où se formaient les rangs. Igor, Gaston, Gilbert et même Yéfime, que nous n'avions pas aperçu depuis la séparation à Compiègne, s'étaient rapprochés de nous en profitant du moment de désordre qui se glissa entre les formalités de l'enregistrement et le nouveau départ.

A peine une centaine de mètres nous séparaient du grand bâtiment. Des interprètes passèrent le long de nos rangs arrêtés pour nous demander de déposer nos bagages. D'autres prisonniers passèrent qui les ficelèrent en les marquant de notre nom. Nous ne devions conserver que nos vêtements, nos chaussures, nos ceintures, des peignes et d'autres objets de toilette. Je m'arrangeai cependant pour glisser dans une des chaussures le missel reçu à Fresnes. Nous pensions évidemment que nous ne retrouverions jamais rien de nos possessions personnelles, mais nous sous-estimions alors le côté méticuleux de la bureaucratie des camps. Les bagages furent déposés à l'Effektenkammer, immense dépôt d'objets divers; nous apprîmes par la suite qu'on pouvait solliciter la permission d'aller y chercher un objet autorisé, ou un document. A la libération, on devait me rendre mon sac avec quelques vêtements de rechange, mon portefeuille vidé de l'argent, bien entendu, mais contenant toujours ma fausse carte de ravitaillement.

Les bagages ayant été emportés, nous reçûmes l'ordre de nous dévêtir en ne conservant que nos chaussures, nos chaussettes et nos ceintures et les effets de toilette, qui devaient être portés à la main. Tout nus nous franchîmes alors les portes du grand bâtiment pour nous trouver dans une immense salle de douches. Une eau très chaude, dégageant de fortes vapeurs, jaillissait d'innombrables pommeaux fixés au plafond. Chacun reçut un morceau de savon grossier. Quelle merveille que cette douche brûlante après les suées et la crasse du voyage, la poussière de la route et de la Place d'Appel.

J'éprouvais une sorte de bien-être, très fort, très sécurisant, un bonheur du corps comme je l'ai rarement connu ni avant ni après, un bonheur trop bref bien qu'il durât plusieurs minutes et qu'il dissipât miraculeusement les appréhensions, les craintes. Je ressentis une sorte de curiosité allègre; je me sus capable d'affronter les épreuves qui nous attendaient. J'avais pu bavarder un peu avec les « scribes » de l'enregistrement. L'un d'eux m'avait dit : avant tout tâche de ne pas repartir en « transport »; Dachau, c'est ce qu'il y a de mieux maintenant parmi les camps et les kommandos, c'est devenu un véritable « sanatorium », autrement dit une maison de santé pour privilégiés, selon le sens du mot en allemand.

On nous donna à chacun une serviette en mauvais tissu qui nous essuya plutôt mal que bien. Ensuite, nous dûmes à nouveau former des groupes pour passer devant des prisonniers coiffeurs, munis de rasoirs à cheveux. Ceux-ci, en un clin d'œil, nous débarrassèrent de nos cheveux (coupe à cinq millimètres) et des poils pubiens, sans oublier les aisselles. A l'aide d'un pinceau plongé dans un liquide à base de crésyl, fort malodorant, ils nous badigeonnaient ensuite ces mêmes aisselles et l'entre-cuisse. Cela brûlait très fort, mais c'était, paraît-il, d'une grande efficacité contre les parasites.

Devant la salle des douches, nos vêtements avaient disparu, ils étaient remplacés par des tas de chiffons informes. Chacun dut en extraire une chemise, un caleçon, un pantalon, une veste, un couvre-chef. Cela sentait la désinfection. Pour faire vite, chacun dut prendre ce qui était à sa portée, devant lui; c'étaient les morceaux épars d'uniformes de l'armée yougoslave (mais cela je ne l'appris que plus tard); j'eus la chance de pouvoir saisir des pièces qui étaient à peu près à ma taille. En quelques minutes, notre convoi se transforma en une cohorte de clochards grotesques. Il n'y avait pas assez de tenues rayées pour le nombre sans cesse croissant des prisonniers, celles-ci étaient maintenant réservées aux détenus des kommandos appelés à quitter le camp pour travailler au-dehors. De même, la Kleiderkammer, la chambre d'habillement, manquait de sabots, ce qui nous valut la chance de pouvoir conserver chaussures et chaussettes. Ce fait devait avoir pour moi des conséquences très importantes.

Le cortège, ensuite, se reforma par rangs de cinq. Cette fois-ci, notre groupe tout entier se retrouva sur deux rangs voisins. Des détenus qui exerçaient visiblement des fonctions d'autorité, prirent livraison du convoi qui fut réparti, en fait, sur deux blocs dit de « quarantaine ». La nuit était tombée, mais mon excitation demeurait forte. Nous nous engageâmes dans une vaste avenue, perpendiculaire à la grande place, qui s'enfonçait entre deux rangées de baraques. Elle était ornée de grands peupliers. Tout au bout, le prisonnier qui avait pris livraison de nous ouvrit un portail en bois par lequel nous pénétrâmes dans une longue cour qui s'étirait entre deux baraques. Nous touchions au terme du voyage : nous étions arrivés au « Bloc » 29. Le chef qui remplissait les fonctions de Blockältester (doyen de bloc) nous fit asseoir par terre et commença à nous haranguer dans un allemand dont j'identifiai rapidement les consonances polonaises.

Brusquement, la fatigue s'abattit sur moi. La plupart des « nouveaux » ne comprenant pas l'allemand, les bavardages, les cris, les plaintes couvrirent vite la voix du chef de bloc. Celui-ci cria à plusieurs reprises « *Ruhe* » (silence) et fit signe à quelques gros-bras qui l'entouraient, armés de gourdins. Les coups commencèrent à pleuvoir sur les bavards et le silence se fit sur un fond de gémissements et de plaintes. J'avais fait taire rapidement mes voisins en leur soufflant que cela allait barder. Du coup notre secteur fut épargné.

Quand le calme fut rétabli, le chef du bloc nous exposa que nous étions arrivés dans un « bloc de quarantaine » où nous allions passer trois semaines avant d'être distribués sur des « kommandos de travail ». Pendant ce temps nous serions soumis à son autorité et à celle des Stubenälteste (doyens de chambrée), assistés des Stubendienste (mot à mot « service de chambrée »). Chacun se verrait attribuer une place dans les dortoirs et un Spind (casier d'armoire métallique). Le réveil était fixé à 4 h 30 et l'extinction des feux à 9 h 30. Les hommes valides s'acquitteraient des corvées, ils iraient chercher, sous la conduite d'un chef de chambrée, les repas préparés à la cuisine centrale du camp. Chaque fois qu'un prisonnier rencontrait un SS il devait s'arrêter et enlever sa coiffure; si un SS approchait d'une chambrée, le premier qui l'apercevait devait crier « *Achtung* ».

Pendant la journée il était interdit de stationner dans les

chambrées; les prisonniers devaient soit rester dans la Stube, la pièce de séjour attenante à la chambrée, soit se tenir dans la cour du bloc. La propreté la plus stricte était exigée; chaque fois qu'un prisonnier franchissait le seuil de la pièce de séjour il devait enlever ses chaussures. Le matin, les lits devaient être faits selon les règles militaires et si un SS apercevait le moindre faux pli dans les couvertures, le chef de chambrée et le coupable risquaient tous les deux de sévères punitions.

Entre prisonniers, toute formule de politesse était prohibée et le tutoiement de rigueur. Les malades devaient se signaler tous les matins pour être conduits au Revier (l'infirmerie), mais les simulateurs recevraient au retour au moins dix coups de schlague. Le chef de bloc parlait avec sérieux et sévérité mais sa figure ne me déplut point. C'était en effet un homme d'expérience, au camp depuis 1940, qui avait survécu à des périodes atroces. Tout en faisant régner la discipline parmi ces Français qui ignoraient tout de l'univers concentrationnaire et qu'on croyait portés sur le désordre par leur légèreté légendaire, il nous témoigna une certaine sympathie. Nous comprîmes plus tard que nous aurions pu tomber sur quelqu'un de pire. Ses adjoints et auxiliaires limitaient au maximum les interventions physiques. Les coups n'étaient pas, comme dans d'autres blocs ou kommandos, leur moyen de communication ordinaire. Comme il se faisait tard et que l'heure du repas du soir était passée depuis longtemps, les quatre chefs de chambrée prirent le commandement pour nous conduire vers nos lits. Dans chaque chambrée, c'étaient trois rangées superposées de châlits en bois, équipés de matelas de paille et d'une couverture, le tout imprégné de cette pénétrante odeur de désinfection qui régnait partout dans le camp. Chacun s'empara d'une couche, les plus astucieux et les plus chanceux, les plus rapides aussi, s'emparèrent du troisième rang où l'on se sentait moins écrasé, et des places les plus proches des fenêtres. Il n'était pas question de disposer d'un lit pour chacun, il y avait quatre-vingt-dix places et nous étions plus de deux cents par chambrée. A chacune des chambrées correspondaient des lavabos, avec des robinets d'eau froide et des cabinets à sièges, une dizaine, placés en alignement le long du mur. Ceux d'entre nous qui avaient besoin de se soulager s'y précipitèrent; très vite tout le monde comprit que c'était là un havre de paix relative où l'on était à l'abri des autorités : cela devint pour nous une des images les plus étranges et les plus communes de la vie du camp; cinq ou six hommes assis dans les cabinets faisant leurs besoins les uns à côté des autres et restant ensuite longtemps à fumer dans la nuit, à échanger des impressions et des souvenirs, leurs angoisses, leurs espérances, leurs fureurs. Ces instants de liberté prenaient un singulier relief, au terme des journées prises dans l'étau des contraintes, des ordres, des obéissances.

Avec François et les autres amis du groupe, nous y passions des heures à parler politique, littérature, philosophie, à peine dérangés par quelqu'un de pressé à qui il fallait momentanément céder un siège.

Nous regrettâmes beaucoup ce « dernier salon où l'on cause » quand la mauvaise saison mit fin à ces entretiens, car les lavabos n'étaient pas chauffés, pas plus d'ailleurs que les dortoirs mais là, deux cents corps suffisaient à dégager une atmosphère assez douillette quoique peu respirable. Et ce fut une nouvelle nuit, la quatrième depuis notre départ de Compiègne. Je m'endormis facilement, l'esprit léger, dans une sorte d'apaisement. La réalité restait en deçà de mes craintes. Dans le monde nouveau où nous étions entrés, il paraissait y avoir un certain ordre, des règles qu'on pouvait apprendre pour tenter de s'en servir.

Ce n'était pas, pour moi, un chaos d'activités incompréhensibles et imprévisibles, mais un univers où l'on pouvait lutter et s'organiser, un univers plein de dangers redoutables, certes, mais où il n'était pas absurde de vouloir survivre.

Je sais aujourd'hui que je n'aurais pas éprouvé ce genre d'étrange soulagement si le train nous avait débarqués à Auschwitz, ou à Mauthausen. Nous avions eu beaucoup de chance, mais cela, nous ne le savions pas encore.

# L'INSTALLATION

Je me réveillai dans l'île où nous avaient fait échouer les hasards de la guerre. L'aube s'annonçait à peine; durant tout notre séjour au camp, le réveil à 4 heures et demie fut pour moi l'épreuve la plus insupportable. Alignés dans la cour du bloc, après une toilette précipitée, nous attendîmes longtemps l'arrivée d'un SS chargé de nous compter après avoir reçu le « rapport » du chef de bloc.

Le calcul n'étant pas la matière la plus importante dans la formation des soldats SS, l'homme, souvent, devait s'y prendre à deux ou trois fois en jurant. Lui non plus, sans doute, n'aimait pas les réveils anticipés. Les hommes de corvée partirent ensuite chercher aux cuisines d'énormes bouteillons métalliques remplis d'une eau chaude « parfumée » de plantes à l'odeur étrange; le liquide était appelé « boldoflorine »; comme nous n'avions rien touché la veille au soir, on nous distribua un quart de boule militaire, du pain lourd, humide, presque noir mais dont le goût me parut exquis, accompagné d'un bout de margarine blanche à la saveur de noisette que j'appréciai beaucoup. On prétendait dans le camp que c'était un sous-produit du charbon et qu'elle ne contenait pas la moindre trace de matière végétale, ni calories ni vitamines. Ce n'était pas, de toute façon, un produit nuisible. Notre équipement comprenait maintenant une gamelle, un quart et une cuillère en fer-blanc qui, soigneusement nettoyés et entretenus, devaient être rangés dans le Spind, sous peine de punitions sévères. Je m'aperçus alors que mes mains étaient parsemées de blessures pustulantes : toutes les petites coupures, les échardes et écorchures du voyage s'étaient envenimées.

J'allai montrer mes mains au chef de chambre qui m'amena chez le chef de bloc, lequel m'inscrivit pour une visite au Revier. S'étant aperçu que je parlais bien l'allemand il me désigna sur-le-champ comme Hilfsdolmetcher, interprète auxiliaire. Me voici sorti de l'anonymat et connu de l'autorité supérieure.

Au cours de la matinée, je fus conduit avec les autres malades du bloc au Revier dont l'entrée se trouvait au Bloc 1, en bordure de l'Appellplatz, la grande place où la veille nous avions été enregistrés et qui, à présent, étendait au soleil sa vaste étendue vide.

L'infirmerie possédait des installations luxueuses, je vis en passant un cabinet dentaire qui aurait fait honneur à un bon praticien parisien, un bloc opératoire et une sorte de bibliothèque où s'entretenaient ou lisaient quelques prisonniers âgés revêtus de « rayés » qui me parurent d'une coupe fort élégante. Les Revierschreiber, secrétaires de l'infirmerie, occupaient en effet un rang élevé dans la hiérarchie du camp. Bien que leurs fonctions les plaçassent quelque peu à l'écart, leur influence n'était pas négligeable, grâce à la solidarité qui liait entre eux, bon gré, mal gré, les occupants des postes les plus prestigieux.

Un personnage revêtu d'une blouse blanche, infirmier ou docteur, débrida mes plaies et les désinfecta, ce qui fut moins douloureux que je n'avais craint. Il m'expliqua ensuite que l'infirmerie manquait de matériel et notamment de gaze qui était réservée aux hôpitaux militaires. On entoura donc mes plaies d'une espèce de papier hygiénique grisâtre et rugueux qui tenait mal en place. Réaction d'un organisme ébranlé par les fatigues du voyage et la tension intérieure : mes blessures, qui auraient été peu de chose en temps normal, mirent des semaines à guérir.

Dès ce premier jour nous reçûmes des visites. Des Français arrivés avant nous purent pénétrer dans le bloc de quarantaine, soit qu'ils fussent munis de laissez-passer réglementaires comme les membres du Kommando de la Désinfection qui, à ce titre, accédaient partout, soit qu'ils eussent pu se glisser à l'intérieur à un moment où la porte s'ouvrait au-devant des porteurs de soupe ou de quelque autre officiel.

Un des premiers, sinon le premier de ces visiteurs, fut Edmond Michelet. Le regard amical sous des sourcils charbonneux, vêtu de rayé et chaussé de gros brodequins, il tenait à la main un pot de crésyl et un pinceau, insignes de son état de désinfecteur. Le Kommando de la Désinfection n'appartenait pas à proprement parler à l'aristocratie régnante, mais comme ses membres circulaient librement, ils étaient des messagers dont beaucoup de gens avaient intérêt à se ménager la connivence; parmi les kommandos de travail il possédait donc un prestige certain.

Michelet, arrivé au camp en 1943, avait reçu cette affectation grâce à la « protection » des « scribes de l'infirmerie » parmi lesquels figurait un certain Joos, autrefois député au Reichstag au titre du parti catholique du Zentrum et Alsacien d'origine. Joos et Michelet, appartenant au même monde de l'Action catholique, s'étaient découvert des amis communs. Aussi bien, l'arrivée d'un Français « politique » responsable de la Résistance n'était pas passée inaperçue. Jusqu'alors les Français de Dachau, peu nombreux, se recrutaient le plus souvent parmi les ouvriers volontaires ou contractuels du STO, ou parmi les prisonniers de guerre qui avaient eu maille à partir avec leurs Meister, qui avaient « organisé », c'est-à-dire subtilisé des instruments de travail ou de la matière première, ou qui avaient eu des « relations » avec des femmes allemandes.

Les politiques étaient rares, pour la plupart communistes arrêtés très tôt et qui avaient transité par Auschwitz (qui n'était pas « réservé » aux juifs comme on le pense trop souvent). Michelet était le premier Français à avoir occupé un rang important dans la Résistance « gaulliste ». Aux yeux des responsables-prisonniers du camp, il se trouvait tout désigné pour devenir l'homme de confiance de la « colonie française », ce qu'il devint en effet, grâce à sa gentillesse, à sa profonde humanité qui respectait même chez les malfrats ou les voyous une dignité indélébile. Michelet jouissait auprès de ces gens, le plus souvent frustrés et malheureux, mal placés dans la société hiérarchisée du camp, d'un prestige et d'un respect incomparables.

J'ai souvent été agacé, par la suite, quand des hommes politiques qui se croyaient utiles et avertis, un Couve de Murville par exemple, parlaient en se moquant de la simplicité biblique du saint homme Michelet. En fait, chef de file des Français de Dachau, parlementaire ou ministre, Michelet avait un sens très sûr de l'opportunité et savait fort bien manœuvrer parmi les enfants du siècle, mais son art politique s'exerçait dans un monde où la foi, l'honneur, la fidélité, l'amour de la patrie, de la famille et du travail bien fait constituaient des points cardinaux immuables; même quand il paraissait naïf, il était seulement profond.

Parmi les autres visiteurs que nous reçûmes dans notre bloc de quarantaine, c'est avec une joie immense que je vis apparaître Jean Sussel, mon plus vieil ami parisien et, connaissance plus récente mais approfondie au cours des longues conversations de Compiègne, Jacques Sommet, apprenti jésuite qui avait travaillé pour *Témoignage chrétien*.

C'est à ce titre que je l'avais rencontré brièvement quelque temps avant mon arrestation qui précéda la sienne de plusieurs mois.

Sussel et Sommet étaient partis de Compiègne par le premier grand convoi, celui du 20 juin; la chance avait voulu qu'eux aussi aboutissent à Dachau, ou plutôt que nous les y suivissions. Nos aînés de plus de quinze jours, ils purent nous donner des informations précieuses; car quelques jours plus tard ils allaient terminer leur quarantaine et passer dans les blocs « libres ».

Je ressentis leur présence comme un autre signe encourageant : non seulement les six partants du Groupe n'avaient pas été séparés, mais nous retrouvions ceux qu'on avait cru perdus depuis leur départ isolé. Je n'en fus que plus résolu à tout faire pour maintenir notre petite équipe dans son intégrité rétablie. Sauvegarder cette communauté amicale, c'était ériger une digue contre la peur, une muraille protectrice contre l'environnement hostile; dans l'univers concentrationnaire inconnu, le

Groupe formait une île familière, rassurante. Et il est vrai que dans une société dont les lois et les règles nous échappent, où l'isolé est perdu d'avance, une compagnie solidaire constitue une force considérable.

Nous étions malins, alertes, et plusieurs d'entre nous, Yéfime, Igor, Sommet et moi, savaient l'allemand. Gaston était un organisateur remarquable qui trouvait des informateurs partout et François en imposait à tous par sa taille, son regard aigu, ce rayonnement d'exigence morale qui émanait de lui. Russes d'origine, Yéfime et Igor possédaient en outre l'avantage inestimable de pouvoir communiquer avec les Slaves qui formaient la très grande majorité de la population. Nous comprîmes très vite qu'à rester ensemble nous multipliions les chances de survie de chacun. Encore fallait-il pouvoir rester ensemble.

Michelet ne venait pas seulement nous voir pour faire connaissance, pour reconnaître les militants de la Résistance et pour porter secours aux malades, aux affaiblis; il venait aussi aux nouvelles. Les détenus de Dachau étaient réduits aux informations publiées dans le *Völkische Beobachter,* l'Observateur racial, le journal officiel du Parti nazi.

Si celui-ci ne pouvait cacher à ses lecteurs que les Alliés, débarqués en Normandie, n'avaient pu être rejetés à la mer, il ne disait pas grand-chose, bien sûr, de la vie intérieure de la Résistance, ni de l'activité du Gouvernement provisoire d'Alger. Parmi les gens de notre convoi, certains étaient en prison depuis des mois, mais d'autres avaient vécu en liberté les premières semaines du débarquement. Michelet et les amis qu'il nous amènera nous expliqueront le camp et nous leur dirons les nouvelles du monde qui, quelque part, au loin, continuait à exister et à évoluer sans nous.

Lors d'une des visites de Michelet, nous fîmes connaissance personnellement, grâce à la magnifique paire de chaussettes bleues que Germaine Ribière avait tricotées elle-même et qu'elle m'avait envoyées à Compiègne; du fait de la pénurie qui régnait à la Kleiderkammer, j'avais pu les conserver quand nous fûmes amenés à la douche. Michelet, avisant ces pièces d'habillement dont la couleur était aussi aveuglante que peu ordinaire, me demanda d'où je les tenais. Surpris et prudent je répondis « d'une amie », sur quoi Michelet poursuivit son interrogatoire en s'enquérant si cette amie n'était pas de Limoges. Ma réponse étant affirmative il s'écria : « Alors elle s'appelle Germaine; et j'ai les mêmes. » Nous sûmes ainsi définitivement, et pour les vingt-six ans à venir, que nous étions du même bord.

Le chef de bloc polonais faisait partie du petit nombre de privilégiés qui avaient le droit de s'abonner au *Völkische Beobachter.* Il me parut naturel de lui demander de me prêter ce journal. J'appris par la suite qu'une telle demande n'était pas naturelle du tout, qu'elle pouvait paraître présomptueuse et provoquer des sanctions plus graves que des coups (sans exclure ceux-ci pour autant); le présomptueux pouvait être désigné aux autres « Prominente » (les membres de la classe supérieure, ceux dont la tête dépassait le rang, les « proéminents ») comme forte tête, comme élément indiscipliné.

Dans ce cas aucun kapo ne l'aurait accepté dans son kommando et le malheureux, réduit à l'état de Uneingeteilt (non réparti, sans affectation), était bon pour partir avec un prochain transport en direction de l'inconnu, d'un « kommando extérieur », ou d'un autre camp, vers le meilleur ou le pire, mais le pire était beaucoup plus probable.

Le chef de bloc me montra sa sympathie en me prêtant le journal sans me faire remarquer le caractère extravagant de ma demande. Entre les lignes il était facile de lire que les Russes avançaient sur tous les fronts, que les Occidentaux se maintenaient en Normandie et qu'en Italie aussi les Allemands reculaient.

Comme des camarades me voyaient lire le journal, ils me demandèrent de leur traduire les nouvelles. Je fus vite entouré d'une foule attentive qui voulait savoir ce qui se cachait derrière les formules lénifiantes des communiqués hitlériens. Le soir, on me pria de donner à la chambre tout entière une sorte de bulletin d'information. L'habitude prise, je continuai les jours suivants jusqu'à ce qu'un « ancien » me prît à part pour me dire que je risquais ma peau en organisant ainsi des débats politiques parmi les détenus, ce qui, dans la hiérarchie des délits et crimes, constituait une des infractions les plus graves. On était pendu pour bien moins que cela. Je me le tins pour dit et mis fin à mon bulletin de nouvelles.

Le temps s'écoula avec une lenteur extrême, nous n'avions rien à faire et peu à manger; aucun événement important ne vint rompre cette monotonie. En parlant avec nos visiteurs, je me convainquis cependant qu'il fallait nous accrocher à Dachau et ne pas nous laisser inscrire sur des listes de transport. Quand on demanda des volontaires pour les kommandos extérieurs nous nous plongeâmes dans un silence méditatif. François lui aussi s'était laissé facilement persuader du bien-fondé de cette stratégie.

Pour rompre l'ennui et parfaire mon information, j'étais par contre volontaire pour toutes les corvées intérieures dès que l'état de mes mains le permit. Je constatai aisément qu'il n'y avait au camp même aucune chance d'évasion. Parfois l'un des nôtres se faisait prendre par des SS ou des kapos qui inscrivaient son numéro sur une liste. Il fallait dans ce cas avertir rapidement Michelet ou un de ses amis pour qu'une démarche fût faite auprès du Kapo du Service de la mise au travail (Arbeitseinsatz). Celui-ci pouvait alors retirer de la liste le nom de notre camarade. Nous y parvînmes à chaque fois.

Cependant la période de quarantaine touchait à sa fin. Comme les Français constituaient maintenant un groupe important de plus de quatre mille détenus, la présence de quelques-uns des nôtres dans les kommandos administratifs parut nécessaire. Un jour, Michelet vint me dire que le lendemain je serais affecté comme auxiliaire au Secrétariat interne du camp, dont le chef portait le titre de Lagerschreiber (secrétaire, ou scribe, du camp).

Ses bureaux étaient logés au premier bloc pair, à côté de ceux de l'Arbeitseinsatz, et sa fonction était une des plus importantes, tout de suite après celle du Lagerältester (doyen ou chef du camp). Ses services tenaient à jour un des fichiers centraux (les autres se trouvaient à l'Effektenkammer, à l'Arbeitseinsatz et – à l'extérieur du camp de détention – à la Section politique, la Politische Abteilung, sous l'autorité du représentant résidant de la Gestapo). Il proposait aux SS des candidats pour les fonctions de chef de bloc et de chef de chambre; par lui transitait toute la correspondance avec les SS, toutes les demandes émanant de tous les détenus.

Je fus reçu le lendemain par le Lagerschreiber en personne, un social-démocrate autrichien d'âge moyen et de taille moyenne, à la figure ronde, aux yeux calmes. Aucune trace d'émotion ne se lisait dans ses traits. Il parlait posément sans élever la voix. Arrêté en 1938, après avoir eu maille à partir avec le régime du Front patriotique, il en était à sa septième année de camp. Il constata que je parlais correctement l'allemand et m'interrogea sur les raisons de ces connaissances et sur mes origines. Je lui exposai que j'enseignais l'allemand dans un lycée et que j'avais appris cette langue parce que ma famille était alsacienne. Il accepta mes explications sans réaction visible, me regardant tranquillement avec ses yeux totalement inexpressifs.

Tout chez lui indiquait une maîtrise de soi absolue. Il me dit que je pouvais tout de suite commencer mon travail qui consistait à relire les fiches de notre Transport pour contrôler l'orthographe des noms, prénoms, noms de lieux, et pour classer ensuite toutes les fiches par ordre alphabétique. Il me dit ensuite que cette acceptation n'était que provisoire, qu'il n'y avait pas de place définitive pour moi au Secrétariat et que je ferais bien de me chercher un autre kommando. Je sus par Michelet que Wenger, c'était le nom du Lagerschreiber, n'avait pas été dupe de mes récits mais que je ne lui avais pas déplu.

Le travail était monotone et les collègues peu loquaces. Chacun m'observait du coin de l'œil. Un des avantages de l'état de travailleur consistait dans la Brotzeit (mot à mot « l'heure du pain »); c'était une collation composée d'un gros morceau de pain accompagné de margarine ou d'une tranche de saucisson qui me parut exquis. Il valait sans doute mieux ne pas savoir de quoi il était fait. Les membres des kommandos recevaient également une sorte d'argent de poche, deux marks par semaine, en monnaie de camp, qui permettait de « cantiner », mais en dehors des lames de rasoir, de bouteilles de bière ultra-légère, d'un étrange plat de moules en vinaigrette peu appétissant même pour les affamés que nous étions, la cantine n'offrait que des cigarettes ukrainiennes, des Mahorka ou Machorka dans la composition desquelles le maïs et d'autres herbes entraient pour une part beaucoup plus importante que le tabac.

L'avantage majeur qui primait tous les autres était la « sécurité de l'emploi ». Celui qui faisait partie d'un kommando ne pouvait être mis sur une liste de transport. De plus, on échappait à l'ennui des loisirs forcés du bloc de quarantaine et je perfectionnais mes connaissances quant aux mœurs, usages, règles écrites et non écrites dont dépendait désormais notre existence.

Mon seul souci était le sort des autres. Chaque jour en rentrant au bloc j'appréhendais le moment où j'allais apprendre que François, Gilbert ou Gaston avaient été inscrits sur une liste de départ dont il fallait les sortir par des démarches urgentes, haletantes, rendues plus difficiles encore par notre enfermement et par le peu de temps qui séparait la fin du travail, 17 heures – on commençait à 7 heures du matin –, de l'extinction des feux, 21 h 30.

Le travail qui m'avait été attribué par le Lagerschreiber touchait à sa fin; chaque jour, le tas de « mes » fiches diminuait d'une manière préoccupante. J'avais demandé à Michelet de me trouver un autre kommando, mais rien n'avait encore pu se faire. Vers la fin de la matinée, Wenger me fit signe de venir dans la pièce qui lui servait de bureau. Il me désigna une chaise et me dit qu'une place de Schreiber, de scribe, allait être créée par suite de la rapide augmentation du nombre des détenus (près de 40 000 nouveaux en moins d'un an) dans un kommando particulièrement important et particulièrement délicat : celui du fichier de la Politische Abteilung. Ce kommando opérait hors de l'enceinte du camp de détention, dans le camp SS, le « SS-Lager », et sous le contrôle direct du résident de la Gestapo, le commissaire Kieck.

Le fichier, établi par ordre alphabétique, devait être transcrit tout entier et reclassé suivant un nouvel alphabet phonétique dont s'étaient entichés les responsables supérieurs, à Oranienburg, chef-lieu de l'administration centrale des camps. Cet alphabet était si compliqué que les SS ordinaires se trouvaient dans l'incapacité de l'utiliser; il leur fallait par conséquent renforcer le Kommando du fichier par des éléments intellectuels. Si je voulais accepter ce poste exposé, sous l'œil de la Gestapo, il était disposé, lui, à proposer ma candidature qui serait certainement acceptée, car pour autant qu'un SS pouvait faire confiance à un Häftling, Wenger jouissait de la confiance des chefs SS qui, à l'intérieur du camp, ne demandaient pas mieux que de le laisser agir à sa guise.

« Si tu acceptes, ajoutait-il, ajuste bien les explications que tu m'as données le premier jour, et n'en démords plus. Tu seras dans la " caverne du lion ", comme on dit en allemand, mais ce n'est pas nécessairement la place la plus dangereuse. » Je consultai Michelet, mais mon choix était fait. Porté toujours par cette étrange certitude que je saurais me débrouiller dans cet univers, j'étais prêt à pénétrer dans l'antre du lion, dans la maison du loup.

Deux jours plus tard, Wenger me convoqua pour me dire que ma candidature était acceptée et que je commencerais dès le lendemain. De sa voix toujours égale, à la tranquillité inébranlable, il me souhaita bonne chance. Sur ses traits immobiles s'esquissait l'ombre d'un sourire.

***

Peut-être est-ce le lieu où il faut indiquer ce qu'il advint par la suite d'Emmerich Wenger. A la fin de l'automne 1944, alors que la situation sur les fronts était de plus en plus critique pour l'Allemagne et que les hommes en état de combattre se faisaient rares, une décision de Himmler, chef suprême des SS et en même temps, depuis l'échec du coup d'État du 20 juillet, commandant en chef des armées de réserve, offrit aux détenus des camps de nationalité allemande de se racheter en entrant dans une unité spéciale, la division Dirlewanger. Cette offre était un ordre, la refuser eût été se désigner à de graves représailles, mais Dirlewanger passait parmi les généraux SS pour l'un des pires, son unité composée jusqu'alors du rebut de la société, voleurs et tueurs, braconniers, s'était signalée dans les Balkans par des exactions qui dépassaient en atrocité ce qu'on pouvait normalement redouter des troupes SS.

Ceux que les médecins militaires ne refusaient pas, et Wenger fut du nombre, passèrent une dernière fois sous nos yeux, revêtus de l'uniforme qui les avait humiliés et maltraités tant de fois. Wenger et ses camarades furent envoyés sur le front de l'Est; ils saisirent la première occasion pour passer à « l'ennemi », mais les Russes refusèrent de voir dans ces déserteurs autre chose que des SS. Ils furent condamnés à vingt-cinq ans de travaux forcés.

Après sept ans de KZ, Wenger vécut pendant dix ans au Goulag. Il ne retrouva la liberté qu'en 1955, à la suite du traité d'État qui rendit sa souveraineté à l'Autriche. Wenger revint au pays, reprit sa place au sein du parti socialiste, vingt et un ans après l'interdiction de celui-ci par Dollfuss. Il siégea comme député à la Diète de Basse-Autriche, mais mourut relativement jeune encore, usé par les dix-sept années passées dans les camps. Un destin européen au XX^e^ siècle.

Je ne puis séparer son souvenir de celui du Lagerältester (chef de camp) Bertl, un ancien officier, autrichien lui aussi, mais qui avait été conseiller militaire de Dollfuss et de Schuschnigg. Bertl avait été libéré à la fin de 1944 (lui aussi était prisonnier depuis 1938). Il retourna dans sa maison, dans les environs de Vienne, où il vivait avec sa femme, ses deux filles et deux autres parentes. Lors des combats pour la prise de Vienne, des soldats soviétiques investirent la villa et s'y établirent pour la nuit. Des voisins entendirent des cris de femmes. Au matin, les soldats partirent. Alors le colonel Bertl prit son revolver et tua sa femme, ses filles et ses autres parentes; pour finir il se tira lui-même une balle dans la tête. Un autre destin européen.

***

Le lendemain de mon entretien avec le Lagerschreiber Wenger, le chef de bloc me convoqua et me dit que j'avais été versé au Kommando des Schreiber de la Politische Abteilung.

Je devais me tenir prêt, après l'appel, à partir au travail. Le matin suivant, effectivement, il me fit sortir du Bloc de quarantaine et, remontant la Lagerstrasse, il me conduisit à l'Appellplatz, près du Jourhaus, le bâtiment à côté du portail en fer forgé où se tenaient les officiers et sous-officiers SS en charge du camp de détention.

Là, il me présenta à un autre détenu qui devait faire fonction de kapo de ce mini-kommando. Nous n'étions en effet que six ou sept hommes. Un SS apparut, nous rectifiâmes la tenue et arrachâmes nos coiffures, il prit la tête et, en passant devant le guichet de surveillance du portail, cria : « Sept Häftlinge pour la Politische. » Nous franchîmes l'enceinte par une petite porte pratiquée dans le grand portail que surmontaient des lettres de fer proclamant *Arbeit macht frei,* le travail libère.

Dehors, un petit pont enjambait le canal qui longeait les fils de fer électrifiés et les tours de garde. Nous marchions au pas militaire, gauche, droite, gauche, droite; au bout de quelques dizaines de mètres nous quittâmes la grande route pour emprunter un chemin qui passait au milieu de baraquements en bois, entourés de pelouses et de beaux arbres. L'une de ces baraques était notre but, la marche n'avait pas duré cinq minutes mais le changement me fit du bien, il y avait longtemps que je n'avais pas fait de promenade à travers une nature si jolie et si libre.

Le baraquement était coupé dans le sens de la longueur par un couloir sur lequel ouvraient de nombreuses portes. Dans la pièce où nous fûmes conduits, un sous-officier SS unijambiste nous attendait. Le kapo, un Slovène du nom de Peric, me désigna :

– Voici le nouveau Schreiber, le Français.

– Ah! dit l'unijambiste, c'est toi le nouveau. Quelle est ta profession ?

– Professeur, répondis-je.

– Oh, très bien, un professeur terroriste. Au moins tu sais lire et écrire. Écoute-moi bien. Ici, je ne m'intéresse pas à ce que vous avez pu faire au-dehors. Si l'on vous a envoyés à Dachau, c'est bien pour quelque chose, mais cela ne me regarde pas. Je suis là pour vous faire travailler. Pour ceux qui travaillent bien, je suis un maître juste, n'est-ce pas vous autres? ajouta-t-il à l'intention des membres déjà anciens du kommando, mais pour ceux qui sabotent le travail, je suis terrible. Je n'hésiterai pas un seul instant à vous faire pendre. Tiens-le-toi pour dit, Professeur!

Là-dessus, il chargea Peric de m'expliquer le travail et s'en fut rejoindre les autres sous-officiers SS qui se tenaient généralement dans une pièce voisine, à ne rien faire.

Notre tâche consistait à établir un nouveau fichier général des détenus, de tous les détenus anciens et à venir. Au milieu de la grande pièce bien éclairée se trouvaient une série d'immenses meubles à casiers. C'est là que devaient être rangées les cartes ou fiches du nouveau fichier, de la nouvelle Kartei. Le long du mur étaient rangés d'autres meubles, plus petits et verticaux, comme le catalogue d'une bibliothèque; là se trouvaient les fiches anciennes que nous étions chargés de transcrire et de ranger ensuite dans la nouvelle Kartei; parallèlement, nous devions reporter, sur nos fiches de plus grand format que les anciennes, les renseignements recueillis lors de l'enregistrement des nouveaux arrivants; nous devions aussi – sur ordre de notre chef SS – sortir du fichier les Karten des détenus envoyés en transport vers un autre camp, en notant la date du départ et le lieu de destination, et enfin, toujours sur ordre, sortir les fiches des décédés pour y inscrire la date et la cause de la mort, et pour les ranger dans le fichier spécial des décès.

Nous étions ainsi, en quelque sorte, les officiers d'état civil du camp de détention, et ce n'était pas une mince affaire, avec des convois d'arrivée ou de transport de plusieurs centaines de prisonniers (lors de mon arrivée on m'avait attribué le n° 76657 et à la fin d'août 1945, après la libération du camp, nous aurons dépassé le numéro 160 000), ou pendant l'épidémie de typhus, dans l'hiver 1944/1945, avec plus de cent morts par jour; mais la transcription de l'ancien fichier, avec ses dizaines de milliers de cartons, constituait un ouvrage de longue haleine.

D'autant plus que les deux tâches devaient être menées de front. Nous avions d'ailleurs intérêt à faire durer le travail car la moitié d'entre nous, et moi-même, n'avions été « engagés » qu'à cause de l'effort supplémentaire qu'exigeait la confection du nouveau fichier. Celui-ci d'ailleurs ne fut jamais terminé. A l'approche de la libération, les SS cessèrent de faire « sortir » notre kommando. Nous en étions alors à la lettre « R ».

Le secret de la neue Kartei s'appelait alphabet phonétique. L'administration des camps s'était heurtée aux homonymes, aux gens qui portaient le même patronyme ou le même prénom, et surtout aux cent façons différentes d'écrire des noms, de les transcrire d'un alphabet à l'autre, alors que celui qui écrivait comprenait souvent mal le langage de l'arrivant, ahuri par la prison et le transport; tant de noms slaves se terminaient en off, of, ov, ow – comment savoir avec quelle lettre finale avait été noté le nom du prisonnier, dont la fiche était réclamée par un service du camp ou des institutions supérieures ?

Les sous-officiers SS n'étaient pas des intellectuels, ils n'étaient pas capables de résoudre de pareils problèmes. Alors, au niveau le plus élevé, au Reichssicherheitshauptamt, le RSHA, l'Office Central de Sécurité du Reich, quelqu'un s'était adressé à un institut universitaire de linguistique; on avait déniché un spécialiste qui devint l'inventeur du système : tous les ov, ow, off, of étaient rangés ensemble, selon les règles de la phonétique; on les distinguait par la première lettre de leur prénom, et s'ils avaient le même prénom, par leur date de naissance, et si deux détenus de mêmes nom et prénom avaient la même date de naissance, on passait au lieu de naissance. Et si deux Ivan Ivanov étaient nés tous les deux le même jour, à Moscou, on les distinguait par le prénom du père, la date de naissance et le lieu de naissance de celui-ci – si le prisonnier s'en souvenait.

Tout cela était fort compliqué, trop pour les sous-officiers SS et même pour la plupart des membres anciens du kommando. C'est pourquoi on avait tenu à recruter des intellectuels. Je devais ma chance à l'alphabet phonétique.

Schüssler, c'était le nom de notre chef, ne me fit pas peur; j'imaginais que je parviendrais facilement à le satisfaire, mais quelques minutes plus tard je vis arriver un autre sous-officier SS gros et gras et d'un air beaucoup plus désagréable, nettement plus malin également, qui me jeta un regard plutôt suspicieux.

« C'est lui le nouveau ? » demanda-t-il à Peric en me désignant du menton. Lui aussi me demanda ma profession; après quoi il s'en fut en grommelant. Quelques jours plus tard il m'arrêta alors que je passais dans le couloir et me dit : « Toi, le professeur, si on ne savait pas le contraire, on dirait bien que tu es juif. » Depuis 1942 en effet, Dachau avait été classé judenrein, ce qui signifie « nettoyé de juifs », les juifs étant assimilés à la saleté, « rein » voulant dire à la fois « nettoyé » et « propre ». Si des juifs, désignés comme tels, se trouvaient dans un convoi arrivant à Dachau, ils étaient immédiatement transférés dans un autre camp. La seule exception, en 1944/1945, fut constituée par les Waldlager, camps de la forêt, établis dans une région boisée près de Landsberg sur le Lech, bourgade idyllique au sud d'Augsbourg. Là, et à Mühldorf, près de l'ancienne frontière autrichienne, des usines souterraines devaient être construites, sans doute pour intensifier la production d'avions à réaction, dont les premiers prototypes sortirent effectivement avant la capitulation allemande, mais en si petit nombre qu'ils ne changèrent rien à l'issue de la guerre.

Pour construire ces usines, 25 000 juifs, pour la plupart hongrois, furent amenés d'Auschwitz en été 1944 et déversés en rase campagne, sans abris ni infirmerie, à peine nourris et privés de tous soins. Ils durent construire eux-mêmes leurs baraquements tout en creusant les galeries des futurs ateliers. Comme l'hiver 1944/1945 fut rude, la moitié environ moururent. C'étaient les seuls « juifs officiels » figurant dans le fichier de Dachau, les Waldlager ayant été rattachés à « notre » camp comme « kommandos extérieurs ». Igor Marchand, un des nôtres, accompagna à plusieurs reprises un prêtre luxembourgeois, l'abbé Jost, avec qui nous nous étions liés, et qui faisait partie d'un kommando officieux de « réceptionnistes » chargé d'enregistrer cette masse de nouveaux arrivés, de Neuzugänge. Il en rapporta des impressions d'enfer. Je suis allé visiter récemment ces lieux qui avaient été, après la guerre, transformés en cimetière; mais la grande stèle commémorative ne porte pas de noms individuels. Dans cette vaste étendue que les habitants du voisinage ont chassée de leur mémoire, ne s'élèvent que peu de pierres tombales « personnalisées ». L'une d'entre elles rappelle le souvenir d'un père et d'un fils morts l'un et l'autre dans ce kommando d'extermination par le travail, pour employer le langage officiel, mais secret, du haut commandement SS. Le terme Neuzugänge que je viens d'employer appelle dans ce contexte un commentaire. En allemand ordinaire un nouveau qui arrive dans une entité déjà constituée devrait s'appeler Zugänger, ein (un) ou der (le) Zugänger. Or dans le langage SS l'arrivant était appelé Zugang, ce qui signifie arrivage. Ein Zugänger était un être humain, ein Zugang n'était qu'un objet, un Stück, une pièce comme disaient les SS en nous comptant : il nous manque « une pièce », il n'y a que 213 Stücke, alors qu'ils devraient être 214. Les détails linguistiques permettent d'apercevoir la minutie avec laquelle devait s'accomplir l'entreprise de déshumanisation des Häftlinge, des détenus.

Interpellé de la sorte par le Hauptsscharführer Geigenscheder (ce rang était comparable à celui d'adjudant-chef), porteur du Blutorden, la médaille du sang réservée aux vieux combattants qui avaient accompagné Hitler lors du putsch de 1923 – mais il n'avait pas fait une grande carrière –, je répondis : « Ma famille est du Midi, il y a beaucoup de mélanges de races dans notre région. » Sur quoi, Geigenscheder cessa une fois pour toutes de s'intéresser à moi : « On le sait, vous êtes une bande de dégénérés », me dit-il avec condescendance, avant d'aller s'asseoir dans la salle de garde où il se tenait avec ses collègues en organisant des concours de pets. Geigenscheder était dangereux mais paresseux, c'était sans doute la raison pour laquelle il n'avait pas fait carrière.

L'homme véritablement redoutable, le vrai chef de la Section politique, était le commissaire Kieck, résident de la Gestapo; son nom figurera deux ans plus tard sur la liste des criminels condamnés au procès de Dachau et exécutés par pendaison. Lui aussi me regarda longuement quand il me vit pour la première fois, mais il ne dit rien. En fait, il ne m'adressa jamais la parole.

Sa tâche consistait à traiter les affaires qui n'étaient pas terminées lors de l'arrivée du prisonnier au camp et naturellement, aussi, tout ce qui pouvait apparaître comme une agitation politique parmi les détenus. Il suivait aussi les « prisonniers d'honneur », hommes politiques étrangers qui pour une raison quelconque avaient été internés à Dachau (comme par exemple les chefs de la Garde de Fer roumaine, mouvement fasciste antisémite virulent, qui avait tenté de renverser le maréchal Antonesco, allié officiel du 3e Reich, ou plus tard le fils de l'amiral Horthy, régent de Hongrie, qui au contraire avait cherché à sortir de l'alliance allemande pour rallier la cause des Alliés, ou des Allemands notables, tel le pasteur Niemöller, que je rencontrai plusieurs fois dans les couloirs de la Politische, les jours où il recevait la visite de sa femme).

Une pièce voisine au bureau de Kieck était en effet réservée à ce genre de rencontres, dont ne bénéficiaient bien sûr qu'un petit nombre de privilégiés. Les noms, les habitudes, les ridicules et les aspects dangereux de ces personnages me furent expliqués par Peric qui me traita rapidement en égal.

Le fait d'avoir été désigné pour ce kommando prouvait que je possédais des appuis puissants parmi les Prominente. J'étais donc moi-même une sorte de sous-Prominent, destiné à entrer dans ce qu'on peut appeler la bourgeoisie ou la nomenklatura du camp. Les autres scribes du kommando étaient plus frustes et prenaient exemple sur Peric.

La première matinée passa très vite, agréablement interrompue par la Brotzeit. A midi, le même SS nous ramena au camp. Nous avions deux heures pour « déjeuner », à 14 heures on repartait, à 17 heures le travail se terminait.

De 7 à 12 et de 14 à 17, cela nous faisait une journée de huit heures, au sec et au chaud (un poêle en fonte tout rond avec un long tuyau ornait la salle des fichiers); pour un camp de concentration, c'étaient là des conditions exceptionnellement bonnes, mais travailler si près des maîtres et forcément au contact d'affaires réservées, voire secrètes, pouvait aussi faire apparaître cet emploi comme un Kommando périlleux.

Nous vivions sous tension. Chaque midi et chaque soir

j'éprouvais un grand bonheur à retrouver les « miens », notre groupe solidaire. C'est pour lui que j'avais accepté ce kommando qui me sortait de la masse anonyme; en revanche, il me donnait une merveilleuse sensation de sécurité.

La chambrée où je retrouvais mes amis prenait un aspect de domicile familial, c'était mon « chez moi ». Quelques jours plus tard, la quarantaine terminée, nous fûmes tous transférés au Bloc 30, le dernier de la rangée paire. Ce n'était pas un bloc « noble », comme le 2 et le 4, réservés à de vieux « politiques » allemands et autrichiens, mais on y jouissait d'un espace beaucoup plus vaste que dans les blocs de quarantaine.

Nous y retrouvâmes Jean Sussel, et le Bloc des prêtres, le 26, où Sommet avait été logé, n'était pas loin. Grâce à Michelet je pus dénicher des kommandos pour Igor et pour Yéfime, l'un comme réceptionniste, l'autre comme « coureur de camp », comme messager chargé de porter des documents d'une administration à l'autre, mais François, Jean et Gaston restèrent uneingeteilt, non affectés, ce qui était une source de préoccupation incessante.

François finit par se caser à la Gurtenweberei, le tissage de rubans de jute, kommando très dur, physiquement, à cause de la poussière, et moralement à cause d'un kapo hystérique qui frappait souvent, et souvent sans raison.

Quand se déversa sur le camp l'afflux massif des anciens hommes politiques allemands d'avant 1933, arrêtés par mesure de précaution après le « coup » malheureux du 20 juillet 1944, nous étions déjà des « anciens », des Häftlinge avertis, informés et installés. L'univers absurde et terrifiant du camp était devenu le cadre d'une vie quotidienne.

***

A ces « nouveaux » très spéciaux, dont beaucoup étaient âgés, avaient abandonné depuis des années toute activité politique, et qui erraient, abasourdis, à travers un univers pour eux totalement incompréhensible, nous pûmes transmettre les bons conseils qu'on nous avait procurés quelques semaines plus tôt. Je me liai avec un social-démocrate de Karlsbad, la grande ville d'eaux de Bohême que les Tchèques ont rebaptisée Karlovy Vary. Bachmann était un homme paisible, dans sa cinquantaine. Il avait siégé, avant l'annexion des Sudètes, au Conseil municipal de sa ville. C'était aussi un pacifiste et un végétarien. Cette dernière qualité ne devait pas le gêner beaucoup à Dachau, où le seul repas de viande, celui du dimanche, était à tel point infect que beaucoup d'affamés, malgré leur misère, ne parvenaient pas à l'avaler. J'étais du nombre. Dans un liquide grisâtre flottaient des morceaux de couenne et de cartilage, on identifiait cela comme « tétines de vache », mais une désignation plus commune appelait ce régal « bite de juif ». Être pacifiste intégral pouvait créer à un Häftling des difficultés plus graves : Bachmann, comme les Hindous, se refusait à tuer les animaux de n'importe quelle famille : c'est ainsi que je le surpris un bon matin en train de recueillir précautionneusement les poux qui hantaient ses caleçons pour les déposer dans une sorte de cornet qu'il avait fabriqué avec un bout de papier du *Völkische Beobachter*. Ne voyant pas que je l'observais, il sortit de la baraque et déposa son cornet dans l'herbe, près de l'enceinte électrifiée. Connaissant la peur panique que l'épidémie de typhus inspirait aux SS, j'étais sûr que Bachmann, si un officiel l'avait surpris, aurait été bon pour une condamnation à mort. « Un poux, ta mort », disait l'affiche apposée sur la porte de toutes les chambrées. A Karlsbad, Bachmann était connu à cause de ses sept chats qui le suivaient dans la rue, à la queue leu leu. On ne pouvait imaginer citoyen plus inoffensif, mais il devait figurer sur une liste de notables ennemis confectionnée par un bureaucrate particulièrement borné de la Gestapo.

# DES NATIONS PEU UNIES

Dachau avait été conçu par des Allemands pour des Allemands. Le premier camp, qui dura de 1933 à 1939, avait été construit, ou plutôt improvisé dans une usine de munitions désaffectée de la Première Guerre mondiale. C'était, en comparaison de celui que nous allions connaître en 1944, un tout petit camp, à l'échelle humaine ou plutôt inhumaine des SS, où chaque maître connaissait chaque esclave, et chaque bourreau chaque victime.

L'humiliation, la torture, la mise à mort pouvaient s'y pratiquer individuellement. L'arrivée massive des Autrichiens en 1938, communistes, sociaux-démocrates, militants et fonctionnaires du régime corporatiste catholique, fit éclater ce cadre artisanal.

Il fallait, pour recevoir les nouveaux adversaires du Grand Reich, des établissements d'une tout autre échelle. A l'automne de 1938, après que les puissances occidentales eurent contraint le gouvernement de Prague à abandonner à Hitler le territoire des Sudètes, les cadres des partis démocratiques allemands de Tchécoslovaquie vinrent rejoindre leurs camarades autrichiens.

Au printemps de 1939, ce fut le tour d'une grande partie des élites culturelles et de la classe politique tchèque proprement dite, quand Hitler, violant les accords de Munich, transforma en Protektorat le reste de la Bohême et de la Moravie. Le camp de concentration de Dachau fut fermé provisoirement en 1939 et ses Insassen, ses détenus – le mot allemand signifie « ceux qui sont assis dedans » – transférés pour la plupart au camp de Flossenbürg, dans le nord de la Bavière, qui était de création récente et de renommée terrifiante.

Seule une brigade de construction demeura sur place qui édifia le nouveau camp, celui que nous avons connu. Au lieu d'héberger quelques centaines de prisonniers, celui-ci était conçu pour en « accueillir » neuf mille, mais l'imagination des SS ne fut pas à la hauteur de leur propre système : à la fin, en avril 1945, plus de 30 000 Häftlinge vivaient entassés dans les baraques construites en 1940, et près de 35 000 se trouvaient dans les quelque 170 kommandos extérieurs qui dépendaient administrativement du KL Dachau.

Après la campagne de Pologne, à partir de la fin de septembre 1939, commencèrent les déportations massives de Polonais vers les camps du Reich alors que sur l'ancien territoire polonais se multiplièrent de nouveaux « KL » : Stutthof près de Dantzig; Gross-Rosen; Auschwitz et Birkenau en Silésie. Ceux-là furent inclus dans la liste des camps de concentration en quelque sorte ordinaires, car les régions où ils étaient implantés devinrent partie intégrante du Reich. Ils étaient en principe susceptibles de recevoir des détenus de tout genre et de toute provenance. C'est ainsi que des militants communistes du nord de la France, arrêtés en 1941-42, furent envoyés à Auschwitz.

Les camps situés en Pologne non annexée, dans le Generalgouvernement, Treblinka et Sobibor pour ne citer que les plus connus, servaient avant tout à l'extermination des juifs de ce territoire, de même que les KL Kauen (Kaunas) en Lituanie et Riga en Lettonie. Ils ne figuraient pas sur la liste des camps réguliers qui était diffusée par le Reichssicherheitshauptamt et que je vis maintes fois comme scribe du Kommando de la Section politique.

Quand les nouveaux locaux de Dachau furent en état de recevoir des détenus, beaucoup de ceux qui avaient été envoyés à Flossenbürg retrouvèrent leur ancien lieu de captivité, mais rapidement les nouveaux venus prirent numériquement le dessus : les arrivages suivaient la liste des guerres et des conquêtes hitlériennes : après les Polonais ce fut, à partir de 1940, le tour des Danois et des Norvégiens, des Hollandais, des Belges, des Luxembourgeois et des Français.

Au printemps de 1941, après la campagne de Yougoslavie et de Grèce, les Slovènes et les Serbes apparaissent nombreux dans les KL du Reich, mais peu de Croates, la Croatie d'Ante Pavelič figurant officiellement parmi les alliés de l'Axe. On y torturait et massacrait en quelque sorte à domicile. Pour des raisons qui m'échappent il y eut aussi peu de Grecs à Dachau, et pourtant la résistance grecque fut une des guérillas anti-hitlériennes les plus actives.

A partir de la fin juin 1941, les campagnes de Russie amenèrent sur le territoire du Grand Reich des millions de prisonniers et de déportés. A Dachau, en 1944-45, les deux cinquièmes des détenus, environ 12 000, étaient des ressortissants soviétiques, russes et ukrainiens pour la plupart. Du fait des notations plus ou moins fantaisistes inscrites sur les fiches d'arrivage, les nationalités « Russe » et « Ukrainienne » figuraient sur les « cartes » individuelles au hasard des déclarations faites par les arrivants.

Après les Soviétiques, la prochaine grande vague fut celle des Italiens, en conséquence de la capitulation du Roi et de Badoglio. Tous les soldats italiens qui refusaient de continuer le combat aux côtés de l'allié allemand furent faits prisonniers, et beaucoup, considérés comme des adversaires marqués, ou arrêtés pour faits de résistance, aboutirent dans des KL, et plus particulièrement à Dachau. Les Français, arrêtés en masse pendant la dernière année de l'Occupation, déportés en masse quand les Allemands vidèrent les prisons devant l'avance alliée, transférés en masse depuis Natzweiler et ses kommandos situés à l'ouest du Rhin lors de la libération de l'Alsace, constituèrent la dernière en date des grandes vagues nationales d'arrivage, mis à part les quelque 25 000 juifs (hongrois en très grande majorité) qui furent jetés, venant d'Auschwitz, dans les « kommandos extérieurs » de Mühldorf, Kaufering et Landsberg.

A côté des groupes nationaux nombreux il y avait des isolés qui se comptaient par unités : quelques Roumains de la Garde de Fer, une dizaine d'Anglais (dont un jeune ecclésiastique originaire de Jersey et le capitaine O'Leary qui était en réalité un officier belge), quelques Arméniens dont l'horrible Lagerkapo Mensarian. Un groupe à part enfin, les Rotspanier, « Espagnols rouges », républicains pour la plupart arrêtés en France. Près de 500 à l'origine, rejetés par l'Espagne franquiste, ils étaient comme les Arméniens ressortissants d'une entité inexistante, provisoirement anéantie par l'Histoire.

Les Russes, les plus nombreux, formaient à première vue une masse indistincte. Jeunes et costauds pour la plupart – sinon ils n'auraient pas survécu aux étapes antérieures de leur calvaire –, ils semblaient presque tous appartenir à la classe populaire, mi-ouvrière, mi-paysanne. Sur leurs têtes rondes était tracée au rasoir une raie large d'une dizaine de centimètres; là les cheveux étaient coupés ras, alors que, de part et d'autre, comme sur le chef des autres prisonniers, la coupe obligatoire était de cinq millimètres.

Avec les Russes, seuls les Italiens portaient la même marque d'infamie supplémentaire, les uns parce que appartenant à la sous-humanité russo-bolchevique, les autres à cause de la honteuse trahison de leur Roi et de son Maréchal. Toutes les trois semaines tous les Häftlinge passaient sous les ciseaux mécaniques des Blockfriseure, les coiffeurs de bloc, qui maniaient leurs instruments avec une dextérité plus ou moins grande. Parfois un morceau d'oreille tombait en même temps que les poils. La fonction de coiffeur était considérée comme privilégiée; à l'instar des Stubendienst ses membres bénéficiaient d'avantages réels, se distinguaient de la masse dans le sillage du chef de chambrée et du chef de bloc, ils avaient les meilleurs lits, des rations plus fournies; ils appartenaient à une classe de sous-Prominent qui, le plus souvent, ont, à l'égard de ceux qui ne parviennent pas à sortir de l'état commun, un comportement plus dur que les véritables aristocrates, les véritables Prominenten.

Beaucoup de Blockälteste et quelques autres dignitaires appartenaient à une catégorie de super-Prominent, ceux qui – porteurs d'une « carte de cheveux » – jouissaient du droit à une coupe militaire normale. Avoir des cheveux longs était le signe extérieur le plus voyant de l'appartenance à l'élite dont les qualificatifs majeurs se nommaient « sécurité » et « puissance ».

Parmi les rares membres de cette caste élevée figurait le Lagerläufer (coureur de camp, messager) Swida, un intellectuel polonais qui avait longtemps vécu à Paris, certainement conservateur et même réactionnaire, à coup sûr antisémite, et manifestant envers la France et les Français des sentiments fort mélangés : beaucoup d'admiration y voisinait avec le mépris inspiré par la peu glorieuse défaite de 1940 et la politique pro-allemande de Vichy, avec la condescendance amusée que nous valait l'ignorance française des langues étrangères, et notamment de l'allemand, *lingua franca* du camp et, au-delà de nos barbelés électrifiés, de toute l'Europe centrale et sud-orientale, de la Finlande à la Bulgarie, et enfin avec ce sentiment de Schadenfreude, du plaisir que nous inspirent les malheurs d'autrui, qui n'a, lui non plus, rien d'exclusivement allemand ou polonais. Swida se piquait de parisianisme, il avait un vernis de culture littéraire et artistique qui pouvait donner le change quand il évoquait les hauts lieux touristiques de notre capitale, mais il émanait de son personnage long et maigre, aux traits aigus, un je-ne-sais-quoi qui nourrissait la méfiance. J'eus avec lui de nombreuses conversations plutôt agréables, mais en restant sur mes gardes. Assez isolé même parmi ses compatriotes, on pouvait s'interroger sur l'origine de la faveur qui lui permettait le port des cheveux longs.

Un autre détenu à cheveux portait en plus autour du bras gauche le bandeau violet de l'Ehrenhäftling, de détenu d'honneur. Paul Ravoux avait été le correspondant à Berlin de l'Agence Havas; selon la rumeur du camp il aurait fait la connaissance en cette qualité de la plupart des grands chefs nazis, et plus particulièrement d'Himmler, avec lequel il aurait été assez lié. Arrêté dans les conditions qui me sont restées inconnues mais qui, étant donné la suite de sa carrière, n'avaient vraisemblablement rien de déshonorant, Ravoux, selon la rumeur, bénéficiait d'un statut spécial sur l'ordre exprès de Heinrich Himmler.

Il était nourri à la cuisine SS et avait sa « carte de cheveux ». Les « politiques » français ne le fréquentaient guère, bien qu'on n'eût rien de précis à lui reprocher; l'amitié d'Himmler lui valait notre méfiance. Après la fin de la guerre il retourna à Berlin pour y fonder et diriger le *Kurier,* quotidien sous licence française, qui passait pour un journal sérieux et bien fait.

Les Russes, par ordre des SS aussi bien sans doute qu'en fonction de mots d'ordre intérieurs à leur groupe, n'occupaient pas de fonctions dans l'administration intérieure du camp. Il existait parmi eux une hiérarchie clandestine dont un aspect nous fut révélé dans les dernières semaines avant la libération quand se forma le Comité international clandestin.

De l'ombre anonyme les Russes firent alors sortir un général qui devint leur représentant au Comité, mais on peut penser qu'il ne servait que de paravent aux véritables détenteurs du pouvoir clandestin qui, eux, ne se démasquèrent jamais. Mal vu comme tous les prisonniers de guerre pour n'être pas mort en combattant, le général Mikhaïlov fut placé après la libération des camps à la tête d'un Comité chargé de convaincre les exilés russes d'Allemagne et d'Europe orientale de retourner dans la mère patrie.

En marge des prisonniers « adultes », disciplinés, passés pour la plupart par l'école de l'Armée Rouge, sortant des camps de prisonniers de guerre, existait une catégorie nombreuse et remuante de « jeunes Ukrainiens », adolescents expédiés en Allemagne au titre du travail obligatoire et envoyés en KL après s'être fait remarquer par un délit ou un acte d'insubordination. C'étaient des gamins de quinze, seize ans, privés depuis longtemps du cadre protecteur familial, réduits à lutter pour subsister dans un monde inhumain. Leur existence, avant le camp, n'avait pas dû être, dans de nombreux cas et depuis de nombreux mois, moins dangereuse et moins exposée. A Dachau ils fournissaient à beaucoup de chefs de chambrée, de bloc et de kommandos des « mignons », à la fois serviteurs et gardes du corps, qui bien nourris, bien au chaud, conscients de jouir d'une protection pratiquement illimitée, de grandir dans un univers où seule régnait la loi du plus fort, ne se privaient pas de voler, de brutaliser, de battre même quiconque apparaissait plus faible qu'eux, la faiblesse physique allant presque toujours de pair avec l'absence de protection et d'influence.

Chenapans, voleurs, tueurs s'il le fallait, les jeunes Ukrainiens, catégorie non officielle mais terriblement efficace, étaient à notre époque une des principales plaies du camp.

C'est probablement un petit gang ukrainien qui une nuit me subtilisa, alors que je les avais cachées sous le polochon de paille, mes chaussures de cuir et mes lunettes, mises à l'abri dans l'une d'elles. Ces garçons avaient été arrachés à leurs familles par les services spéciaux chargés d'amener en Allemagne des bêtes de somme à deux jambes, ou ils provenaient de familles que la guerre avait déjà préalablement dispersées.

Leur monde était rempli de violences, d'injustices, de massacres. Leur seule morale était dictée par l'instinct de survivre. Dans les kommandos, les Soviétiques pratiquaient généralement une solidarité d'airain, mais quelquefois des oppositions violentes se produisaient entre « prolétaires » russes et jeunes « délinquants » ukrainiens. Les anciens soldats ne pouvaient ressentir que du mépris pour des jeunes qui se prostituaient aux Prominent. Parmi ces garçons doublement victimes de deux systèmes totalitaires inhumains, l'aspiration à une relation différente, à une réalité différente, élevait parfois la voix. Des Français chrétiens qui partageaient avec eux la vie d'un kommando purent entrer avec certains de ces garçons dans une expérience spirituelle très lumineuse.

***

Les Polonais formaient le second des groupes ethniques, le second par l'importance numérique, et le premier par son poids culturel et politique, derrière les Allemands et les Autrichiens certes, mais ceux-ci à la fin de 1944 – après le départ des hommes valides pour la Division Dirlewanger – se trouvaient numériquement marginalisés. 2 000 prêtres polonais avaient été déportés à Dachau, il en restait encore plus de 800 en 1944, et avec eux des milliers d'officiers, d'enseignants, de fonctionnaires et d'employés de tout genre, sans oublier d'innombrables paysans et ouvriers, résistants, maquisards ou tout simplement des hommes qui avaient déplu à un Allemand ou à un service allemand. De notre temps, le groupe polonais comptait environ 8 000 présents. Aucune des autres communautés – sauf peut-être les Luxembourgeois – ne possédait une conscience nationale aussi forte, aussi envahissante.

La haine implacable des Allemands qui les animait tous n'avait d'égale que leur farouche détestation des Russes. Le groupe polonais de Dachau ne comprenait évidemment aucun communiste militant avoué. Eût-il échappé à la Gestapo, les Polonais du camp se seraient chargés de son sort, ce qui signifiait au mieux qu'il aurait été placé sur une liste de transport.

Peut-être existait-il quand même des clandestins – et sûrement des opportunistes. Un personnage aussi important que le Lagerschreiber Domagala, successeur d'Emmerich Wenger comme chef du Secrétariat général, aurait fait, selon des informations que je reçus après guerre, une carrière rapide dans la Pologne communiste en devenant « voïvode », gouverneur, de la province de Poznan. Il nous avait laissé le souvenir d'un homme pondéré, juste et sûr. Certains Polonais, comme les autres prisonniers slaves, baragouinaient quelques mots d'allemand, mais la plupart le parlaient bien, voire très bien. Tous les Slaves, des Serbes aux Polonais et des Tchèques aux Russes parvenaient d'autre part à se comprendre dans une sorte de « koiné » slave commune, chacun s'exprimant dans sa langue en essayant d'éviter les mots ou les tournures qui pouvaient faire problème à son interlocuteur.

Les Français se plaignaient de la brutalité des Polonais, de leur dureté, de leur attitude hautaine et méprisante. Les Polonais s'indignaient de voir les Français mettre en danger les avantages acquis au sein d'un kommando par leur désordre, leur indiscipline, leur volonté de mal travailler pour ne pas servir l'ennemi. On se rendait compte, en jetant sur cette relation un regard un peu distant, à quel point toute l'Europe orientale et sud-orientale appartenait au cercle de domination de la culture allemande, à quel point malgré la haine anti-allemande les vertus et les modèles de provenance allemande dominaient chez ces peuples les esprits et les comportements.

Les victoires d'Hitler avaient renforcé encore, ou rétabli, l'immense prestige que l'Allemagne honnie exerçait quand même sur les nations qu'elle avait directement ou indirectement colonisées, pénétrées, éduquées. L'influence culturelle française m'apparaissait beaucoup plus lointaine, plus superficielle, elle était davantage une affaire de snobisme d'aristocrates et d'intellectuels. De plus, l'antisémitisme, tant de conversations devaient nous le montrer, constituait en Pologne et même en Tchécoslovaquie – quoique à un moindre degré – un élément tout à fait essentiel de la mentalité commune. Beaucoup de mes camarades polonais ne prenaient pas de grandes précautions pour nous avouer à quel point ils regrettaient la folie d'Hitler qui s'était mis en tête d'exterminer le peuple polonais au lieu de forger une alliance germano-polonaise invincible contre le bolchevisme russe, juif et athée.

L'Église polonaise, telle qu'elle nous apparaissait dans nos conversations avec de nombreux prêtres, n'était pas seulement consubstantielle à la nation, elle se trouvait aussi fortement imbriquée dans un ordre social et politique encore largement féodal. C'était une Église aux innombrables martyrs mais qui ressemblait par beaucoup de ses traits à l'Église espagnole, faisant partie – à quelques rares exceptions près – d'un univers social en violente et permanente opposition aux valeurs des Lumières, à l'autonomie des consciences, aux droits de l'homme, à la démocratie.

Ce qui advint en Pologne après 1945 ne m'a surpris qu'à demi car j'y retrouvais l'enracinement social et national de l'Église, son rôle comme institution et comme force morale face aux occupants de tout genre, sa formidable cohésion interne, la discipline inaltérable des prêtres et des fidèles, l'autorité quasi monarchique de ses chefs – mais je n'avais pas prévu à quel point le déploiement de ces forces et vertus serait en quelque sorte facilité par la destruction des cadres féodaux ou quasi féodaux de l'ancienne société, ou leur remplacement par une nouvelle féodalité dépourvue de légitimité historique, nationale et morale.

L'Église polonaise de 1987 me paraît souvent proche de celle que j'ai connue à Dachau, et en même temps plus moderne, mais d'une modernité qui atteint vite ses limites. Le pape Jean-Paul II a été formé dans cette Église-là, il en porte la marque; en l'écoutant, je retrouve les mots et les accents de certains de mes interlocuteurs de Dachau, enrichis et confirmés par la coexistence forcée avec un appareil d'État et de parti communiste.

La nouveauté dans le catholicisme polonais, quelque chose que je n'ai absolument pas rencontrée à Dachau, que je ne pouvais de toute évidence y rencontrer, c'est Walesa; c'est un mouvement à la fois social, politique et spirituel porté par un peuple adulte et majeur, toujours filial dans ses rapports avec le clergé, mais pas du tout soumis, pas du tout passif, capable de concevoir au-dessus du champ de ruines que laissera le communisme un ordre social aussi vivant que celui de la féodalité tardive, mais plus riche, plus varié, plus libre et moins injuste.

L'existence misérable partagée à Dachau avec une grande majorité de ressortissants des pays de l'Europe orientale, Russes, Polonais, Tchèques, Slaves du Sud, m'a rendu à jamais incapable de me résigner à une Europe qui ne comprendrait que des composantes occidentales. La Pologne, par-dessus tout, m'est apparue comme un des fondements de l'Europe au même titre que la France, l'Allemagne, la Grande-Bretagne, l'Italie, l'Espagne. L'autre moitié de l'Europe que l'Amérique et l'Angleterre n'ont pu qu'abandonner à l'Europe totalitaire communiste russe reste pour moi individuellement présente sur les traits des compagnons de Dachau. Ne pas les abandonner à la solitude de l'asservissement qu'ils subissent depuis près d'un demi-siècle, alors que nous jouissons de nos libertés retrouvées, reste pour moi un commandement à la fois politique et moral.

Si beaucoup de Polonais ressentaient à l'égard des Français réels un mélange de mépris et d'agacement, l'attrait de notre culture et de notre langue restait grand dans leurs élites pour des raisons parfois décevantes. Beaucoup de jeunes Français, étudiants ou enseignants, purent en tirer profit en se faisant professeur de français, rétribués généralement en nature, c'est-à-dire par tranches de pain de camp; le complément de nourriture était le bienvenu, de plus les cours dispensés obligeaient à un effort intellectuel et combattaient l'engourdissement menaçant. Ils conduisaient parfois à des confrontations intéressantes.

D'une manière générale, nous fûmes frappés de la place importante que la connaissance des langues étrangères occupait dans la conception que nos camarades des peuples de l'Est européen se faisaient de la culture, au point qu'ils étaient choqués par l'inculture de la plupart des Français. Nos compatriotes avaient du mal à comprendre que Tchèques, Slovènes, Polonais, Serbes, Hongrois, Roumains n'avaient cessé au cours de leur histoire de subir l'emprise politique, étatique même, l'emprise économique et l'emprise culturelle de peuples voisins plus puissants.

La plupart avaient fait partie, des siècles durant, de grands Empires, les « Super-grands » de l'Europe d'autrefois, du Saint Empire romain germanique, de l'Empire russe, de l'Empire ottoman. Relativement peu nombreux – à l'exception des Polonais – ils avaient toujours été contraints d'acheter, d'emprunter ou de copier à l'étranger une partie de ce dont ils avaient besoin. Parler les langues étrangères était une des conditions essentielles de la survie individuelle et collective. Depuis la fin de la guerre, les Français, devant l'ascension vertigineuse de l'anglais, sont en train de faire non sans douleur une expérience comparable.

***

Les Tchèques aussi manifestaient vis-à-vis des Français des sentiments ambigus. Ils avaient du mal à nous pardonner le lâchage de Munich bien que parmi les résistants, nombreux furent ceux qui, dès ce moment, s'étaient opposés à une politique dont la logique menait en ligne droite à l'Armistice et à la collaboration. Nous ne pouvions évidemment leur donner tort tout à fait; on est toujours responsable de ce qui est dit et fait au nom de son pays, même par des gouvernants que l'on condamne et que l'on combat.

Le groupe national tchèque, moins nombreux que les Polonais, comptait quand même plus de 4 000 présents (camp central et kommandos réunis), et c'était – après les Allemands et les Autrichiens – la communauté la plus ancienne. Leur rôle cependant était plus effacé, ils occupaient moins de places en vue bien qu'il y eût parmi eux, également, un certain nombre d'officiers, de hauts fonctionnaires, d'intellectuels et de prêtres, dont un futur archevêque de Prague.

Leur caractère ethnique, moins ostentatoire, moins extraverti et moins romantique que celui des Polonais, se traduisait bien dans une certaine discrétion. Je me liai peu à peu avec un garçon de mon âge, Wladimir. Il travaillait lui aussi dans un service de secrétariat au contact direct des SS, ce qui expliquait à mes yeux la réserve et la distance qui commandèrent longtemps son attitude envers moi. Malgré sa jeunesse, c'était déjà un « ancien détenu » qui comptait plus de quatre ans de présence. Lentement, son comportement changea, se fit plus cordial et plus ouvert. Il me donna dès lors de nombreux et excellents conseils sur la façon de se conduire envers « nos » SS; il connaissait la vie et les « hauts » faits de chacun d'eux, et les rapports rarement cordiaux qu'ils entretenaient entre eux. Il me raconta aussi l'histoire politique clandestine du camp, le grand nettoyage anticommuniste de 1942 et l'arrivée au « pouvoir » des gestionnaires détenus actuels, Autrichiens et Polonais.

Wlado appartenait à une famille connue de la classe politique tchèque, son père avait joué un rôle aux côtés de Masaryk et de Beneš. Il était donc – tout au contraire de mes interlocuteurs polonais – de tradition radicale, au sens français du terme, anticléricale, maçonnique, démocratique et républicaine. Le peuple tchèque, le premier, au Moyen Age tardif, s'était dressé contre l'Église romaine dans un soulèvement à la fois religieux, national et social, tenant tête pendant plus de vingt ans aux armées de l'Empereur et du Pape.

Une ligne historique toute droite menait de la révolution hussite à la réforme protestante. L'Église dès lors devint doublement étrangère, à la fois romaine et germanique; protestantes dans leur immense majorité, la Bohême et la Moravie furent ramenées au catholicisme par la Contre-Réforme, conséquence de la victoire de la Montagne Blanche remportée en 1620 par l'empereur Ferdinand II de Habsbourg, bataille qui fut pour les Tchèques une catastrophe à la fois politique et culturelle. La résurrection du XIXe siècle eut de ce fait un caractère largement anticlérical, anticatholique, et jamais l'Église catholique ne tint ce rôle de défenseur ultime de l'existence nationale qui distingua l'Église de Pologne. Ce n'est qu'en ces toutes dernières années que les choses, sur ce point, ont l'air de changer en Bohême et Moravie.

Il en allait tout différemment en Slovaquie. Ce peuple slave, parent pauvre des Tchèques, avait toujours appartenu au Royaume de Hongrie alors que la Bohême et la Moravie faisaient partie de l'Empire allemand. En Slovaquie, qui ne fut que peu touchée par le mouvement hussite, l'Église catholique devint le défenseur de l'ethnie face aux tentatives de magyarisation à outrance du gouvernement de Budapest; après 1918 le catholicisme slovaque entra en opposition véhémente avec le centralisme du pouvoir anticlérical et laïciste de Prague.

Après Munich, la Slovaquie devint sous la direction d'un ecclésiastique, Mgr Tiso, un État satellite de l'Allemagne hitlérienne, ce qui explique que le groupe des prisonniers slovaques était assez réduit à Dachau. Il en arriva cependant un certain nombre à partir de l'automne 1944 quand un mouvement de maquis entra là-bas en résistance ouverte contre les forces du Reich.

Parmi les Tchèques qui appartenaient à la classe des Prominent figurait un médecin du Revier, le Dr Blaha. Il avait été parmi les premiers à pouvoir exercer son art dans l'infirmerie quand les SS mirent fin au règne exclusif des Pfleger, les infirmiers amateurs, chefs de chambrée et chefs de bloc. Il jouissait d'un certain prestige et se montra, je crois, bien disposé envers ses collègues français. Il est vrai que les problèmes de santé s'aggravèrent d'une manière si rapide à partir de la fin de l'automne 1944 qu'on eut grand besoin de tous ces médecins français, arrivés si nombreux depuis l'été.

A la misère physiologique, due à la sous-alimentation et au travail excessif exigé dans certains kommandos, s'ajoutèrent la dysenterie chronique et l'épidémie du typhus. Quand l'infirmerie s'étendit à la moitié du camp, beaucoup de médecins et d'étudiants en médecine français se firent enfermer dans les blocs des typhiques.

Plus tard, témoin aux procès de Nuremberg et de Dachau, le Dr Blaha fut à l'origine de la controverse sur la chambre à gaz de « notre » camp.

Tout près du camp de détention, de l'autre côté de l'enceinte électrifiée et du petit canal qui la longeait, à l'ombre des grands arbres feuillus, se trouvait en effet un petit bâtiment agencé en salle de douches. Il était voisin du crématoire dont la haute cheminée se voyait du camp, et d'un petit espace terminé en butte qui servait de lieu d'exécution. C'est là que furent assassinés durant notre séjour les 93 officiers russes amenés par la Gestapo d'Innsbruck (nous connûmes leur existence par les fiches marquées « Abgang durch Tod », départ pour cause de décès, qui nous furent remises un matin), et notre grand ami le général Delestraint.

La salle de douches était en réalité une chambre à gaz. Personne cependant, de ceux que je connus à Dachau, aucun des Prominenten dont je devins l'ami, ne fit jamais la moindre allusion à cet horrible équipement. Ni l'abbé luxembourgeois Jules Jost qui était devenu une sorte de membre d'honneur de notre équipe, ni mon ami tchèque Wlado, ni Friedl Volgger, le kapo sud-tyrolien de l'Arbeitseinsatz qui était lui aussi notre ami, personne ne me parla jamais de la chambre à gaz, et nulle trace non plus de son fonctionnement n'apparaissait dans les innombrables papiers confidentiels qui passaient entre les mains des scribes de la Politische.

De plus, le bâtiment de la chambre à gaz s'élevait à proximité de notre lieu de travail, et tout près du Jourhaus; une agitation inhabituelle, des arrivages clandestins ne pouvaient échapper à la curiosité toujours en éveil des Häftlinge. Bref, nulle part, personne n'a jamais vu une preuve du fonctionnement de la chambre à gaz de Dachau. Seul le Dr Blaha, dans ses dépositions aux grands procès d'après guerre, affirme le contraire, les dépositions en question ne coïncidant même pas entre elles.

Et cependant cette chambre à gaz, je l'ai vue de mes propres yeux après la libération et j'ai même trouvé dans les dossiers de

Dachau que j'eus à examiner quand j'étais chargé de mission au Comité d'Histoire de la Seconde Guerre mondiale, en 1952, toute une correspondance administrative qui traitait de la construction de cette installation dont les SS avaient passé commande à une firme privée. Cette correspondance, autant que je me souvienne, datait de 1941.

Comment expliquer dès lors l'existence d'une chambre à gaz qui n'a, semble-t-il, jamais servi alors que fonctionnaient à plein non seulement celle d'Auschwitz, mais les équipements de mise à mort par gaz de Ravensbrück, de Buchenwald et de Mauthausen, pour ne parler que de ceux dont je suis certain ?

Je pense que la contradiction traduit la différence entre deux phases successives de la vie et de la fonction du camp de Dachau. Dès le commencement, en 1941, de l'action secrète dite « suppression de la vie non digne d'être vécue », le programme d'euthanasie voulu et institué par Hitler, des malades et des affaiblis (Muselmänner) du camp de Dachau furent dirigés sur l'établissement psychiatrique de Hartheim, près de Linz en Autriche, pour y être exterminés. On peut penser que dans le cadre de la politique visant à équiper les camps de chambres à gaz, Dachau devait également en recevoir une, afin d'éviter les complications d'un transfert à Hartheim, et dans la perspective d'une pratique continue de la mise à mort par gaz (« solution finale » du problème juif, élimination des tsiganes). Cependant, alors que la construction de la chambre à gaz s'était achevée, intervint sans doute le classement de Dachau dans la Lagerstufe I (camp de degré I).

Un autre aspect de ce classement fut la réunion à Dachau de tous les prêtres catholiques détenus. Dès lors, dans ce camp modèle dont devaient être exclus aussi bien les juifs que les prisonniers « NN » (Nacht und Nebel) – destinés à disparaître dans la nuit et le brouillard sans plus jamais pouvoir donner le moindre signe de vie (en principe tous les résistants français devaient être classés « NN » et de ce fait être réexpédiés de Dachau sur des camps de la Stufe III) –, dans ce camp vitrine de Dachau le fonctionnement d'une chambre à gaz devenait illogique, car il ne devait plus y avoir à Dachau de mises à mort massives.

Les transport de malades et d'affaiblis que nous vîmes se former et dont nous connûmes la destination (Buchenwald ou Bergen-Belsen) étaient destinés aux chambres à gaz d'autres camps; inversement les 93 officiers russes, la seule exécution de groupe qui eût lieu depuis 1943 (c'est-à-dire depuis l'arrivée de Michelet et de Jules Jost; je n'ai pas de certitudes pour la période antérieure), ne furent pas gazés mais tués par tir, à la mitraillette probablement.

Pourquoi ai-je tenu à parler si longuement de cette chambre à gaz hypothétique? En France, en Allemagne, dans bien d'autres pays du Monde libre se poursuit une campagne « révisionniste » qui nie l'existence des chambres à gaz. Œuvre de groupes ou de personnages nostalgiques du nazisme et généralement antisémites, cette campagne vise en premier lieu Auschwitz et ses innombrables victimes juives. Si l'on veut réduire à néant les prétentions absurdes et odieuses des « révisionnistes », il faut disposer d'un dossier inattaquable. Ceux de nos compagnons qui croient devoir affirmer – en l'absence de toute preuve – que la chambre à gaz de Dachau a effectivement fonctionné affaiblissent par ricochet le dossier des lieux où, hélas, ont péri dans des conditions affreuses des millions d'êtres humains.

***

On peut penser que, parmi nos Tchèques, il y avait des communistes mais je n'en ai point rencontré. Nos amis socialistes ou socialistes-nationaux (c'était le nom du parti de Masaryk et de Beneš), les libéraux, les conservateurs, les officiers, les prêtres rentrèrent tous dans leur République libérée.

Contrairement à ce qui se passa en Pologne où le Comité communiste de Lublin installait son pouvoir sur les talons des soldats de l'armée russe, la Tchécoslovaquie connut jusqu'au « coup de Prague » de 1948 un régime démocratique relativement normal que les empiétements soviétiques et les exigences des communistes du dedans grignotaient progressivement mais sans succès décisif. Wlado retourna lui aussi dans sa patrie. Il a survécu aux tragédies qui ont marqué l'histoire tchécoslovaque depuis quarante ans. Chaque année il m'envoie une carte de vœux, mais nous ne nous sommes jamais revus.

Parmi les ethnies slaves, les Slovènes occupaient à Dachau le quatrième rang. Ce petit peuple avait vécu tout entier jusqu'en 1918 sous la domination des Habsbourg. Ses élites, de formation récente, avaient fait leurs études au moins partiellement en allemand, mais une rivalité farouche opposait Allemands et Slovènes dans les territoires de l'extrême sud-est des Alpes, en Styrie et en Carinthie, provinces dont certains districts furent rattachés à la Slovénie en 1918 quand le peuple slovène se joignit aux Croates et aux Serbes pour former la Yougoslavie. Il restait cependant une petite minorité slovène en Carinthie; une partie plus considérable du peuple slovène habitait dans les provinces autrefois autrichiennes de Goerz (Gorizia), d'Istrie et à Trieste, terres qui, après avoir été réclamées comme « irredente » par l'Italie, furent revendiquées après 1918 par la Slovénie (qui obtint en partie leur rattachement après 1945). Enfin dans les territoires de la Styrie méridionale attribués à la Yougoslavie après 1918 il subsistait une minorité allemande non négligeable ainsi que dans la voisine Carniole (Krain).

Quand Hitler envahit la Yougoslavie en 1941, il rattacha au Grand Reich ces parties méridionales de la Styrie et de la Carinthie que l'Autriche avait dû céder en 1918, alors que les Italiens occupaient le reste de la Slovénie. La Styrie méridionale, yougoslave entre 1918 et 1941, comptait parmi ses principales villes Maribor (Marburg) et Celje (Cilli). La création d'une section slovène au lycée de Cilli contre la volonté de la partie militante de la population allemande avait pendant des années, avant 1914, paralysé les travaux du Parlement autrichien. C'est de Cilli qu'était natif mon collègue Peric, scribe principal avant moi et ensuite avec moi, du fichier de la Politische Abteilung. Peric était un grand garçon de mon âge, prisonnier depuis 1941; ses joues rondes témoignaient de son appartenance à la minorité Prominent. Il avait été un des animateurs du mouvement national scout parmi les élèves du fameux lycée.

Des bancs de l'école il était directement passé au camp de concentration. Calme, bon observateur, parlant l'allemand comme un Allemand (ou plutôt comme un Autrichien), c'était un patriote qui détestait les vainqueurs mais considérait le camp comme un lieu où le seul acte de résistance possible était de survivre. Il me regarda d'abord avec une certaine méfiance, naturelle et justifiée dans un univers aussi dangereux que le camp de concentration et doublement justifiée dans cette partie tout spécialement dangereuse de cet univers qu'était le Kommando de la Section politique.

Il m'accepta assez vite cependant et me servit de guide dans un lieu où il était facile de commettre des erreurs par ignorance des règles non écrites. Nous fîmes équipe tranquillement pendant les longs mois de l'automne, de l'hiver et du printemps, espérant et craignant ensemble l'écroulement du pouvoir SS. Nous étions obligés de redouter cette échéance tant souhaitée car nous devions nous attendre à être traités comme détenteurs de secrets d'État, comme témoins à charge éventuels dont les SS seraient tentés de se débarrasser au dernier moment.

Peric et ses amis avaient une autre raison de craindre les lendemains; militants patriotes appartenant à des familles bourgeoises, arrêtés depuis longtemps, ils ne devraient s'attendre à rien de bon de la part des communistes de Tito qui, avec l'accord des Anglo-Saxons, allaient être les maîtres de la Yougoslavie rétablie. Le peuple slovène était dans son immense majorité d'un catholicisme très pratiquant; un peu comme en Pologne, l'Église, s'identifiant avec la nation, avait guidé l'éveil culturel de cette petite ethnie. Peric ne se faisait pas d'illusions sur les difficultés qui l'attendaient. Je ne sais ce qu'il est devenu, mais à Dachau même, dès la libération, les communistes titistes monopolisèrent la représentation yougoslave.

Juranic, leur représentant, siégea au Comité international. Dans l'administration autogérée qui s'instaura sous la présidence de Patrick O'Leary et le contrôle du capitaine américain Rosenberg, Juranic fut préposé au Bunker, transformé en prison pour les traîtres, les collaborateurs, les suspects. La rumeur fit savoir rapidement que la vie n'y avait rien d'idyllique.

Parmi les nouveaux prisonniers que la roue qui tournait avait dès lors mis à notre place, on comptait des Français, volontaires de la Légion Charlemagne ou des Waffen-SS qui, sortant du Straflager SS [1] (le camp de punition), avaient réussi, dans la confusion des derniers et des premiers jours, à se glisser dans le camp de détention. Reconnus, identifiés, ils avaient pris le chemin du Bunker où régnait le camarade Juranic.

L'ayant appris, Edmond Michelet s'écria : « Quoi qu'ils aient fait, c'est une histoire entre eux et nous; je ne laisserai pas de Français dans les mains de ce communiste yougoslave », et il m'ordonna d'aller les chercher à l'instant même. Je partis, accompagné à ma demande d'un capitaine français en uniforme qui était venu nous rendre visite. Visiblement furieux de cette intervention dans son secteur, Juranic n'osa pas cependant nous opposer une fin de non-recevoir.

Je parcourus donc les couloirs du Bunker et me fis ouvrir successivement toutes les cellules où tant de nos camarades avaient connu d'atroces tortures. Les occupants actuels, visiblement, étaient eux aussi plutôt mal en point. Dès qu'on sut que j'étais venu prendre livraison des Français, tout le monde se prétendit de nationalité ou d'ascendance française. Les ordres cependant étaient stricts, et vis-à-vis de Juranic et des Américains je ne pouvais les outrepasser.

Je me bornai donc à augmenter ma petite troupe en y admettant quelques cas douteux, Allemands nés en Alsace ou soi-disant descendants de Huguenots, et toujours flanqué du capitaine, je la conduisis au camp français. Je me demande si le pauvre Peric n'aurait pas aimé lui aussi se découvrir alors un grand-père français.

1. Le camp de punition était voisin du camp de détention (Schutzhaftlager); nous avions souvent aperçu les cohortes de SS punis, traversant au pas cadencé « notre » Place d'Appel.

***

Pour les Français de Dachau, le Luxembourg était un des pays les plus importants d'Europe. Par rapport à la population totale de leur État, les Luxembourgeois étaient largement sur-représentés. Si nous avions été proportionnellement aussi nombreux qu'eux, Dachau aurait compté 45 000 prisonniers français!

De plus, bien qu'ils parlassent chez eux et entre eux un dialecte allemand, le Moselfränkisch, le « francique mosellan », le français était la langue officielle du Grand-Duché. Se servir du français à Dachau, et montrer leur solidarité amicale aux Français, était donc pour les Luxembourgeois une manière de continuer leur résistance. Maîtrisant les deux langues, les sujets de la Grande-Duchesse Charlotte, servaient volontiers d'interprètes et de médiateurs aux Français isolés et handicapés par leur ignorance des langues étrangères. Et pourtant par leur caractère sérieux et pondéré, par une certaine gravité, une certaine naïveté, une certaine provincialité, par leur catholicisme très clérical et très politique, profondément marqué par le Zentrum, le grand parti catholique allemand, la plupart de nos Luxembourgeois ressemblaient bien davantage à leurs adversaires qu'à leurs alliés et protégés.

Germanophones, disciplinés et ordonnés, ils avaient dans l'ensemble de bons kommandos. Jules Jost, notre ami, jeune prêtre fils de cheminot, au camp depuis 1943, nous charmait par son humeur toujours égale, sa disponibilité inépuisable, son art diplomatique. Connaissant bien tout le monde, devinant les ennuis de tout le monde, il parcourait d'un pas alerte, vêtu d'un rayé élégant, les allées des blocs et les passages du Revier. « Réceptionniste » de confiance, il n'exerçait pas ses fonctions au camp seulement, il allait sous la garde d'un SS, qui avait l'air d'être à ses ordres, mettre en fiches les milliers de malheureux juifs hongrois qui débarquaient sans cesse dans les Waldlager improvisés de la région de Landsberg. C'est dans cette mission que notre ami Igor l'accompagnait quelquefois.

Sa voix calme et cordiale apportait aux plus désespérés un instant d'apaisement. C'est lui, plus que tout autre, qui nous enseigna le camp, ses règles, ses personnages, ses institutions, ses antécédents. Il connaissait personnellement les chefs SS qui pour nous restaient des mythes anonymes. Il se préoccupait de nos problèmes, cherchait des kommandos à ceux qui n'en avaient pas, nous aidait à sortir des listes de Transport ceux qui risquaient d'être arrachés à notre groupe.

De notre côté, nous l'amusions et nous le surprenions par ce qu'il y avait de parisien, de primesautier, de léger dans nos façons de vivre, de faire et de parler. Entre sa famille et le séminaire il n'avait jamais rencontré des gens qui comme nous possédaient le goût de l'ironie, de l'irrespect, de l'allusion. Il était certes familier de la Cour grand-ducale, ayant servi de secrétaire à l'évêque, mais là aussi les jeunes intellectuels de notre type devaient être plutôt rares. Il se prit donc d'amitié pour nous, il venait, souriant, écouter nos conversations à l'emporte-pièce et nos joutes poétiques. Il m'adopta plus particulièrement parce que je parlais l'allemand, parce que je connaissais l'histoire allemande et celle de son pays, parce que j'étais comme lui membre d'un kommando important où il fallait chercher sa voie au milieu de maints périls en obtenant la confiance des SS sans la mériter, et sans doute aussi parce que j'étais dans notre groupe le seul catholique pratiquant.

Bien que François fût notre véritable chef, par l'autorité morale qui émanait de lui, j'apparaissais à l'extérieur comme le « manager », l'organisateur, le gestionnaire. Dans mes conversations avec Jules Jost j'appris beaucoup de choses sur la politique luxembourgeoise, sur la Cour et sur l'Église romaine. Pendant des années, après la guerre, il vint fréquemment à Paris rendre visite à d'anciens amis prisonniers. Il était alors aumônier en chef de l'Armée luxembourgeoise.

Humble, généreux, inébranlable, dans le monde et très loin du monde, l'abbé Jules était pour notre petit groupe à la fois un ami et un protecteur. Avec ses camarades il eut la satisfaction de recevoir quelques jours seulement après la libération, la visite de leur prince héritier, l'actuel Grand-Duc Jean qui servait dans l'armée anglaise. Les déportés luxembourgeois de

Dachau furent les seuls à être honorés d'une visite aussi prestigieuse. Dans ce petit pays où tout le monde se connaissait, régnait une très forte solidarité. Aussi, Hitler avait-il décidé de déporter les Luxembourgeois, le peuple tout entier, en Pologne, pour rompre les liens si forts de leur identité communautaire. Il n'eut pas le temps d'exécuter un dessein si funeste, pas plus, grâce à Dieu, qu'il ne put mener à mauvaise fin le projet analogue qui visait à transplanter dans le Warthegau ou la Pomérélie polonaise les habitants allemands du Tyrol du Sud.

C'est en s'élevant contre ce transfert qui devait arracher à leurs montagnes et à leur histoire ces paysans qui étaient restés hommes libres pendant plus d'un millénaire, que notre ami Vollger était entré en conflit avec le nazisme. Dans leur situation de frontaliers géographiques, politiques et culturels, Jost et Vollger continuaient à incarner quelques-unes des vertus majeures d'une tradition germanique qu'Hitler s'efforçait d'anéantir.

***

Les Belges aussi étaient très proches de nous. Par la langue d'abord; ceux que nous fréquentions régulièrement, Bob Claessens, grand avocat communiste d'Anvers, libéral et généreux – comment, par quelle obstination désespérée du vouloir espérer, par quel besoin de croire envers et malgré tout pouvait-il concilier son humanisme avec le stalinisme? –, le père De Coningk, jésuite dans la force de l'âge habitué au commandement comme à l'humilité, et même Arthur Haulot, réservé, énigmatique chef de tous les infirmiers du Revier en sa qualité de Revierkapo, une des plus hautes fonctions du camp, et qui devait faire plus tard en Belgique une carrière politique comme haut-commissaire au Tourisme, tous, Wallons, Bruxellois ou Flamands, étaient des intellectuels qui cultivaient le français comme une part essentielle de leur patrimoine.

Peut-être une souffrance secrète les unissait aussi à nous : de même que les résistants français portaient tous en eux l'humiliation permanente de savoir leur pays entre les mains d'un pouvoir « national » qui avait longtemps pu se réclamer de la légitimité factice conférée par une adhésion massive momentanée, une adhésion nourrie des illusions de l'inintelligence et des faux raisonnements dictés par la peur, la pusillanimité, l'esprit partisan de la revanche politique, par les faux calculs des cyniques, bref par le lâche soulagement, de même les Belges souffraient des ambiguïtés de leur Roi, des hésitations qui avaient freiné les décisions des plus prestigieux de leurs gouvernants, de l'utilisation par l'Occupant et par ses collaborateurs des aspirations trop longtemps réprimées et des ressentiments accumulés par l'ethnie flamande.

Pourtant, les Flamands dans la Résistance ne furent pas moins nombreux et pas moins ardents – et pas moins bien représentés à Dachau – que les francophones, mais Belges et Français, nous pouvions tous envier la simplicité massive et totale avec laquelle le peuple luxembourgeois s'était refusé à l'annexion hitlérienne.

Nous eûmes peu de contacts avec les Hollandais et les Norvégiens pourtant relativement nombreux au camp, surtout les seconds, en considération du nombre total de leur population. Ils constituaient des groupes très clos sur eux-mêmes, fiers et peu enclins à se mêler au monde grouillant et bariolé des peuples de l'Est et du Sud. Il y avait peu de Danois, grâce à l'action, que nous connûmes seulement après la guerre, du courageux diplomate allemand Georg Ferdinand Duckwitz qui s'opposa avec astuce et opiniâtreté à la pénétration de la Gestapo dans le Royaume, grâce aussi à la ferme dignité du Roi qui, resté au milieu de son peuple, refusait cependant d'accomplir le moindre geste de gouvernement.

Georg Ferdinand Duckwitz montra à ses collègues de l'Auswärtiges Amt ce qu'ils auraient pu faire et empêcher s'ils avaient été animés de la même volonté de lutter du dedans contre leurs chefs criminels. Pour une fois la vertu fut récompensée; Duckwitz, que le Danemark tout entier entourait de son estime amicale, allait terminer sa carrière comme secrétaire d'État au ministère fédéral des Affaires étrangères à Bonn. A nos yeux, Hollandais, Norvégiens et Danois jouissaient du prestige que leur avait valu l'attitude toute simple et droite de leurs dirigeants : la reine de Hollande, le roi de Norvège avec leurs ministres, quand les combats durent cesser sur le territoire national, s'en furent à Londres pour maintenir leur pays et leur peuple dans la guerre. Dans ces pays les collaborateurs, les Mussert et les Quisling ne purent réunir derrière leurs drapeaux maculés de trahison que des minorités de déviants, d'ambitieux fourvoyés, de criminels de droit commun. Chaque résistant se savait soldat de l'armée légitime.

Par la faute impardonnable de Pétain, la Résistance en France dut, elle, mener une guerre civile contre l'appareil de l'État au milieu d'un peuple qui ne se libéra que progressivement, et jamais entièrement, des fausses certitudes et des vrais mensonges répandus sous le couvert du « Vainqueur de Verdun ».

L'on sait que la direction suprême des SS, Himmler lui-même et le chef du RSHA, Schellenberg, étrange personnage à facettes, tentèrent, dans les dernières semaines de la guerre, de négocier pour leur propre compte, à leur profit personnel, une sorte de paix séparée, de capitulation privée. De nombreux juifs hongrois durent la vie à ces tractations, et sans doute aussi – indirectement au moins, mais je reviendrai là-dessus – la masse des prisonniers de Dachau.

Un des principaux interlocuteurs de ces secrètes et obscures tractations fut le comte Folke Bernadotte, neveu du roi de Suède et président de la Croix-Rouge suédoise. Bernadotte se préoccupa en premier lieu, par solidarité scandinave, du sort des déportés norvégiens et danois. Nous vîmes ainsi arriver au camp et s'installer dans la première baraque de la rangée des numéros pairs, face à l'Appellplatz, là où se trouvaient déjà la Poste, la Bibliothèque et le Dépôt de la cantine, une mission de la Croix-Rouge internationale qui organisa le départ vers la Suède de nos camarades sujets des rois Haakon de Norvège et Christian de Danemark (qui étaient d'ailleurs frères).

Les Scandinaves partirent dans des cars flambant neufs, portant le drapeau de la Croix-Rouge. Nous les enviâmes certes, mais de toute façon ce départ était un signe évident d'une fin désormais inexorable. A la même époque, la Croix-Rouge internationale obtint la permission de s'installer au camp pour contrôler la répartition des colis qu'elle avait accepté de faire parvenir à tous les ressortissants alliés, à l'exception des Russes – l'URSS s'étant depuis longtemps retirée de la Convention de Genève – et des Italiens auxquels l'Allemagne ne reconnaissait pas le statut de belligérants à cause de l'existence du gouvernement de la République sociale italienne, le gouvernement de Mussolini fidèle à l'Axe. Les SS avaient reçu des instructions pour laisser les envoyés de la Croix-Rouge accomplir leur mission et ceux-ci se limitèrent strictement à la distribution des colis.

Ils n'eurent, à ma connaissance, aucun contact avec les responsables clandestins des détenus et ne cherchèrent pas à recueillir des informations sur nos conditions de vie. A la même époque fut libéré un pasteur protestant suisse, un des rares ressortissants helvétiques parmi nous. Quoique francophone, le personnage restait un peu mystérieux et nous nous étions toujours méfiés de lui. Je crois me souvenir qu'il eut après son retour en Suisse maille à partir avec les autorités de son pays. A un certain moment de sa vie il avait sans doute cédé à des séductions nazies...

Bien avant que les autres citoyens alliés ne reçussent leurs colis de la Croix-Rouge, les Français avaient pu bénéficier de ces envois. Juste avant les fêtes de Noël les chefs de bloc eurent de la direction SS l'ordre de faire passer à la Poste tous les ressortissants français. A chacun était remis un colis de cinq kilos venant de la Croix-Rouge française par l'intermédiaire du Comité international de Genève. Il s'agissait en fait de colis qui étaient régulièrement envoyés aux prisonniers de guerre; mais comment la Croix-Rouge avait-elle obtenu de faire bénéficier de ces envois les Français détenus dans les camps de concentration? Était-ce déjà un signe avant-coureur des tentatives d'accord séparé dont nous venons de parler, des pourparlers avec le comte Bernadotte?

A Dachau, les détenus avaient effectivement le droit de recevoir un colis par semaine, mais en principe de leur famille seulement, ce qui limitait pratiquement l'exercice de ce droit à ceux dont la famille résidait à l'intérieur des frontières de la Grande Allemagne et des territoires conquis. Ce n'était pas le cas de la France depuis l'automne 1944, et contrairement aux Allemands, Autrichiens, Tchèques, Polonais, Hollandais, les Français, qui pour la plupart n'étaient arrivés qu'en été 1944, n'avaient jamais rien reçu. Pour beaucoup d'entre nous ces colis arrivèrent juste à temps : à Noël je ne pesais plus que 35 kilos – au moment de la libération j'aurai retrouvé, avec 55 kilos, un poids proche de la normale.

Les colis contenaient des choses prodigieuses : des boîtes de sardines, de cent sardines, du sucre, des cigarettes, de la semoule, du café. Que faire avec cent sardines à la fois qui ne se conservaient guère après l'ouverture de la boîte? La question ne se posait pas vraiment dans un groupe tel que le nôtre qui faisait « popote » ensemble. Aux sept membres initiaux s'étaient adjoints à l'automne Jean Lorenceau et Jean Bruneau (Tristan), jeunes membres du réseau des Écoles de Cadre du Maquis (Réseau Périclès) dont avaient fait partie également Gosselin, Gilbert Lazard et moi-même. Nous récupérâmes ensuite Paul Teitgen qui venait en transport de Buchenwald en fort mauvais état. Jean Sussel avait travaillé avec son frère Pierre-Henri au Comité général des Experts, l'organisme des Mouvements unis de la Résistance chargé de préparer les institutions de la France libérée. C'était pour nous un devoir évident que de l'introduire dans notre solidarité. De plus il était charmant et sage, d'une amabilité bourrue, toujours prêt à aider les autres; son catholicisme austère s'ajusta fort bien avec la sévérité esthétique du « Zébu ». Nous étions donc dix et Laurenceau, grand et fort, devint notre cuisinier. Sur le poêle de la chambrée il faisait mijoter dans leur huile les sardines du soir; chacun avait droit à une ration de dix, plus la bouillie de semoule sucrée. Yéfime, à un certain moment, fut admis à l'infirmerie; tous les jours je lui apportais sa ration et je dois avouer que je ne résistais pas toujours à la tentation de prélever une cuillerée ou deux sur la part de l'ami malade.

Le café, dont nous n'avions que faire, se négociait chèrement à travers les réseaux de marché noir des kommandos qui étaient au contact de la population civile. C'est contre du café Croix-Rouge que nous troquions les médicaments antityphiques dont nous espérions la guérison de François. Nos Gauloises aussi, bien supérieures aux Mahorkas ukrainiennes où la paille avait une part prépondérante par rapport au tabac, nous procuraient maints avantages.

Le miracle du colis devait se renouveler plusieurs fois. Pendant les trois premiers mois de l'année 1945 chaque Français reçut douze colis de cinq kilos. C'était inespéré, inimaginable, et du coup le prestige des Français augmenta rapidement dans les blocs et dans les kommandos; à la même époque, beaucoup de Polonais et d'Allemands cessèrent de recevoir leurs colis familiaux : les armées soviétiques progressaient sur le front est et les bombardements toujours plus nombreux et destructeurs finissaient de désorganiser les transports intérieurs dans le Reich. Au sein de la communauté nationale française des voix s'élevèrent en faveur d'un partage général. N'était-ce pas intolérable de voir les regards affamés des voisins suivre chacun des gestes de nos mains et les mouvements de nos bouches? Notre groupe fut de ceux qui s'opposaient à cette proposition humanitaire. Jamais les Allemands et les Polonais du temps de leur abondance n'avaient partagé leurs colis avec des ressortissants des autres nations. Les prêtres polonais eux-mêmes payaient en pain noir militaire les leçons de français que leur dispensaient des étudiants français faméliques, en gardant pour eux et leurs amis le pain blanc et les gâteaux reçus de chez eux.

De plus, qu'auraient reçu 70 000 prisonniers par une répartition de 5 000 colis français? Chacun restait libre, individuellement, de partager avec ses voisins de chambrée ou de kommando. Eussions-nous procédé autrement, le nombre des morts français eût été le double, le triple. Je ne suis pas fier de la position que nous prîmes alors, mais je ne la regrette pas et je pense que j'agirais de même si c'était à refaire.

Après la libération, j'appris la raison de l'extraordinaire abondance dont nous avions profité : la Croix-Rouge internationale avait reçu des autorités nazies l'instruction d'amener à Dachau tous les colis destinés à tous les détenus français de tous les camps. Dachau devait servir d'entrepôt général, mais une fois les colis arrivés, les SS se déclarèrent hors d'état d'en assurer l'acheminement vers les autres camps, les rigueurs de l'hiver s'ajoutant à la désorganisation des communications. Comme la Croix-Rouge ne voulait pas ramener les colis en Suisse, ses délégués se résolurent à les distribuer tous sur place. Sans l'avoir su ni voulu nous nous sommes nourris de la faim des autres. Grâce à la présence des gens de la Croix-Rouge pendant toute la durée de l'opération, pendant trois mois, pas un seul colis ne fut détourné par un SS, alors que d'habitude certains de nos « gardiens » ne se gênaient pas pour vider les bagages des nouveaux arrivants de leurs contenus les plus précieux.

***

Dans notre Société des nations enfermées, les Italiens tenaient la place des sous-prolétaires tout juste au-dessus des juifs, s'il y avait eu des juifs ailleurs que dans les « camps de la forêt ». Les Italiens avaient trahi les Allemands, pour la seconde fois, après le changement d'alliance de 1915. Ils avaient donné à la France vaincue le coup de pied de l'âne. Pour les Russes ils étaient les alliés sans gloire des envahisseurs hitlériens. Soutenant les fascistes croates, opprimant les Slovènes et les Slaves de Dalmatie, ils étaient pour les Yougoslaves l'objet d'une détestation unanime. Des hauts faits de la Résistance italienne intérieure, illustrés après la guerre par des films admirables, personne alors ne savait rien. Les Italiens *poveri figli di mamma* étaient complètement isolés dans un monde incompréhensible, défigurés par la raie au milieu de la tête, la Lausallee, l'allée aux poux, symbole du mépris qui les enveloppait. Il y avait cependant parmi eux des hommes remarquables dont nous connûmes quelques-uns, comme l'abbé Manziana, prêtre cultivé et calme dont les yeux parlaient un langage de spiritualité ardente. Il devint plus tard évêque de Crema, où Edmond Michelet lui rendit visite plusieurs fois au cours des voyages annuels qu'il faisait en Italie avec ceux de ses cinquante petits-enfants qui avaient eu quinze ans dans l'année. A la libération nous fîmes la connaissance du pasteur Melodia, un Sicilien protestant qui, curieusement, avait été choisi pour représenter les Italiens au Comité international. Peut-être avait-il des liens avec l'émigration italienne aux États-Unis ?

J'ai déjà mentionné l'existence d'un groupe espagnol, relativement peu nombreux, à peu près de même « volume » que les Luxembourgeois et, comme eux, de grande qualité sociale et humaine. Tous les Espagnols, à peu près sans exception, étaient des « politiques ». On ne rencontrait pas parmi eux ces « otages » si caractéristiques de la composante française, qui se demandaient encore « pourquoi ils étaient là », alors qu'ils n'avaient jamais fait le moindre geste d'opposition ni à l'occupant ni au « gouvernement du Maréchal »! Cette masse amorphe vivait dans un état d'esprit de sourde hostilité envers les résistants, qu'ils rendaient plus ou moins responsables de leurs malheurs. Rien de tel chez les Rotspanier, les « Espagnols rouges », pour la plupart anciens combattants de l'Armée républicaine qui tout naturellement étaient rentrés dans le combat contre les nazis, sachant que Franco n'avait pu l'emporter que par l'aide reçue des dictatures italienne et allemande. Les Espagnols, malgré les souffrances que leur infligeait le climat, se comportaient avec une dignité exemplaire. Beaucoup d'entre eux étaient d'origine ouvrière; l'expérience militante et militaire leur avait donné une grande capacité d'ordre et de discipline.

Ils pratiquaient presque tous une forte solidarité avec les Français, en dépit du mauvais accueil que le gouvernement Daladier leur avait « réservé » et de la franche hostilité que leur vouaient les « autorités » de Vichy. Grâce à Edmond Michelet, cette solidarité leur fut rendue plus tard.

Ouvriers expérimentés, ils avaient pour la plupart de bons kommandos, où il était possible d'« organiser » quelque chose, ce qui, dans la langue du camp, signifiait se débrouiller, se procurer ce dont on avait le plus besoin, monter des échanges ou des commerces plus ou moins fructueux.

Les Américains, après la libération, essayèrent de mettre de l'ordre dans le chaos concentrationnaire avec des idées simples. Parmi celles-ci figurait le concept de « personnes déplacées » : les prisonniers, déportés, travailleurs forcés, réfugiés de tout genre qu'ils trouvaient tout au fond de la marmite nazie, immense population bariolée, se divisaient pour l'administration militaire américaine en trois grandes catégories. Il y avait d'abord les collaborateurs et complices de l'ennemi, criminels et sous-criminels de guerre qu'il convenait d'acheminer vers la punition méritée. C'est en vertu de ce schéma, également, que les Américains et les Britanniques – ceux-ci beaucoup moins excusables parce qu'ils savaient parfaitement ce qu'ils faisaient – livrèrent par la suite aux Soviétiques les dizaines de milliers de soldats et d'officiers de l'armée Vlassov qui, en s'alliant à Hitler, s'étaient dressés contre le pouvoir totalitaire de Staline.

Venaient ensuite tous ceux qui, éloignés de leur patrie par la guerre, aspiraient à y retourner au plus tôt. C'était bien sûr le cas de la communauté française de Dachau. Enfin, troisième catégorie, les « personnes déplacées » qui, pour des raisons diverses, ne voulaient ou ne pouvaient rentrer chez elles. C'étaient d'abord les survivants juifs de Pologne, de Russie, des pays baltes, de Roumanie, que l'antisémitisme traditionnel dans ces pays, exacerbé par le nazisme, décourageait d'un « retour au pays » où leurs familles avaient disparu, où leurs maisons étaient dévastées ou occupées, leurs biens volés ou usurpés.

Beaucoup d'entre eux, comme d'ailleurs beaucoup de non-juifs originaires des mêmes pays, ne voulaient pas non plus revenir dans une patrie passée sous le contrôle des communistes. Ceux-là, s'ils n'étaient pas réclamés par des gouvernements alliés comme ce fut le cas des soldats de Vlassov dont les Soviétiques exigeaient la livraison, les Américains les gardaient provisoirement sur les bras en attendant de pouvoir passer la charge aux Allemands qui, après tout, étaient responsables de la présence de ces réfugiés dans leur pays.

Au cours des premières semaines qui suivirent la libération, le Comité international et l'autorité militaire américaine entreprirent, en fonction de ces idées simples, de réorganiser la géographie humaine du camp. Les collaborateurs de l'ennemi, au fur et à mesure qu'ils étaient découverts, disparurent, on l'a vu, au Bunker sous la garde de Juranic. Les ressortissants des pays alliés en situation « normale » se virent affecter des bâtiments en bon état dans l'immense enceinte du camp SS. Les Français, ainsi, reçurent tout un ensemble de casernes, de logements d'officiers, de mess, d'hôpitaux, où nous pûmes organiser une existence nationale intérimaire, en attendant le rapatriement général et officiel.

C'est là que nous découvrîmes aussi les locaux d'arrêt qui nous permirent de nous charger nous-mêmes des Français collaborateurs que, sur ordre de Michelet, j'allais un jour extraire du Bunker. Moi-même, avec Gosselin, j'avais repéré dans le voisinage une charmante petite villa qui convenait parfaitement à nos besoins. Une cuisine au rez-de-chaussée ainsi qu'une vaste salle à manger et un salon à l'ameublement un peu lourd mais confortable, deux chambres à coucher avec chacune sa salle de bains au premier – nous y fûmes royalement bien, un peu à l'abri des voisinages et des promiscuités de la vie collective qui se poursuivait dans les nouveaux casernements. Dans la salle à manger il y avait une grande table ronde. Un immense drapeau à croix gammée nous servait de nappe.

Quand la colonie française émigra dans ses nouveaux locaux, nous voulûmes emmener avec nous les camarades espagnols. Les Américains avaient décidé de réserver l'ancien camp de détention aux « personnes déplacées » non susceptibles de rapatriement immédiat. Michelet et le Comité français étaient unanimes à penser que, combattants de la Résistance française, arrêtés en France, les Rotspanier se trouvaient placés sous notre responsabilité. L'autorité américaine ne l'entendait pas de cette oreille-là. Les Espagnols qui ne voulaient pas rentrer chez Franco étaient des *displaced persons*, au même titre que les Polonais qui se refusaient à retourner dans une patrie occupée par les communistes.

Quand vint l'heure du rapatriement, Michelet expliqua au capitaine Rosenberg que les Espagnols retourneraient en France avec nous. Il s'y opposa formellement. Alors Michelet, sur les listes des rapatriables que nous devions confectionner pour les Américains, fit inscrire tous les Espagnols en ayant soin de mêler leurs noms aux Français selon l'ordre alphabétique. Personne évidemment chez les Américains, peu nombreux et débordés, ne s'occupa d'éplucher ces listes où figuraient des milliers de noms.

Le lendemain de grand matin, les autocars envoyés par le

général de Lattre embarquèrent Français et Espagnols pour les maisons de repos préparées à leur intention dans les doux paysages du lac de Constance, sauf Michelet et ses collaborateurs qui avaient préféré rentrer un peu plus tard, directement en France, leur mission accomplie. Vers 8 heures du matin nous vîmes arriver, furibond, le capitaine Rosenberg et ses adjoints : « Où sont les Espagnols ? hurla-t-il après avoir fait au pas de course le tour des casernements vides. – Je n'en sais rien, répondit hypocritement Michelet. Il paraît qu'ils ont disparu pendant la nuit. » Rosenberg étant un brave homme, sa colère retomba vite, il haussa les épaules et nous serra la main en nous souhaitant bonne chance.

Les survivants espagnols de Dachau revinrent donc en France. La plupart durent attendre trente ans avant de retrouver leur patrie. Beaucoup ne virent pas cette seconde libération.

# VIGILE

Qu'il est difficile de se réveiller à minuit quand on n'a pas de montre. Bien sûr, le petit veilleur de nuit, assis face à l'entrée avec sa lampe au large abat-jour de papier rouge, m'a promis de venir me réveiller. Mais peut-on lui faire confiance ? Il est si faible qu'il peine à venir porter au fond du dortoir l'urinoir qu'un cri presque inaudible et quand même déchirant vient de temps en temps lui réclamer. « Flasché, Flasché », dit ce cri, et cet accent mis sur l'e sourd du mot allemand, accent français, italien, grec, slave, a la force d'une imploration.

Abandonnés aux maléfices, aux souvenirs et aux angoisses de la nuit, les malades, bien qu'ils ne soient pas les plus à plaindre des habitants de la cité, dormant sous leurs draps, un par lit et au chaud, les malades sont les plus démunis, les plus livrés. La Flasché, l'urinoir et plus encore la Schüssel (le bassin), qui elle aussi prend l'accent final, sur l'e grêle et pointu (Schussèlle, Schussèlle), sont des instruments de torture et de soulagement, d'un caractère presque sacré.

Comment le malade non privilégié, dans l'extrême recoin sombre et malodorant du dortoir, au lit du troisième étage, écrasé par le plafond tout proche qui l'empêche de s'asseoir, ne craindrait-il pas d'appeler le Stubendienst du jour ou le veilleur de nuit, ces augustes personnages qui peuvent l'entendre ou ne pas l'entendre, le secouer ou le traiter avec douceur, lui donner une soupe supplémentaire ou ne lui verser qu'une demi-louche d'eau claire dans sa gamelle tendue ? Se décider à quitter le court répit du sommeil, la courte absence à la peine et à la peur, pour obéir aux fonctions, souvent dérangées (car c'est une salle de « maladies internes », dont les quatre cinquièmes sont des diarrhées), est une amère servitude, et l'on finit par haïr son propre corps autant que les tortionnaires ou les privilégiés enviés.

Le métier de veilleur, pour celui qui sort à peine d'une de ces terribles maladies sans nom bien à elles, qui ne seraient qu'une indisposition dans le « monde », et qui ici sont le plus souvent mortelles, pour celui qui marche encore d'un pas mal assuré, traînant pieds et babouches (ces babouches officielles qu'un veilleur passe à l'autre quand il reprend son lit et sa condition de malade après quatre heures de veille), n'est pas une « planque » facile, mais c'est la garantie de quelques jours de convalescence avant le retour au « Bloc », au bloc des Uneingeteilt le plus souvent, de ceux qui n'ont pas de kommando, pas de Brotzeit, de ration supplémentaire, de second petit déjeuner vers 10 heures du matin, qui dorment à trois dans un lit ou par terre, à même les planches, qui n'ont pas le droit de sortir de l'allée du bloc, qui n'ont pas le droit durant la journée de rester dans la chambrée, mais doivent battre la semelle dans le vent, sous la pluie, sous la neige, sans manteau, leur gamelle à la main ou attachée à la ceinture, pour qu'on ne la leur vole pas.

Non, il vaut mieux rester quelques jours de plus à l'infirmerie et se chauffer, en somnolant ou en lisant, assis le dos contre le gros poêle de tuiles glacées vertes que l'infirmier-chef, le Pfleger, nourrit avec du charbon qu'il achète par seaux contre des pommes de terre ou des médicaments, « grattés » sur des rations de la chambrée.

C'est un bon infirmier, un des meilleurs, un vieil ouvrier alsacien, charpentier de son métier, un des meilleurs bien qu'il hurle sans cesse et qu'il lui arrive de battre « ses » malades.

D'où viennent ces hommes? L'on ne saura jamais leur mystère qui peut-être n'en est pas un. Au camp, comme pendant la Résistance, il faut faire confiance, et la confiance est un risque. Prendre toutes les garanties, certes; mais toutes les garanties prises ne me donneront pas, de l'homme dont je vais faire un agent de liaison, une connaissance complète et profonde, de son origine et de ses aboutissements, de la fin qu'il porte déjà en lui.

Comment savoir s'il parlera sous la torture, comment être sûr qu'il n'est pas un agent ennemi, comment être sûr qu'il n'est pas un mouchard des SS ou du Lagerältester? Comment savoir si l'infirmier me veut du bien, et pourquoi? Comment savoir si ses protestations d'amitié sont sincères? Comment savoir d'où vient cette sincérité et quel passé elle sert à racheter?

L'infirmier de Mulhouse qui volait ses malades pour les chauffer n'était pas inscrit, sur les fiches du camp, comme Français. Avait-il choisi l'Allemagne? et quand? Il se faisait passer pour « politique », mais en paroles obscures et sans trahir sa position, s'il en avait une. Ses ennemis disaient qu'autrefois sa main avait été redoutable, avait non seulement battu, mais tué.

Comment faire la lumière, alors qu'il s'agit de vivre, de durer, de sauver tel ami et soi-même? Après la libération, quand le Comité français commencera à faire l'inventaire de ses hommes, à trier « politiques » et droits-communs, à repérer les traîtres camouflés, l'infirmier vint réclamer sa nationalité française.

Il se présenta, accompagné d'un jeune garçon d'une quinzaine d'années, un petit juif de Lituanie qu'il voulait ramener en Alsace et adopter. Que dire de ses voies? Que dire de son cœur? Le temps si long, si anonyme, chaque jour cependant, à chaque heure, nous pressait d'exigences qui n'attendaient pas la fin de l'enquête.

Grandeur sacrée des fonctions naturelles. Les hommes épiaient angoissés les bruits et les sensations de leurs évacuations. Avec le suintement liquide des matières s'écoulait une durée d'espoir. Chaque jour de diarrhée rapprochait l'échéance jusqu'à ce que le malade ne fût plus, un matin, que ce petit Français au corps d'adolescent rongé d'eczéma, aux hanches saillantes, comme des rebords plats, comme le socle d'une colonne, d'où montait la maigreur efflanquée du bas-ventre et du torse.

Il avait demandé la Schussèle trois fois en une demi-heure, il avait souillé ses draps deux fois en une matinée, on l'avait couché nu sur le matelas fétide, le matin encore il n'avait pu se retenir de boire avidement l'infect jus du « café » alors que ses voisins l'engageaient à se maîtriser, il m'avait demandé des nouvelles de la guerre : « Est-ce qu'ils ont pris Cologne ? » m'a-t-il interrogé d'une voix essoufflée. « C'est vrai qu'ils ont passé le Rhin ? » Puis il a redemandé la Schussèle, et comme la Schussèle ne venait pas assez vite, il s'est levé sur ses jambes maigres et jaunes, avec des traces de liquide qui lui collaient aux fesses. Il a fait quelques pas vagues, il s'est penché un peu, et puis il nous a montré son derrière et du trou noir est sorti un long jet noir, noir, liquide comme de l'urine; cela ne s'arrêtait pas et il est tombé.

On l'a ramassé de dedans ses matières et on l'a couché sur son matelas et il est mort dans le quart d'heure, et le soir sur la paillasse qu'on avait retournée, dans des draps frais, bleus et blancs, dormait un nouveau malade, heureux d'être au chaud, heureux de son lit, heureux d'être soustrait pour un temps à l'enfer du bloc de quarantaine.

Je me suis réveillé avant minuit, mais je n'ai pas eu le courage de me lever. Le petit veilleur somnolait, de mon lit je le voyais, la tête sur ses mains, dans le champ de sa lampe. Puis, à minuit, il est venu me réveiller. J'étais debout, me demandant à nouveau si j'avais bien fait de dormir pendant la première partie de la nuit. Bien sûr, je venais d'être malade moi-même, mais était-ce une vraie maladie, à côté du typhus de François ? Bien sûr, au début de la nuit un grand infirmier, ou quelque redoutable fonctionnaire tout-puissant parmi les grands privilégiés du Revier, un SS même – qui sait ? – ou un de ces civils à l'air soigné et cultivé qui sortaient parfois de portes dont l'entrée était interdite en sept langues et où se passaient de redoutables mystères (des expériences sur hommes vivants, comme on devait l'apprendre plus tard), pouvait rôder encore dans les couloirs et demander au malade qui circulait en dépit des règlements la raison de son voyage tardif. Mais j'avais confié François aux bons soins du Stubendienst belge du Bloc 17 et, en dépit du docteur français qui s'était porté garant pour lui, à qui faire confiance? Quel intérêt a-t-il à bien soigner François?

C'est notre ami bien sûr, et nous avons un peu de pouvoir, nous sommes les amis de Michelet qui en a davantage. Le docteur semble gentil. Il mange sa soupe au lait dans le réduit qu'on lui a aménagé au milieu des mourants. Ce n'est pas une sinécure. C'est un médecin dévoué dont on nous a dit du bien. C'est un résistant, un patriote. Mais qui l'a vu du dedans? Qui sait quel homme il est à présent? Et qui est-il pour se porter garant de son prochain, le petit Stubendienst flamand à la figure ronde et sérieuse qui est catholique car j'ai vu, quand je suis venu à la fin de l'après-midi, le petit livre de prières pour prisonniers français qu'il garde dans ses affaires, à côté du lit de François?

Prêt. Full-over par-dessus ma chemise, pantalon par-dessus le caleçon (c'est sévèrement interdit : nul malade n'a droit à autre chose qu'un caleçon et une chemise, mais les copains m'ont envoyé pantalon, pull et pardessus, non sans les avoir fait passer à la désinfection, par l'intermédiaire de Michelet; autre infraction puisqu'il n'y a pas de désinfection « individuelle », toutes les affaires devant aller en vrac tous les trois mois aux étuves collectives; l'on n'a pas droit aux vêtements personnels, chacun, quand ils sortent de l'étuve, doit prendre ce qui lui tombe sous la main. Nul n'a droit à être lui-même, mais l'infirmier ferme les yeux. Mes bons souliers de cuir, le seul objet qu'on ait eu droit d'amener du dehors avec la ceinture, des chaussettes cent fois reprisées, don de Michelet encore, le foulard, don de Sommet, enroulé autour de la tête et couvrant les oreilles, je suis prêt à partir.

Le veilleur de nuit somnole, un malade à côté de mon lit appelle la Flasché, sans doute l'officier hollandais qui est mon voisin, le responsable clandestin de la colonie hollandaise qui, privilège merveilleux, occupe comme moi un des rares lits sans deuxième et troisième étage. Je marche doucement sur la maigre carpette qui atténue à peine le bruit de mes gros souliers.

A gauche, sous la fenêtre, l'amoncellement de sabots où les malades qui n'ont pas de chaussures (l'énorme masse) doivent venir pieds nus chercher leur bien avant d'aller aux lavabos. La porte est toujours entrebâillée pour que personne ne puisse, par mégarde, la fermer brutalement et troubler le sommeil des autres.

Je la ramène sur moi et l'air glacé me frappe au visage, l'air pur que n'empoisonnent pas la lourde haleine et les senteurs accumulées des cent quatre-vingts corps malades.

Le Bloc 9 est le dernier bloc du Revier « normal ». Bloc 1 salle d'opération, salles spécialisées, secrétariats, salles d'apparat pour visites et inspections; Bloc 3 chirurgie; Blocs 5, 7, 9 « maladies internes »; 11 et 13 phtisiques. Au-delà il y avait normalement des blocs d'habitation, séparés des « TBC » [1] par des fenêtres grillagées. Mais à présent, du 15 au 19 s'étend la réserve des typhiques. Bientôt le 21 suivra.

Trois, quatre blocs, chacun de 4 chambrées. Chaque chambrée a 150 typhiques, à quelques unités près. Une vaste caserne où gisent 2 000 corps fiévreux, secoués, apathiques, agités, diarrhéiques, figés par la crampe.

Les blocs se suivent, parallèles, coupés par des Blockstrasse que des grilles séparent de la Lagerstrasse, la grande rue centrale, véritable colonne vertébrale du camp que Michelet devait rebaptiser « Rue de la Liberté ». Les blocs et les Blockstrasse sont donc perpendiculaires à la Lagerstrasse. Entre les Blocs 1 et 9 les Blockstrasse sont coupées par des galeries couvertes qui partent d'un Waschraum (lavabo) et aboutissent dans le Waschraum du bloc suivant. Ce dispositif permettait de franchir à pied sec et sans s'exposer au froid les espaces qui séparaient les blocs. Mais à partir du Bloc 9 les Revierblöcke des phtisiques condamnés à l'isolement le plus strict, et les nouveaux Revierblöcke des typhiques restaient séparés les uns des autres par des Blockstrasse normales, larges de 8 mètres, 8 mètres de neige et de froid mortel.

Je suis dans l'antichambre des lavabos. A droite la porte de ma chambrée. A gauche la chambre 3. Devant moi la porte des WC et celle du Waschraum proprement dit. Derrière moi, la porte qui mène à la Blockstrasse, ouverte. Un malade sort,

1. Sigle allemand pour tuberculose.

titubant, de la chambrée 3. Il tient son caleçon qui n'a pas de boutons. Il ne me regarde pas. Clos dans son sommeil et son besoin. Le vent qui rentre par la porte ouverte sur la nuit apporte l'humidité des cristaux de neige. La porte du Waschraum est ouverte de même, et celle aussi qui donne de l'autre côté sur l'autre Blockstrasse. Courant d'air mortel sans doute dans plus d'un cas, et qu'on n'arrive pas à vaincre. Que de fois, levé pour uriner, j'ai fermé ces portes que des passants ont négligé de tirer tout à fait. Je descends dans la neige entre les Blocs 9 et 10.

Le ciel est plein d'étoiles. Non de mondes lointains mais de neige toute proche. L'air mord, bat, frappe, fait jouir. Durant le jour les Blocs TBC 11 et 13 font penser à une volière ou à une cage de singes. Par centaines, ne disposant presque jamais d'un lit par personne, les phtisiques, des mourants aux cas bénins, cohabitent dans l'agitation et le bruit. Les autres malades sont abattus, mornes, brûlés par la fièvre soudaine.

Les phtisiques, souvent, ont l'air de se porter bien, sans travail, touchant des rations normales et, mieux, du lait parfois et de la bière. Des cages avec leurs oiseaux et leurs singes. Mais cette concentration de miasmes effraye l'imagination. De grands écriteaux multicolores et polyglottes interdisent l'accès de cette maladrerie. Le passant retrouve au fond de son cœur l'ancienne et atavique terreur de l'homme du siècle devant le lépreux. L'un d'eux ne va-t-il pas soudain s'élancer et se venger, par un baiser de venin, de mon impudente et inconsciente santé ? Il semble parfois que le passant ne recueille que des regards hostiles, dérangés. Si une affaire le mène en ce lieu, il se hâte, en évitant de toucher objets ou corps. Le contact des habitants qui se pressent dans les couloirs, qui le frôlent nonchalamment provoque une brusque panique, de celles qui font lever les bâtons, une frénésie de peur qui fait hurler et frapper. Chacun peut apprendre dans notre cité qu'il est voisin des abîmes.

Mais la nuit rien n'y bouge, ni les mourants ni les simulateurs. Par les lavabos aux portes opposées le bloc est vite traversé. Huit mètres de neige à nouveau. Le Bloc 13, dernier du Revier ancien. Dans les lavabos quatre ou cinq tonneaux de bière parmi les robinets ruisselants. Mon rêve, d'ordinaire, dont la réalisation s'achète de cigarettes ou de chocolat, grâce à un petit tuberculeux mi-français, mi-hongrois qui m'apporte quand il le peut une gamelle pleine de bière glaciale, les parois d'aluminium givrées de gouttelettes minuscules. Une porte a été ouverte, à la scie, dans la paroi opposée. Une planche en équilibre instable sur quelques pierres mène dans la cour. Ici commence le règne du typhus et la hantise de son petit prophète, le pou.

J'ai terriblement peur. La nuit est méchante, le silence hostile, le froid redoutable. Tout est interdit : être habillé de nuit, quitter son bloc, traverser les blocs des phtisiques, entrer dans les blocs de quarantaine des typhiques. La maladie est partout, mais nulle part elle ne se fait plus présente. On a beau savoir que le typhus ne se transmet que par la morsure et qu'il n'y a pas beaucoup de poux au Revier, bien moins que dans les blocs, on ne peut s'empêcher de songer à cette accumulation sur un espace restreint d'une telle masse de sang infecté.

A toucher un de ces corps pourris on paraît s'exposer davantage même qu'en offrant, jour et nuit, l'hospitalité forcée de notre propre corps aux petites bestioles brunes. J'ai peur et je me gronde de m'obliger à cette périlleuse aventure. Le sommeil coule lourdement dans mes membres. La solitude pèse. Mais l'angoisse vient de plus loin.

Toute l'angoisse du camp, ces instants innombrables pris par ruse sur la crainte et la peur, toute l'angoisse de la Résistance et de la clandestinité s'accumule et se fait poids. L'homme arraché à son lit n'a pas toutes ses défenses. Mais la carcasse marche tout de même. La peur est une brume épaisse. Le corps la coupe, la traverse, vite, vite, encore trop lentement à mon gré. Bloc 15. Un autre lavabo, une autre planche. Bloc 17. Le cœur battant, essoufflé, je secoue sur la plus haute des trois marches la neige qui colle à mes souliers. D'aucun autre monde je n'ai conscience. Le dehors n'est même plus oublié.

Les deux pièces qui composent une chambrée de bloc, la « salle à manger » ou de séjour et le dortoir proprement dit, sont à présent toutes les deux utilisées comme lazaret. La niche normalement réservée au chef de chambre, formée par des armoires métalliques individuelles rangées bout à bout pour abriter derrière leur dos un lit, et – souvent – les amours du chef avec un quelconque « petit Russe », une table, deux escabeaux, une lampe servent ici à l'infirmier.

L'infirmier dort. Les Stubendienst de service sont assis contre le poêle qui occupe le centre de la pièce. Dans le petit espace vide que les maçons ont épargné à mi-hauteur de la surface du poêle, une large gamelle remplie de pommes de terre crues, épluchées, attend d'être mise au feu et attire tout de suite mon regard. Derrière le poêle, une large table et, posée sur la table, une bassine, un broc d'eau, un morceau de savon, une serviette. Cette installation sert à se laver les mains après avoir touché un typhique. Un liquide stérilisant a été versé dans la bassine, la veille au soir. Quatre ou cinq Stubendienst, après avoir manié, lavé, torché les typhiques, viennent toute la nuit y plonger leurs mains.

La pensée du liquide stérilisant empêche d'aller simplement aux lavabos se rincer les mains sous l'eau courante. « Et si c'était vrai ? » Le prestige ou le mythe de la science. Alentour les lits. Les typhiques, en l'honneur de leur maladie, ont un lit par personne. D'ailleurs, sans cette précaution, dans leur agitation spécifique, ils se jetteraient par terre les uns les autres. Ils couchent quand même sur deux étages, le plus souvent; les plus agités en bas, les dociles en haut. Les dociles, ce sont les moribonds et les convalescents. Ceux qui s'éteignent et ceux qui se rallument restent voisins de lit.

Les typhiques couchent nus, sans couverture le plus souvent. Par bonheur la salle est bien chauffée. Sans doute n'a-t-on pas assez de draps ni de chemises pour remplacer sans cesse les effets souillés. La chaleur ambiante les garantit peut-être contre les refroidissements et les pneumonies; c'est, en tout cas, ce que disent les médecins. Mais l'aspect de ces corps de tous âges et de toutes forces, hommes musclés, vieillards décharnés à la peau plissée, jouvenceaux lisses et maigres, peaux hâves, grasses, rouges et mauves, sexes innocents, impudiques, usés, ne peut laisser indifférent. La nudité garde, par-delà la pudeur, une présence, une puissance de choc.

Autrement que tous les membres qui souffrent, le Membre parle. Quelques-uns seulement parmi les malades les plus tranquilles ont pu garder draps et chemises. Ils sont un repos pour le regard.

A côté du poêle une étrange chaise à dossier et à bras. Chaise percée au large trou rond auquel correspond un seau découvert. Voici un malade nu, vieillard maigre qui dans le civil n'aurait peut-être pas cinquante ans. C'est un convalescent qui s'avance d'une étrange démarche saccadée, hésitante, se heurtant aux meubles, se guidant de la main. Il paraît ivre. Ce n'est que l'effet des troubles d'équilibre, conséquences normales, le plus souvent, d'un typhus sérieux. Il n'arrive pas à s'asseoir. Un Stubendienst le soutient.

La lumière est diffuse, elle reste circonscrite au voisinage du poêle et laisse les malades dans une inquiète obscurité. L'ampoule peinte en rouge se balance doucement au bout d'un long fil. Le vieillard en a fini. Lentement, il revient vers son lit, se heurtant aux meubles, se guidant de la main. Mais à peine est-il installé, couché sur le dos et – en m'approchant je m'en aperçois – les yeux ouverts fixant la moite lueur rouge de l'ampoule, que je perçois à travers le faux silence la rumeur incessante des malades. Paroles bredouillées, membres remués, dents qui se mordent comme si les mâchoires étaient prises dans l'étau de deux puissantes mains invisibles, cris étouffés, râles, corps qui changent de position, se jetant sans paix d'un côté et de l'autre, sommeils profonds qui ronflent, sommeils légers qui murmurent, respirations profondes et rythmées, hâtives et fiévreuses, ici la nuit est sans repos. Mais au milieu de cette agitation essoufflée quelques convalescents dorment tout simplement d'un sommeil épuisé, merveilleux et puissant, invincibles corps qui vont recommencer à vivre puisque « ce n'était pas pour cette fois ».

Tout à l'heure, quand je serai assis au chevet de François, un grand bruit troublera la chambrée derrière moi; un corps tombe, des vitres cassent. Le grand jeune Russe, dont le corps puissant et gras, comme huilé par la sueur fiévreuse, imberbe sauf pour la forêt un peu fauve du sexe, avait attiré mon regard dès mon entrée, vient de sauter de son lit, hurlant des paroles incompréhensibles, et s'est jeté sur la fenêtre.

De son poing il a cassé une vitre. Le poing saigne, trois Stubendienst ont peine à tenir le garçon qui trépigne et se tord comme une grosse bête marine, lisse, luisante. Le vent entre par la brèche. L'ampoule se balance comme inquiète et les ombres dansent autour du furieux. Les Stubendienst le jettent de force sur un lit libre au « rez-de-chaussée ». Avec des cordes ils lui attachent pieds et mains aux bois du lit. Une grosse corde maintient le corps par le milieu. La tête se lève et retombe, tourne, tourne. Puis tout se calme. Les yeux se ferment et les petites perles de sueur au-dessus du front et sur la lèvre supérieure sont plus vivantes que le masque du dormeur.

⁂

Je ne risquais pas de heurter ma tête contre le bois du lit supérieur : il n'y en avait pas. Ici encore je jouissais de ce privilège, et assis à côté de notre ami je pouvais voir François étendu sur le dos, long et mince sous le drap qui l'enveloppait jusqu'au menton. Malade tranquille il avait droit au drap. La pénombre soulignait les angles aigus qui s'étaient dessinés dans sa figure. Les cheveux noirs avaient repoussé durant les semaines passées à l'infirmerie avant qu'il ne revînt chez nous, au Bloc 24, pour une semaine seulement. C'est sans doute au cours de ce premier séjour au Revier qu'il avait attrapé le typhus. Ses cheveux étaient denses et drus, la seule marque d'abondance et de plénitude dans cette figure que je retrouvais tout en arêtes et en creux.

Tête immobile sur le polochon, sans vie, semblait-il, sans corps, posée seulement au bord du drap. Une barbe de huit jours n'arrivait pas à remplir les cavernes qui s'étaient creusées à la place des joues. Le nez, grand, fort, charnu mais sans la moindre vulgarité – à peine si les racines des ailes manquaient un peu d'élégance dans leur lourdeur pleine – régnait seul, à présent, sur cette face dévorée du dedans, un nez immense, en lame, pointu, merveilleux et fascinant. Les yeux n'étaient pas fermés, mais entrouverts, et en m'approchant je voyais le blanc des globes révulsés. La bouche entrouverte, elle aussi – non,

non, pas la bouche, mais les lèvres seulement –, souriait, mais c'était un faux sourire, fait de contractions musculaires. Les mâchoires, elles aussi contractées, remuaient sans cesse d'une légère vibration qu'on entendait, plutôt qu'on ne la voyait, au bruit des dents entrechoquées.

Au jour, le lendemain, je trouvai sa figure grise et diaphane à la fois, comme si le sang l'avait quittée. Mais le front et les tempes étaient rouges et brûlants. Je soulevai le drap. Qu'il était maigre : étendu, raide, contracté, tous les muscles tirés. L'énorme tête massive paraissait hors de proportion en haut de ce corps qui n'était que longueur. La poitrine plate, le ventre creusé portait, autour du nombril, à peine perceptibles, les petites taches sombres de l'exanthème.

Les épaules, comme rentrées dans le torse, presque des épaules d'enfant, donnaient naissance à des bras sans muscles, aussi minces au milieu qu'au coude. Mais les bras n'étaient pas étendus. Pliés, ils ramenaient l'avant-bras sur la poitrine et les doigts, se levant et retombant sans cesse, tambourinaient inlassablement sur la peau tendue des clavicules. Je pris doucement le bras droit pour essayer de l'étendre, mais il eût fallu le casser. Ce regard brisé, ces doigts battant la mesure d'un processus profond et redoutable, je les recevais comme les signes de mon impuissance. Je remontai le drap jusqu'au cou et lui dis à voix basse : « Bonsoir, François, je vais rester avec toi. »

Quand même le malade, le dormeur ou le mourant ne peuvent nous entendre, absents d'eux-mêmes ou de nous, il nous semble que notre pensée leur parviendra à défaut de mots, et mieux qu'eux. Je ne pouvais être à ce chevet que d'un pauvre secours. Soulager cette agonie, d'heure en heure, par un peu de liquide que le malade paraissait désirer. Nous avions appris, la veille, par un billet du docteur, porté aux amis par le vieil Auboiroux, le désinfecteur des portes et des lits, que la crise allait commencer.

Mais, dans cette solitude finale, je ne voulais pas le laisser seul, ni m'exclure moi-même, par l'extinction du sommeil, d'une aventure où il ne pouvait plus appeler ni secours ni témoin. De même que notre voix peut servir d'instrument à l'esprit désireux d'aider et de changer le destin des amis, de même la pensée, de même la prière.

Veiller les moribonds, c'est inutile. Ce n'était pas seulement inutile, ce n'était même pas défendu, car aux imaginations enfermées dans l'horizon borné des règlements qui avaient rédigé à leur tour les règles de notre existence l'idée d'un Häftling venant veiller nu un autre prisonnier moribond n'avait pas paru concevable. On n'avait pas songé à interdire une telle extravagance. Être présent au chevet d'un ami moribond, à l'infirmerie, dans un bloc étranger et « isoliert », la nuit, en pleine épidémie, c'était une telle accumulation d'infractions et même de crimes, qu'il n'avait point été possible de les prévoir.

C'était la chose la plus naturelle du monde, et donc la plus surprenante ici. La moins dangereuse aussi, quand les deux docteurs et les deux infirmiers, ceux de « mon » bloc et ceux des « typhiques », étaient d'accord. Je ne risquais pratiquement rien. Mais j'avais failli n'y point penser. Il eût été possible que mon ami restât en agonie, des jours durant, à cinquante mètres, à quatre blocs de mon lit et que je n'y courusse pas. Personne ne s'en fût étonné.

Je retournai vers le poêle. Un seau couvert d'une planche contenait du thé, ou ce qu'on appelait ainsi, de la veille. Je pris une gamelle vide et la remplis. Le Stubendienst me dit : « il dort ». Je lui demandai une cuillère. Je portai un tabouret près du lit. De dessous son drap le voisin sortait un pied gris. Assis sur mon tabouret j'approchai la cuillère des dents qui se heurtaient à petit bruit. J'essayai de les entrouvrir. Les mâchoires résistaient. Je versai un peu de liquide. Elles s'immobilisèrent mais ne s'écartaient toujours pas. Tout doucement le liquide passait entre les dents, s'écoulait dans la gorge. Je versais trop vite; le thé coulait des lèvres impuissantes et tachait le drap. Je fis ce geste six, sept fois. Je retournai poser sur la table gamelle et cuillère et, assis sur mon tabouret, je commençai à concentrer ma pensée sur François qui se mourait.

Je sais que ma prière ne peut changer le chemin de la Providence. Mais je ne sais pas ce qu'est la Providence, ni ce qui a été prévu. Tout est vu à la fois en même temps, dans un ordre où le temps ne domine pas, mais ma libre prière y est nécessaire pour préparer les chemins, aussi bien que mon libre refus. Faut-il demander pour l'ami qui meurt qu'il ne meure pas? Cela se peut, mais avant tout et pour lui et pour moi il faut par la prière adhérer à l'œuvre qui s'accomplit, de vie ou de mort, et l'accompagner. Je n'osais pas dire « Seigneur, sauvez-le », mais l'important était de dire : « Seigneur ».

Je ne savais pas si mon amitié allait l'accompagner pour la vie ou pour la mort. Mais il fallait être avec lui. Le tentation est grande de jeter tout notre amour dans la pensée qui se tend de toutes nos forces vers ce corps prostré et cette âme absente, afin de les retenir. Si ardemment que je souhaitais le voir vivre, je n'osais pas suivre cette tentation. Assister un mourant, me dis-je, et je ne l'avais jamais fait auparavant, doit être de demander aide pour lui et de s'incliner. J'essayais de le faire, et c'était dur.

« Qu'il vive » pensai-je, « faites qu'il vive » et c'était plus, déjà, que je n'aurais voulu demander. S'incliner, adorer seulement, et se tenir prêt, présent, veiller. Veiller, sens terrible du mot pour celui qui va rester, des heures durant, dans la pénombre, pris entre le besoin de sommeil, la proximité de la mort, et la faim. Veiller, prier – mais à quoi fixer cette pensée qui s'en va de nouveau, à peine rattrapée, suivre la vie passée de l'ami, ou sa vie à venir – s'il vit –, qui s'en va rendre visite aux copains qui dorment à l'autre bout du monde, au Bloc 24, à cinquante mètres de distance, mais c'est l'autre bout du monde parce qu'ils dorment et que je veille François qui va mourir.

Pensée vagabonde, pensée frivole, qu'une demi-heure de veille effraye et lasse. Ne puis-je donner à Dieu une nuit de prière? Ne puis-je donner à l'ami une nuit où je ne sois que présence? Il faut avoir recours aux gestes qui fixent l'esprit : essuyer ce front moite me donne, pour un instant, cette coïncidence totale avec moi-même dans l'attention que je voudrais faire durer toute la nuit. Et s'il dépendait de moi qu'il guérît? S'il dépendait de la force de ma prière, si je pouvais – en refusant toute pensée extérieure – faire, opérer que la lutte des substances dans le cerveau atteint aboutît à l'une ou l'autre victoire ? Dieu peut transporter les montagnes mais il ne m'appartient pas de le demander.

Ne pas céder à la vieille angoisse magique, à la tentation spirite. Mais je ne sais même pas, pour cet instant sans pesanteur propre qu'est une nuit, me tenir tout entier près de l'ami malade et près de Dieu. C'est l'instant lui-même qui file. Soudain alors que je l'entends passer, il s'élance et ne finira plus jamais. Comme ces portes des cauchemars d'enfant, portes ne donnant sur rien, portes sans murs ni cadres, qui s'approchaient de mes yeux d'une avancée sans cesse plus rapide, sans bouger, pour m'écraser d'une grandeur insupportable, ainsi – mais en sens contraire – file l'instant et s'éloigne de moi, et quand je me retrouve au pied du lit, le temps n'a pas passé, rien ne s'est passé, et je sais seulement qu'il est mal de passer ce temps, de souhaiter que le temps passe au lieu d'oublier le temps.

J'essaye de le retrouver, l'ami que voici, ce n'est pas encore très difficile. Cette tête que souvent, plus tard, ma mémoire infidèle devra redessiner trait par trait, laborieusement, sans le secours de cette illumination déchirante qui nous accorde l'image vivante de la figure disparue – elle est encore à portée de mes yeux et de mes mains, d'esprit absent, mais rendue plus présente par la souffrance.

La cicatrice en bas du menton, petite boursouflure de chairs mal recousues, seule faille dans ce profil parfait, je puis la toucher encore. Mais déjà j'ai peine à retrouver la voix. Je sais qu'elle était profonde, elle savait si bien se charger de reproche, de colère, de mépris, de moquerie, de plaisir. Mais je ne l'entends pas. S'il meurt nous ne rentrerons pas à Paris ensemble. Nous ne retrouverons pas le petit studio de la villa des Ternes. Il ne finira pas les sonates de Mozart qu'il apprenait sur un piano à queue, loué au mois, ainsi que le professeur, le soir, quand les « Faux-Papiers », les groupes d'Action, ou le théâtre, lui laissaient le temps.

Je me demande ce que la Gestapo a fait du piano. Et nous ne serons pas colonels FFI ensemble comme nous disions, en septembre, en plaisantant, quand nous lisions les journaux nazis, au Bloc 30, qui commentaient la libération de Paris. Il ne fera pas son voyage autour du monde ni sa grande enquête sur la pédagogie dans les autres pays, la seule mission qu'il voulait demander au gouvernement de la Libération.

Il ne s'intéressait pas aux buts politiques de la Résistance; certains jours il voulait bien faire une révolution, parce que les gros et les gras le dégoûtaient trop, mais il ne s'intéressait pas vraiment aux révolutions politiques, seulement à l'aventure et à l'indignation; que de fois ne nous sommes-nous pas disputés là-dessus. Et les Quatrains? Il ne publiera pas les Quatrains tracés à même les murs de sa cellule, à Fresnes, avec un clou pour plume. Il faut retrouver les quatrains. « Vous ne saurez rien de moi. » Non, c'est faux, je ne sais plus que le dernier vers : « Martyrs d'eau douce à Fresnes en France. » Ah oui : « Pense au ghetto de Varsovie... », et le veilleur se retrouve, bien loin de sa prière, à chercher la voix passée de l'ami, que l'ami présent, à moins d'un mètre, ne peut lui-même ressusciter.

Mon lit à moi, bien propre, au Bloc 9, qu'il ferait bon d'y être à cette heure. Le sommeil me tire de tous les côtés. Le tabouret n'est pas commode. Si seulement il y avait un dossier. François respire durement. Les dents travaillent, les doigts aussi qui communiquent leur petit mouvement qui n'est plus un mouvement de vie, au drap qui borde un absent.

Je me lève pour arranger quelques plis. En passant ma main le long du corps je sens le drap de dessous tout mouillé. Le malade n'a plus le contrôle de ses organes. On le change deux fois, trois fois par jour. Que faire? Attendre le matin? Demander aux Stubendienst ne servirait à rien. Le docteur me l'a dit la veille. On ne peut changer chaque malade dix fois par jour et par nuit. Je ne sais s'il dort ou s'il est dans cet autre état qui n'est pas la vie éveillée, ni le repos du sommeil. Mais toute la nuit jusqu'à 6 heures du matin, 7 heures peut-être, il restera couché sur son lit mouillé et l'on ne me donnera pas de drap pour le changer et je n'y pourrai rien. D'autres sont morts sans draps ni lit, sont morts de coups, de blessures affreuses et non du typhus, sont morts désespérés et non pas l'esprit indompté, joyeux, caustique (« mais, me disait-il en riant, comment veux-tu que nous sortions d'ici vivants, ce n'est pas possible », pensant bien que nous nous en sortirions tout de même, mais avec une sourde crainte qui s'étendait encore en dessous du cynisme apparent et de l'espoir), mais ce malade-là c'est François, mon ami, et je ne puis rien faire pour lui donner un lit propre.

Je m'assois à nouveau, et comme mon dos me fait trop mal, je place mon tabouret entre le poêle et la table. Adossé au poêle je sens la chaleur me brûler doucement, transmise par les grosses briques vertes. Seigneur, faites qu'il ne meure pas. J'écoute ce souffle souffrant. Les Stubendienst se sont assis autour du poêle et regardent la gamelle de pommes de terre placée en pleine fournaise. Dans ma prière et tout en lui tournant le dos, je l'observe moi aussi.

Il n'y a pas de mots pour la faim. Au pied du lit de François l'œil distingue à peine le tableau qui indique les températures. La Krankenblatt (la feuille de maladie) portant les chiffres de la température, ceux du pouls, et toutes sortes de remarques médicales en latin plus ou moins classique, joue un grand rôle dans l'administration du Revier.

Le système du KZ tel que des hommes l'ont voulu et tel qu'il s'est fait lui-même à partir de leur vouloir qu'il ne trahit jamais, même en ses dernières excroissances, veut que l'on soigne toujours mieux les dossiers que les hommes dont les dossiers rendent compte, et les « feuilles » des malades mieux que leurs corps. Les courbes de la fièvre et du pouls, l'une bleue, l'autre rouge, y sont inscrites depuis le jour d'entrée au Revier. Voici douze jours que François y est entré. Elles se sont élevées presque sans interruption. A présent elles plafonnent, avec quelques dents de scie mineures.

Les malades légers et les convalescents, qui ont envie d'un casse-croûte supplémentaire et peuvent faire preuve d'une écriture soignée, gagnent quelques jours d'infirmerie de plus en exécutant ce travail. Parfois, s'ils sont cultivés, ils corrigent le latin du docteur polonais, innocente et inefficace revanche d'un savoir devenu inutile.

Quand le malade est mort, ou quand il sort du Revier, sa feuille est transmise à la Registratur, une vaste pièce au Bloc 1 où quatre ou cinq détenus, privilégiés parmi les privilégiés, vieux professeurs, bibliothécaires, hommes politiques chevronnés, les classent méticuleusement dans des chemises de couleur d'abord, et ensuite dans d'immenses boîtiers. On respire dans cette grande chambre claire un air de calme, de contemplation et de paix. Les hommes de la Registratur sont vieux, ils sont puissants, ou amis de puissants. Ce sont pour la plupart des Allemands ou des Autrichiens, au camp depuis bien des années. Cette vie, dans laquelle ils se sont installés, peut durer encore longtemps.

Ils sont prudents, très prudents, charitables, bavards (entre eux), gourmands. Ils se donnent de petites fêtes, et au jour d'anniversaire de l'un d'entre eux voici quelques semaines, ils ont mangé une tarte à la crème fouettée. Ils appartiennent, pour la plupart, aux opinions modérées, ils sont catholiques, conservateurs. Ils ont aidé, dans un esprit de solidarité confessionnelle ou simplement humaine – tous ces éléments se mêlent inextricablement –, quelques Français notables au premier rang desquels figurait Edmond Michelet, et, par là, peu à peu leur influence a été utile à beaucoup de Français qui n'entendront jamais parler de ce petit groupe de vieillards préposés à une vaste bibliothèque où chaque feuille des gros volumes alignés aux murs représente un mort.

Les pommes de terre sont cuites. Les Stubendienst placent la gamelle sur un tabouret, et assis en cercle autour du trésor, ils commencent à manger. Il doit être 2 heures du matin. La faim me fait mal de la tête aux pieds. Tous les membres se révoltent. Je me lève comme pour me dégourdir les jambes et – en passant – je coule un regard du côté des mangeurs. Même au bruit que j'ai fait en me levant ils n'ont pas bronché. Ils me laissent passer la nuit, chose folle, mais innocente, et qui ne peut leur nuire à eux. Mais je reste hors du cercle magique de leur communauté de table. « Faire popote », c'est le lien le plus solide qui existe au camp, plus profond que la famille dispersée, que l'amitié rompue, que la foi qui n'est pas toujours maîtresse des obscurs mouvements de la faim.

Avec François même je me suis disputé plus d'une fois – et je l'ai haï d'une révoltante haine physique, à lui sauter à la gorge, un jour nous nous sommes porté des coups de poing – parce que, au sein de notre groupe, nous avions dû former deux popotes, étant logés dans deux chambrées différentes du même bloc et qu'il avait été de l'autre, ce qui posait d'obscures questions de répartition de nos « réserves » alimentaires.

Ici je ne suis pas du « Groupe ». Je n'appartiens pas au cercle de ceux qui ont donné chacun trois pommes de terre épargnées sur leur ration du soir ou qui ont décidé de partager un supplément qui vient sans doute de la portion des malades incapables de manger. Eux le mangent, et je retourne à mon tabouret et j'écoute François respirer.

« Seigneur, qu'il vive! » Cette nuit n'a pas de dehors. Comme on oublie qu'il existe des cités sans enceintes. L'on peut se suffire ici, cette ville me suffit – et si la pensée continue à sortir, à hanter les lieux anciens et futurs, un oubli plus profond s'opère au niveau où s'inscrivent les nécessités et les agitations de l'existence quotidienne.

Que de gestes, que d'images, que de sensations, à retrouver plus tard à Paris, que seize mois de prison et de camp auront effacés. L'oubli gagne de niveau en niveau. Au bout de dix ans peut-être le souvenir lui-même oublie de retourner à l'ancienne maison, à l'ancienne femme, à l'ancien parti. Et la fidélité même, laborieuse conquête essoufflée, tous les jours à recommencer, est à base d'oubli et se suffit à elle-même, un amour qui oublie ce qu'il aimait. Ici la nuit qu'on écoute n'a pas ces exaltants espaces sans barrières que le matin ne connaît pas; ici la nuit a des murs, précis, connus et des grillages où passent des courants à haute tension. Et derrière les murs il n'y a rien.

Pour le prisonnier venu de loin, la France lointaine est réelle, et le camp alentour aussi. Mais entre les murs de Dachau et le front de l'Ouest il n'y a rien. L'immense Allemagne est pour nous une terre abolie. Nous ne pouvons l'imaginer. Nous ne l'avons jamais vue. Dachau dans la lune. Dachau-du-désert. Le camp, contrefaçon du monde humain, pour nous c'est le seul monde réel – et dehors il n'y a rien, jusqu'en France.

Les Stubendienst ont fini de manger. Ils ont rangé leurs

tabourets et sont allés dans l'autre salle surveiller leurs malades. L'un est allé se coucher. La gamelle, avec les quelques pommes de terre qui restaient, ils l'ont posée sur le poêle. Quand j'ai été seul il m'a suffi de me lever. En me dressant sur la pointe des pieds je pouvais mettre ma main dans la gamelle. J'ai pris les deux plus grandes et je les ai mises toutes les deux dans ma bouche. J'avais les joues gonflées comme un enfant qui seul joue à faire la trompette. J'avais peine à remuer les mâchoires et peine à broyer la douce masse tiède. J'ai vite avalé, trop vite, le goût a tout de suite disparu et je suis resté sur ma défaite.

Le corps de François s'était assoupi. Son souffle ne s'entendait plus. J'ai essayé de prier encore. Je me suis un peu endormi, moi aussi. Je me suis réveillé en sursaut, la bouche amère, la langue poisseuse, collée; le dos brisé. J'ai pensé à un jus de framboise, au milk-bar du boulevard Montmartre où pendant l'hiver 1943-44 François, Pierre Lebar et moi nous étions rencontrés le soir avec le petit Devay, que François avait pris comme adjoint. Du lait. Je suis allé au lavabo me rincer la bouche, et je n'ai pu, malgré le froid, m'empêcher de boire un peu, en dépit de toutes les interdictions (à cause du danger de typhoïde).

La vie éternelle. Si François meurt, comment sera-t-il présent? Toute sa vie a été pure. Je souriais en pensant aux formes si variées de la pureté. Tant de péchés sont purs. Le matin est venu. Ce n'est pas au chant des oiseaux, avant les premières lueurs, que se reconnaît ici l'approche de la nouvelle journée. On n'imagine pas que les hauts peupliers de la Lagerstrasse puissent abriter même des moineaux. Le jour est encore loin, vers les 5 heures, quand la journée commence. Quelques Stubendienst de jour se sont levés dans la pièce du fond. Ils sont allés aux lavabos. L'un d'eux a tourné le commutateur de la grande lumière. Je me suis aperçu soudain que dans l'obscurité à peine éclairée par l'ampoule rouge une profonde et inexplicable sérénité avait régné à travers la salle. La lumière crue rend un corps à toutes les laideurs. L'infirmier commençait à circuler avec les thermomètres.

François respirait plus calmement. J'ai dit à l'infirmier de venir le regarder. Il n'a pas voulu le déranger puisqu'il était tranquille. « Il a l'air de tenir le coup », m'a-t-il dit dans un drôle d'allemand à fort accent slave, tchèque plutôt que polonais : il ne portait pas de lettre sur son triangle rouge. « Je ne pensais pas qu'il allait passer la nuit. – Tu lui feras sa piqûre vers 7 heures, lui ai-je demandé. As-tu tout ce qu'il te faut ? – Oui, le docteur me l'a donnée hier soir. »

Alors j'ai passé ma main un peu au-dessus du front de François pour lui dire au revoir et j'ai traversé rapidement les cours et les blocs qui me séparaient de mon lit. Les tuberculeux se lavaient à grande eau. La nuit était sale et froide et humide, pas une trace de clarté. Il faisait chaud dans la chambrée 4. « *Na, wie geht's deinem Freund* » (comment va-t-il, ton ami ?) m'a dit le docteur polonais qui buvait une tasse de thé dans son petit réduit rempli jusqu'au plafond d'herbes à tisanes (c'était sa folie, il en faisait venir de Munich, les achetant contre des cigarettes, et à chaque maladie correspondaient des mixtures différentes, amères, concentrées, à boire matin et soir sous l'œil goguenard des petits Stubendienst qu'il chargeait de distribuer cette drogue et de surveiller les malades pour les empêcher de vider leur verre dans un seau ou dans une gamelle). « Va te coucher. » Mon lit était merveilleux.

## LA MORT

J'avais été admis au Revier à cause d'une adénite, inflammation fort douloureuse des ganglions du cou, due sans doute à une modification de la formule sanguine, elle-même conséquence de la sous-alimentation. Si les tisanes du médecin polonais ne me procurèrent pas la guérison attendue – je dus soigner pendant plusieurs années après mon retour en France la « monocytose » qui s'était développée à Dachau dans mon organisme –, le repos fut un véritable don du ciel. N'être pas obligé de participer au lever général de 4 h 30 (les prisonniers du Revier étaient comptés à part et non en leur bloc d'origine), pouvoir rester légalement au lit toute la journée, l'ordinaire quelque peu amélioré par une soupe au lait, ou un morceau de pain supplémentaire, quel bonheur! Mais ce moment de répit ne pouvait durer éternellement. Le médecin polonais me dit, un samedi matin : « Demain soir il faudra que tu retournes au bloc; tu n'es pas assez malade pour que je puisse te garder plus de quinze jours et ton kommando finira par s'impatienter. » Le dimanche soir, je repris donc mes vêtements « civils » que les Stubendienst du Revier avaient lavés et repassés (je les payai en cigarettes, puisque je n'étais pas vraiment fumeur), et avec mes livres, ma gamelle et mon quart, je franchis les frontières du monde enchanté de l'infirmerie pour reprendre pied sur la terre de la réalité concentrationnaire.

Le lundi matin, à 4 h 30 le réveil ordinaire secoua, comme avant la parenthèse au Revier, ma carcasse ivre de sommeil.

Le monde enchanté du Revier était un monde très étrange, et même parfois un monde à l'envers à l'intérieur du camp qui était déjà un monde à l'envers. Je m'en étais aperçu très tôt puisque je ressentis une violente rage de dents au milieu de la deuxième semaine de notre séjour au bloc de quarantaine. Le chef de chambrée me mit dans le groupe des malades qui devait être conduit au Revier ce matin-là. Je me trouvais donc vers 8 heures dans l'antichambre du cabinet dentaire, au Bloc 1, avec vue sur la Place d'Appel. L'installation me parut digne d'un grand praticien, mais le dentiste autrichien eut vite fait de me détromper : la règle édictée par les SS l'autorisait seulement à arracher les dents, mais pas à les soigner. Comme la mienne était sérieusement infectée il l'arracha, sans anesthésie d'ailleurs; mon dentiste parisien n'aurait pu mieux faire, mais comme j'avais déjà perdu plusieurs années auparavant une des canines supérieures gauches, ma denture présentait maintenant en cet endroit un double vide qui n'ajoutait guère à la beauté de mon apparence extérieure.

Une autre singularité de l'infirmerie avait voulu que les médecins en fussent exclus. Il en avait ainsi été jusqu'à une date relativement récente, 1942 ou 1943, jusqu'au moment des grandes « améliorations » qui transformèrent le KL Dachau en un « sanatorium », comme le rappelaient sans cesse nos anciens.

A cette époque les infirmiers régnaient seuls sur l'infirmerie et rares étaient ceux qui avaient reçu la moindre formation professionnelle. Les SS nommaient à ces postes n'importe quel Häftling qui leur convenait, le plus souvent des criminels professionnels ou des « asociaux ». Certains, paraît-il, prirent goût à leurs fonctions et se mirent à pratiquer des amputations et autres opérations. Quand des Häftlingsärzte (médecins prisonniers) furent autorisés à donner des soins aux malades du Revier, ils furent placés sous l'autorité des infirmiers dont beaucoup acceptèrent mal ces « concurrents » et s'amusèrent à contrecarrer leur action.

Le passage à « l'extermination par le travail » qui impliquait le maintien en vie du Häftling pour une période aussi longue que possible afin que l'exploitation de sa force de travail fût aussi rentable que possible, et plus tard le développement des épidémies, en premier lieu du typhus exanthématique, firent peu à peu pencher la balance en faveur des médecins, mais dans chaque bloc et dans chaque chambrée du Revier, des équilibres particuliers s'établirent alors, que le malade assigné à ce lieu avait grand intérêt à connaître et à respecter. Un vieil infirmier faisant partie de l'aristocratie prisonnière pouvait l'emporter facilement sur un jeune médecin récemment arrivé et ignorant tout des véritables règles du jeu cruel des pouvoirs.

L'extension du Revier jusqu'au Bloc 29 (il occupait maintenant – c'est-à-dire pendant l'hiver 1944-1945 – une moitié entière du camp de détention) fit la fortune des médecins et étudiants en médecine français, dont beaucoup furent affectés à ces nouvelles stations. Affectés signifiait d'ailleurs reclus, enfermés, car les médecins pas plus que leurs malades n'avaient le droit de sortir des blocs typhiques. La plupart d'entre eux se comportèrent très bien, dans un dénuement presque total, soignant les vivants et assistant les moribonds.

Dans ce vaste complexe où s'entassaient à présent des milliers et des milliers de corps souffrants, il y avait place pour des enclaves étranges et cocasses. La sous-alimentation et la dysenterie avaient fréquemment pour conséquence l'apparition d'hémorroïdes. J'appris qu'un médecin français, le docteur P., jouissait d'une grande réputation comme guérisseur de cette infirmité à la fois douloureuse et gênante. Je m'arrangeai donc pour aller le consulter. P. avait construit une sorte de poire électrique vibratoire, un vibro-masseur médical qui, effectivement, calmait les élancements et faisait même disparaître les inflammations. Il me soigna et nous devînmes amis; je ne crois pas qu'il fût vraiment médecin, masseur plutôt, mais habile et bienveillant.

Dans l'enclos qu'il occupait au Revier, il y avait une baignoire, une vraie baignoire, à eau chaude, et un jour je lui demandai si je pouvais y prendre un bain. J'eus la permission et dès que mes obligations de kommando le permirent – car on ne pouvait entrer au Revier qu'aux heures de travail et en apportant un mot écrit du chef de bloc –, je me faufilai chez P.

qui me donna même un morceau de mauvais savon. Je me laissai glisser dans la baignoire bien remplie et je ne crois pas que j'éprouverai une seconde fois dans ma vie une telle sensation de bien-être. Le « docteur » P. était bien inoffensif, il rendait même service à ses camarades, certes, mais sa situation tranquille au cœur du Revier était due au fait qu'en tant que masseur il soulageait les maux d'un officier SS grand blessé de guerre. P. n'avait donc pas à craindre, lui, la mauvaise humeur ou l'antipathie d'un « infirmier », chef de chambre ou Stubendienst assez puissant pour faire renvoyer un médecin véritable dans un kommando de terrassement.

L'ophtalmologiste du Revier avait été un grand patron dans sa ville d'origine, Prague ou Budapest, je ne m'en souviens plus. J'eus affaire à lui le jour ou plutôt la nuit où l'on me vola mes lunettes. Pour les mettre à l'abri le soir, je les glissais dans une de mes chaussures que je plaçais ensuite sous le polochon de paille. Une nuit, alors que je dormais du sommeil de plomb de l'épuisement quelqu'un parvint à retirer les chaussures sous ma tête sans me réveiller. De bonnes chaussures en cuir qui valaient cher dans l'économie du camp.

Myope je le suis, mais pas au point de ne pouvoir marcher avec les autres membres du Kommando pour « sortir » le matin et rejoindre la Politische. C'est là-bas que les choses allaient se corser. Dès que le Kommandoführer Schüssler m'aperçut sans mes lunettes il s'enquit des raisons de leur disparition et commença à pousser des cris épouvantables où les blasphèmes succédaient aux injures adressées aux voleurs qu'il menaçait de pendaison pour sabotage. S'étant quelque peu calmé, il décida de me renvoyer au camp puisque aussi bien, sans lunettes, je ne pouvais servir à grand-chose. Muni d'un billet pour l'Effektenkammer et pour le Revier je fus reconduit par un jeune SS jusqu'au Jourhaus. A la Kammer on me laissa choisir une paire de lourds brodequins militaires en bon état. Finalement, en comparaison avec mes vieilles chaussures de Compiègne je gagnais plutôt au change. Au Revier je fus conduit chez l'ophtalmo qui m'expliqua qu'il n'avait pas la possibilité de prescrire des lunettes neuves, toute la production allemande étant réservée aux membres du Herrenvolk; cependant, grâce à

Dieu – si l'on peut dire – il y avait les morts. Le nombre de décès en augmentation rapide assurait à l'ophtalmologiste un stock dont l'expansion elle aussi montait en flèche, car les infirmiers avaient ordre de lui remettre les lunettes des décédés. Il me conduisit devant une grande boîte où gisaient pêle-mêle les instruments les plus divers.

Il fallait évidemment trouver des verres et des montures également adaptés à ma personne. Ce ne fut quand même pas chose facile. En un premier temps je dus me contenter d'un pince-nez qui ne tenait pas trop bien en équilibre sur mon appendice. Pour l'empêcher de tomber sans cesse, je le munis d'une ficelle que j'enroulais autour d'une oreille. Cependant, après quelques jours l'ophtalmologiste me fit appeler pour me remettre des lunettes non cerclées à monture dorée qui me convenaient parfaitement.

Je regardais avec un mélange de curiosité et d'horreur la grosse boîte que remplissaient les lunettes des morts. Dans un de ses Quatrains de Fresnes faisant allusion à sa fausse identité de mort-né (c'était à l'époque le nec plus ultra des fausses identités), François avait écrit : « Le nom d'un mort est mon armure. » A présent, c'étaient les lunettes d'un mort qui me permettaient à moi de déceler menaces et périls.

Avant d'arriver à Dachau, je n'avais jamais vu de mort. Nous sommes une étrange civilisation où la mort est exilée à des confins peu accessibles. Pouvoir mourir chez soi, entouré des siens, dans un cadre familier, est devenu un privilège rare. Un soir, en automne 1944, un grand convoi arriva de Natzweiler dans un état particulièrement effroyable. Il fallait d'urgence des « réceptionnistes » en grand nombre, et parlant français. Je partis avec les autres membres disponibles du groupe vers la salle des douches, de l'autre côté de l'Appellplatz où nous attendait un spectacle digne de l'enfer de Dante.

Dans les vapeurs d'eau chaude, dans les cris et les agitations, des centaines de corps gisaient écroulés. Distinguer les morts des moribonds n'était pas, dans ce chaos, chose facile. Au lieu d'enregistrer l'identité des arrivants, nous nous mîmes à soutenir, à laver, à habiller les malades, à porter dans un coin les morts, à coucher dans un autre ceux qui ne tenaient pas debout. Les douches continuaient à ruisseler, c'était même un bien, car nous pouvions ainsi laver à grande eau ceux qui s'étaient souillés de leurs excréments.

Certains, épuisés et à moitié inconscients, pleuraient doucement dans une absence déjà retranchée de la véritable vie. Pour remettre un peu d'ordre dans cette extrême confusion nous étions obligés d'enjamber les cadavres comme s'il s'agissait d'objets ordinaires, du seuil d'une porte, du rebord d'un trottoir. Cela ne me parut même pas extraordinaire à moi qui n'avais jamais vu auparavant un être humain mort.

Ce n'était donc pas la force de l'habitude; d'emblée, dès la première fois, la mort, les morts m'apparurent comme faisant partie de la trame même de la vie au camp; à vrai dire je crois que je ne me rendis même pas compte du fait que les morts étaient des morts. C'étaient des morts étrangers, des morts anonymes, des objets en chair ayant cessé de vivre qui n'avaient aucun rapport avec moi alors que dans notre univers ne comptait que ce qui se rapportait à notre existence particulière, dans un horizon réduit aux dimensions élémentaires. C'est pourquoi seule la mort de François fut une vraie mort.

Quand tout est provisoire, quand tout dépend de décisions lointaines sur lesquelles nous n'avons aucune prise, quand tout peut se briser totalement à n'importe quel moment, la volonté de vivre, de survivre, s'accroche elle aussi aux branches les plus proches, les plus immédiates, les plus quotidiennes du réel – à moins que ce ne fussent les espérances les plus extravagantes, les moins fondées.

Tous les matins, pendant l'hiver, nous rencontrions en allant aux lavabos les cadavres déjà raides et gelés des camarades morts pendant la nuit que les Stubendienst au premier réveil avaient traînés en ces lieux hygiéniques en attendant que vienne les ramasser le Kommando des croque-morts. Cette mort-là était familière mais elle restait étrangère, même si nous pouvions mettre un nom sur telle ou telle de ces pauvres figures. Tous les jours au Fichier je voyais arriver la récolte de la veille, des dizaines et dizaines d'existences interrompues, terminées, prêtes à être archivées.

Dès les premiers froids aux Blocs 30 et 24 où nous fûmes

successivement logés, des hommes connus, estimés, nous quittèrent; la plupart pour aller mourir au Revier. Disparus de notre regard de tous les jours, ils étaient rapidement oubliés, comme s'ils étaient partis en transport, ce qui fut le cas de beaucoup de vieux et de malades « sélectionnés » par des médecins SS. Devenir Muselmann, terme étrange de l'argot noir du camp, qui n'avait certainement rien à voir avec les fidèles de la religion islamique, était donc une perspective redoutable. Les sélectionnés n'ignoraient pas pour la plupart que leur convoi était ce qu'on appelait dans la même langue un Himmelfahrtkommando, un transport qui conduisait au ciel.

Jusqu'en 1942 les hommes trop faibles et trop malades pour pouvoir travailler étaient dirigés sur un des centres « d'extermination de la vie non digne d'être vécue », où s'exécutait le programme d'euthanasie du régime, à Haar près de Munich et surtout à Hartheim près de Linz. De notre temps nos malheureux camarades étaient envoyés dans des camps où fonctionnaient des chambres à gaz, à Buchenwald, à Ravensbrück, à Neuengamme ou dans les mouroirs de Bergen-Belsen. Je vis s'éteindre, ou partir vers la mort, le père de notre camarade Lesèvre qui avait soutenu longtemps par sa bonne humeur et par sa gentillesse le moral des habitants de sa chambrée, et le vieil homme impressionnant de dignité et d'espérance qu'avait été Georges Lapierre, ancien Secrétaire général du Syndicat des Instituteurs, socialiste humaniste à la manière de Jaurès, pour qui j'avais travaillé comme interprète en 1936, ce cher Lapierre qui avait entrepris de rédiger sur des cahiers d'écolier qu'il se procurait je ne sais comment une grande Histoire de France pour les enfants de la nouvelle République libérée. Je les ai vus partir et jamais, à aucun moment, avant les tout derniers jours de notre exil, je n'ai éprouvé la moindre peur de mourir moi-même.

Je n'ai jamais cessé de croire, de savoir que je sortirais vivant du camp, que mon existence n'était pas finie. C'était une certitude tellement élémentaire qu'elle ne permettait même pas à la pensée de ma mort de s'introduire dans ma vie. J'étais inconscient, comme disait Michelet, dans la mesure où la pensée de ma mort possible n'a jamais effleuré ma conscience.

Dans le monde de Dachau cet aveuglement intérieur était certainement une force. Beaucoup de nos camarades sont littéralement morts de peur, parce que l'ampleur de l'angoisse finissait par paralyser leur volonté de vivre.

***

Maintenant que j'étais revenu au bloc, je ne pouvais plus m'occuper de François comme pendant mon séjour à l'infirmerie. La pause du déjeuner était brève, c'était le soir après le retour des kommandos que j'allais franchir la barrière d'entrée de l'infirmerie, l'air grave et affairé comme il sied à un Prominent, un dossier sous le bras. Je connaissais suffisamment de médecins pour donner une justification vaguement satisfaisante de ma présence illégale, mais le portier-gardien à qui je murmurais les paroles magiques « Schreiber-Politische » (Secrétaire, Section politique) ne me demanda jamais la moindre explication. Au bloc des typhiques une amélioration s'était produite, François me sourit, je crus entendre quelque parole soupirée. Des lueurs de reconnaissance passaient sur ses traits émaciés. Chaque jour j'affrontais cette rencontre le cœur battant. L'espoir tenace élargissait son nid.

Un camarade arrivé de France nous avait raconté que dans son bagage figurait le roman de François [1], paru après son arrestation et qu'il n'avait donc jamais vu. Nous expliquâmes cette coïncidence aux responsables de la Bibliothèque qui à leur tour demandèrent aux prisonniers qui s'occupaient de la Kammer d'extraire le volume du dépôt enregistré sous le nom de Maurice Pessis. Une fois arrivé à la Bibliothèque, des camarades allemands, mis au courant, se mirent en devoir de le faire relier. Au bout de quelques jours ils nous présentèrent le livre : ce récit plutôt léger brillait des trois couleurs du drapeau national. En bons communistes, heureux de pouvoir être enfin patriotes, ils avaient voulu être patriotes pour deux. Dans le monde du camp c'était un geste un peu fou et très touchant. Quelques membres de notre groupe, et des employés de la

1. *Vous ne mourrez nullement.*

Bibliothèque s'en furent en cortège montrer son livre à François mais nous ne sommes pas certains qu'il l'ait reconnu.

Maintenant qu'il est mort depuis près d'un demi-siècle je ne parviens toujours pas à séparer l'image d'un François Vernet adulte, dans la force de l'âge, s'acheminant vers la vieillesse, du personnage de sa jeunesse hautaine, insolente et charmeuse. Grand, vigoureux, cultivé, cueillant au passage l'hommage des cœurs et des corps, on ne pouvait pas s'empêcher de l'admirer et de l'aimer, et je n'avais aucune envie de m'en empêcher. Il appartenait à une famille juive de Salonique, de lointaine origine espagnole dont il s'était tôt émancipé, mais la guerre et l'occupation venues il prenait soin de son père avec une sorte de distance appliquée. Élève brillant du lycée Henri-IV, il y avait suivi les cours d'hypokhâgne et de khâgne, déjà il écrivait lui-même; pacifiste, suivant les idées à la mode, il avait voulu se soustraire au service militaire mais d'une manière originale qui exigeait une grande maîtrise de soi : pendant des mois il avait simulé la folie jusqu'à ce qu'un médecin général lui dît : « Mon ami, vous n'êtes pas plus fou que moi, mais votre constance mérite récompense. » Aussitôt la guerre déclarée il voulut s'engager. Mais du coup l'armée rejeta ce dangereux aliéné. L'Éducation nationale, au contraire, n'hésita pas à le prendre comme instituteur auxiliaire.

De ces mois passés avec des enfants, François parlait avec tendresse. Quand je fis sa connaissance il s'était retiré dans un petit village de la Montagne Noire non loin de Vichy. Il était lié avec l'éditeur Léon Pierre Quint qui cherchait alors à reconstituer sa maison en zone Sud. Personnage étrange, de grande culture, névrosé, drogué je pense – car il souffrait atrocement d'une sorte de paralysie des jambes –, l'éditeur s'apprêtait à publier le premier roman de François qui n'était pas sans nous rappeler *la Conspiration* de Paul Nizan.

François était depuis longtemps l'ami de Yéfime et de Franz Thomassin (le seul du groupe avec Pierre Lebar qui devait échapper à l'arrestation); à Lyon il fut très proche aussi de Jean Beaufret notre philosophe. Alors qu'il avait toujours regardé avec une sympathie un peu condescendante et lointaine mes petites occupations résistantes, il me surprit, lors d'un de ses passages à Lyon, en me disant qu'il aimerait lui aussi participer à notre combat. Lui qui affichait jusqu'alors le plus grand mépris pour la politique et qui se donnait l'air de ne s'intéresser qu'à l'art et au culte du Moi trouvait inélégant de laisser à d'autres le soin de risquer leur vie dans une affaire où il était d'office impliqué. Je pense qu'il avait certes horreur de la bêtise et de la méchanceté, mais qu'il en voulait en plus à Hitler de ne pas lui laisser la liberté de décider lui-même de ses engagements et de ses solidarités. François détestait les contraintes; il acceptait maintenant celle de la guerre parce qu'il l'avait choisie librement et à son heure.

Comme le service « Identité » des Mouvements Unis de la Résistance dont je m'occupais pour la zone Sud avait besoin d'un responsable pour la zone « occupée » (ou zone Nord, à présent que toute la France était occupée), je proposai à Pierre Kahn notre chef national la candidature de François qui fut acceptée.

A Paris où il se retrouva avec une sorte d'allégresse, François mit sur pied, en quelques semaines, un réseau fort étendu qu'il développait avec un joyeux génie inventif. Il eut rapidement ses gens de confiance dans toutes les mairies. C'est ainsi qu'il conçut l'idée des identités d'enfants mort-nés qui étaient à l'abri de toute mauvaise rencontre : l'état civil des naissances ne portant pas mention des décès, qui figuraient sur un autre fichier, toute recherche « diligentée » par la police française ou la Gestapo se heurtait à l'exactitude des données qui figuraient sur la carte, et l'on ne risquait pas d'être un jour confronté avec le véritable possesseur.

Au moment de notre arrestation on avait commencé à doter les chefs de la Résistance de ces identités en fer, François lui-même en avait une sous le nom d'Henry Bernard qui résista à tous les contrôles de la Gestapo. Je n'eus pas la même chance, puisque ma carte de Montbazillac, quoique vraie, c'est-à-dire établie en mairie avec de vrais cachets et enregistrée, parut d'emblée suspecte à « mon » gestapiste. Pour ne pas compromettre la secrétaire de mairie je fus donc amené, au terme d'un interrogatoire plutôt musclé, à avouer que je m'appelais en réalité Pierre Citron.

Mon vieil ami Pierre Citron se trouvant au Maroc, je ne

risquais pas d'être démenti – et je croyais connaître avec exactitude la date et son lieu de naissance. En fait je me trompai de date, mais la Gestapo n'eut pas le temps de procéder à une vérification.

Résistant, exerçant des responsabilités importantes (il s'occupait aussi d'un « Comité d'Action contre la Déportation » qui venait en aide aux Juifs et aux autres réfugiés menacés), François continuait à s'occuper avec passion de littérature, de théâtre, de musique. Le retrouver à Paris, toutes les trois ou quatre semaines, était pour moi un enchantement. J'éprouvais pour lui, sans jalousie, la double admiration qui fait dire au Cyrano de Rostand : « Molière a du génie et Christian était beau. » François avait du génie, il était beau, il imposait autour de lui une sorte de dictature à la fois esthétique et morale : ce qu'il rejetait et condamnait, c'était en même temps la laideur et l'indécence.

Cette manière hautaine de résister n'allait pas, cependant, sans quelque légèreté. C'est ainsi qu'il avait établi une « boîte à lettres » chez une teinturière qui connaissait son nom et son adresse. Le 10 février 1944 nous avions déjeuné ensemble, François, Igor, Yéfime et moi dans un restaurant chinois. C'était à l'époque une bonne adresse car les Chinois, réputés sujets du gouvernement pro-japonais de Nankin, passaient aux yeux des Allemands pour des ressortissants alliés et recevaient de ce fait des attributions spéciales de riz. François me dit qu'il avait déniché des disques de Mozart et, faisant fi des règles de la conspiration qui excluent les contacts personnels hors service, je vins le rejoindre dans son studio de la Villa des Ternes, vers la fin de l'après-midi.

Igor et Yéfime qui travaillaient pour notre service firent de même, ainsi que deux charmantes filles invitées par François. Quand je vis un inconnu franchir le seuil je dis à François : « Tu ne nous avais pas annoncé que tu attendais encore quelqu'un », mais déjà l'inconnu criait : « Haut les mains, Police allemande. » Les deux filles furent relâchées au bout de deux mois, mais Mme Hellstern, la vieille et charmante logeuse de François, mourut elle aussi en déportation. Étant le seul d'entre nous à être nommément recherché, François dut subir des interrogatoires très durs dont il ne parlait jamais.

Les Quatrains de Fresnes [1], que Gaston Gosselin recueillit et publia après la guerre, révèlent un esprit invaincu, ironique et étincelant.

*Pense aux enfants de Varsovie*
*Pense aux Français morts en Libye*
*Et mesure alors ta souffrance,*
*Martyr d'eau douce à Fresnes en France.*

C'est le souvenir que nous gardons de lui : un grand seigneur, ironique et tendu, hautain et souriant. Au camp il noua une amitié très vive avec le général Delestraint, ancien commandant en chef militaire de la Résistance. Quel étrange groupe : le général âgé, tout blanc, de petite taille, militaire dans l'âme, homme d'ordre et de tradition et François, le dépassant d'une bonne tête, penché attentivement, lui l'ancien antimilitariste, esthète, poète, anarchiste, marchant ensemble dans l'allée du bloc, s'arrêtant, reprenant leur chemin, discutant gravement de la situation sur les fronts. Quelques jours après la mort de François, le général fut arraché à notre amitié ; mis d'abord au Bunker d'honneur, il fut exécuté, assassiné à coups de revolver sur ordre venu de Berlin.

Quand je revins du travail en fin de journée le 24 mars de mauvaises nouvelles m'attendaient au bloc. « François est au plus mal. » La rémission avait été passagère. Depuis plusieurs jours notre ami était dans le coma. Je me précipitai au Revier. Quand j'arrivai au Bloc il venait de mourir. De ses yeux mi-clos filtrait un regard brisé. Le nez énorme avait dévoré la figure. Les traits tirés paraissaient durs, sévères. Ce n'était pas en douceur qu'il avait succombé au terme d'un si long combat.

Cette mort était un arrachement douloureux. Incroyant, étranger à toute Église, François, en dépit de notre amitié, était mort seul, doublement seul. Nous lavâmes son corps décharné et l'enveloppâmes dans un vieux drap déchiré. Nous ne pouvions rien faire pour détourner de la fosse commune le cadavre de notre ami. Je m'efforçai de lui fermer les yeux, mais, figées, les paupières résistèrent.

1. François Vernet, *Comptines sur l'éventail de la Mort, Les Carnets de Baudasser, chez Pierre Laleure, 81510 Ambialet.*

# LA MESSE INTERDITE

Quand nous arrivâmes à Dachau au début de juillet 1944 nous apprîmes au bout de quelques jours qu'il existait au camp une chapelle pour le culte catholique. Étant donné ce que nous savions de l'hostilité farouche du régime nazi en général et plus particulièrement des SS à l'égard de l'Église, l'existence de cette chapelle ne pouvait que surprendre.

Les chefs nazis n'étaient-ils pas décidés à régler son compte au christianisme sous toutes ses formes aussitôt que la guerre aurait été victorieusement terminée?

Nous avons là-dessus, aujourd'hui, des textes d'une netteté édifiante, publiés notamment dans les *Propos de table* qui ont été notés jour après jour à la table du chancelier Hitler par des « protocollants » désignés à cette fin par Martin Bormann. Et l'on connaît à ce sujet des propos non moins édifiants de Goebbels et de Himmler. Mais la thèse est une chose et la réalité souvent une autre.

A Dachau même, d'abord, et plus tard par la lecture des documents retrouvés, nous apprîmes que la Direction générale des camps de concentration, service central du RSHA directement soumis à l'autorité de Heinrich Himmler en tant que Reichsführer SS, avait négocié vers 1941 ou 1942 une sorte de « concordat » particulier avec l'Église catholique.

Les concessions faites à l'Église dans le cadre de cet accord peuvent apparaître comme des corollaires à l'arrêt des mesures de « suppression de la vie indigne d'être vécue », de l'exécution (par les gaz ou par piqûres) des malades mentaux et autres malades inguérissables, meurtres qui avaient suscité une réprobation très vive dans la population catholique et des déclarations véhémentes de certains évêques (notamment de Mgr von Galen, évêque de Münster). Rassurer provisoirement les catholiques pouvait être une entreprise utile et de peu de frais, sur laquelle il serait facile de revenir après la Victoire.

Le « bolchevisme » athée qu'on avait cru abattu, se faisant de nouveau menaçant, on pouvait ainsi refaire à peu de frais l'unité morale de la nation allemande.

De plus, la capacité de défense inattendue de l'Union soviétique et le retour offensif des armées bolcheviques ne pouvaient pas ne pas inquiéter le Vatican et l'Église catholique allemande. Rome et l'épiscopat allemand n'avaient jamais cherché l'affrontement avec le nazisme que beaucoup de responsables catholiques continuaient à regarder comme un moindre mal. Des dirigeants nazis, eux-mêmes d'origine catholique comme Himmler et Schellenberg, étaient parfaitement au courant de ces dispositions.

Au Vatican, comme à la curie munichoise, des idées de ce genre pouvaient rencontrer une audience certaine. Toujours est-il que la Direction des camps décida de transférer à Dachau tous les prêtres catholiques détenus dans les autres camps de concentration, de les dispenser du travail obligatoire, et de permettre, pour les prêtres allemands, l'ouverture d'une chapelle où une messe serait dite tous les jours par l'un d'entre eux. Dans toute cette affaire il subsiste pour moi aujourd'hui encore beaucoup d'obscurités qu'il conviendrait d'élucider. Y a-t-il eu un véritable accord signé ? Comprenait-il le transfert à Dachau de *tous* les prêtres catholiques ou seulement des prêtres allemands ? L'exemption du travail obligatoire était-elle liée à cet accord ou est-elle intervenue pour des raisons internes à l'ordre concentrationnaire dachavien ? On peut, en tout cas, penser que l'exécution de l'accord au niveau des responsables inférieurs a pu se heurter à des incompréhensions, à des résistances, à des freinages, à des interprétations particulières.

Parmi les SS de grade inférieur chargés de l'application des décisions prises en haut, les dispositions personnelles des uns et des autres pouvaient prendre une importance capitale pour la vie concrète des prisonniers concernés. Alors que les prêtres allemands, en 1944-1945, redoutaient le Rapportführer Böttcher, il y avait un jeune SS du nom de Schmidt qui montrait, dès qu'il était seul avec des prêtres, la sympathie et même le respect que lui inspiraient la religion et ses ministres; il fermait les yeux sur la présence de quelques laïcs à la messe qui était pourtant formellement interdite.

L'accord limitait en effet le nombre des messes à une seule par jour et réservait l'assistance aux prêtres détenus, et plus particulièrement à ceux du Bloc 26, le Priesterblock, où ne « logeaient » en principe que les ecclésiastiques allemands et assimilés (Autrichiens, Luxembourgeois, Alsaciens, Lorrains). Les prêtres polonais, beaucoup plus nombreux – environ 800 en 1944-1945, mais ils avaient subi des pertes terribles en 1940-1941 –, n'avaient pas le droit de célébrer la messe ou d'assister à la célébration; cependant, à l'époque dont il est question, ils vivaient ensemble au Bloc 28 qui leur était réservé et des messes « clandestines » y étaient dites.

A part les Polonais, certains Tchèques et une minorité de prisonniers allemands et surtout autrichiens, les détenus politiques « anciens » n'étaient pas catholiques pratiquants. Ils n'avaient guère manifesté le désir d'assister à la messe, et les catholiques germaniques et slaves étaient suffisamment disciplinés pour ne pas enfreindre une règle fixée par les SS; les Italiens, malmenés, terrorisés, méprisés de tout le monde, étaient incapables d'initiatives personnelles. Quelques rares fidèles assidus (comme notre ami Edmond Michelet) n'attiraient pas l'attention.

La chapelle, havre de paix et de solitude au milieu du camp surpeuplé et agité, ornée d'images pieuses et de statues, formait un contraste saisissant avec l'environnement matériel et réel. Les ecclésiastiques allemands considéraient l'existence d'un lieu de culte et la célébration du culte comme des biens en soi; la plupart d'entre eux étaient entrés en conflit avec le régime nazi à cause de l'extermination des malades mentaux et ne possédaient pas une vision d'ensemble du nazisme en tant que néo-paganisme; ils restaient pris dans la conception conservatrice, nationaliste et antibolchevique qui formait jusqu'en 1933 le credo politique du catholicisme allemand (avec des exceptions notables mais nettement minoritaires).

J'avais fait la connaissance d'un prêtre du diocèse de Münster, fils de paysans pieux, profondément ancré dans une mentalité religieuse traditionnelle, transmise sans rupture depuis la chrétienté médiévale. L'abbé F., lui aussi, était à Dachau pour avoir diffusé clandestinement les sermons de son évêque, Mgr von Galen, contre la politique nazie d'extermination de « la vie indigne d'être vécue ». Il n'avait jamais rien fait ni dit contre la politique antisémite du régime, et avant d'arriver à Dachau il n'avait rien su de l'extermination des Juifs.

Adversaire des hitlériens quand ils avaient parlé d'enlever les croix dans les écoles de son pays, le sud de l'ancien Grand-Duché d'Oldenbourg, rattaché en 1814 à cette principauté protestante alors qu'il avait toujours appartenu au prince-évêque de Münster, l'abbé F. me dit un jour, alors que nous cheminions de concert le long de la Lagerstrasse : « Au milieu de toutes les souffrances et horreurs de notre temps, nous avons quand même cette consolation de voir la magnifique renaissance de l'esprit de croisade en Espagne. »

Il me fallut beaucoup de temps et l'aide de Jacques Maritain, dont un ouvrage se trouvait à la bibliothèque du camp, pour faire comprendre à F. les affinités entre la « Révolution nationale » de la Phalange et le National-Socialisme néo-païen. La bibliothèque du camp était, à l'instar de la chapelle, un des signes de contradiction qui marquaient la vie du camp. Elle était constituée essentiellement des ouvrages trouvés dans les bagages des nouveaux arrivants, la possession de livres étant interdite à titre privé. Sans doute pressés par le temps, et gênés par le manque de personnel compétent, les SS s'en désintéressaient et n'exerçaient aucune censure sur les livres en langue étrangère, ce qui faisait qu'on y trouvait de tout, du Freud ou du Maritain.

La plupart des Häftlinge étaient trop ignorants ou trop épuisés pour s'adonner à la lecture pendant les brefs moments de loisirs que nous laissait un emploi du temps implacable; de notre temps en 1944-45, la Bibliothèque fit par contre la joie des camarades sans kommando, des Uneingeteilte (non-répartis) qui restaient à la chambrée et s'entraînaient à apprendre par cœur les trésors de la poésie française; leur existence, cependant, n'avait rien d'enviable, car l'absence d'occupation rendait plus insupportables encore les tiraillements de la faim, et les SS pratiquaient des « descentes » improvisées pour noter les numéros des Uneingeteilte qui étaient ensuite inscrits sur les listes d'un Transport à destination inconnue, dans un kommando ou camp lointain où les malheureux, coupés de leurs amis, risquaient de connaître des conditions de vie beaucoup plus dures encore qu'à Dachau. Les « non-répartis », par conséquent, devaient se tenir perpétuellement sur le qui-vive, afin de sauter par la fenêtre en cas d'alerte aux SS, et de courir se cacher dans un autre bloc. S'ils se faisaient attraper, il fallait prévenir d'urgence les amis que notre petit groupe possédait au « service de la mise au travail » (Arbeiteinsatz) pour que les noms des nôtres fussent rayés de la liste du « transport » (ce qui signifiait qu'ils étaient remplacés par d'autres prisonniers, inconnus de nous, qui n'avaient pas d'amis à l'Arbeiteinsatz). On a beaucoup discuté, après coup, sur la légitimité de ces pratiques; au camp, personne n'aurait songé à la mettre en doute : on ne pouvait survivre qu'en groupe, et seule la solidarité collective permettait de résister au système SS de nivellation par la faim, la peur, la dépersonnalisation. Les solidarités se croisaient, se superposaient, se contredisaient ainsi : solidarités de parti politique, solidarités nationales, solidarités de village ou de groupes de résistance...

Au camp, on ne peut survivre innocemment, à moins d'être un saint comme le père Kolbe qui, précisément, choisit de *mourir* à la place d'un autre. La société concentrationnaire avait été conçue pour dresser les prisonniers tous contre tous; les divers groupes de solidarité, en empêchant le système de fonctionner complètement, en faisaient néanmoins partie, eux aussi, comme la Résistance en France était une conséquence, logique et politique, de l'occupation et de la collaboration.

La situation religieuse à Dachau changea brusquement en

juillet 1944, après l'arrivée massive des Français des grands convois partis de Compiègne le 19 juin et le 2 juillet qui comprenaient à l'arrivée près de 4 000 prisonniers (à l'arrivée, car le second convoi, le nôtre, avait « perdu » en route 900 tués, étouffés et massacrés). Plus tard, en septembre, il y eut d'autres arrivées massives de Français, en tout environ 12 000 hommes dont une grande partie, la moitié environ, resta au camp « central ».

Les Français étaient jeunes en majorité, ils appartenaient, pour la plus grande part, à la Résistance et à la résistance « gaulliste » plutôt que communiste. C'est dire qu'un pourcentage élevé d'entre eux étaient catholiques pratiquants. La participation des jeunes des mouvements d'action catholique avait été fort importante, effectivement, dans l'opposition à l'occupant et à ses collaborateurs.

D'autres, qui en temps normal ne fréquentaient guère l'Église, se sentaient ramenés à leur foi d'origine dans une situation où les dangers les plus graves et le plus souvent incompréhensibles les menaçaient continuellement de toute part. A peine les Français étaient-ils sortis des blocs de quarantaine, qu'ils se communiquèrent les uns aux autres la bonne nouvelle : « Chouette, il y a une chapelle ici, on va pouvoir aller à la messe. »

Ce n'était pas seulement le besoin de remercier Dieu des périls auxquels on avait échappé qui nourrissait ce cri et le besoin d'invoquer son aide pour les épreuves à venir : une chapelle, une messe, des prêtres revêtus des habits sacerdotaux, c'était une irruption de la vie d'autrefois, de la vie réelle, dans notre monde lunaire, dans notre exil de matériel humain destiné à se tuer, à être tués, au travail forcé.

Dès le premier dimanche après leur sortie de la quarantaine, voici donc une foule de jeunes Français qui se présente à la chapelle pour assister à la messe! Affolement chez les prêtres allemands : si les SS apprenaient ce manquement massif à la discipline, cette violation massive du petit « concordat » de Dachau, la chapelle risquerait d'être fermée, la messe ne pourrait plus être célébrée. Dans la logique religieuse qui était la leur, l'eucharistie était plus importante que la présence des fidèles. Il fallait donc, autant que possible, empêcher les Français trop empressés de venir à la messe. Or, il y avait au camp, à côté des prêtres catholiques allemands et autrichiens et assimilés (environ 350), un petit nombre de pasteurs protestants. Ceux-ci, le dimanche, après la messe catholique, avaient pris l'habitude de célébrer leur propre culte dans la chapelle qui devenait ainsi un lieu œcuménique. J'ignore si les SS étaient au courant de cet arrangement qui ne faisait guère problème, étant donné le petit nombre des pasteurs.

Pendant la messe, les pasteurs étaient disponibles; ils attendaient devant l'entrée de la chapelle, près de la grille qui séparait le Priesterblock, le bloc des prêtres, de la Lagerstrasse. Bien qu'elle fût facile à franchir, une porte toujours ouverte ayant été placée au milieu, cette grille marquait le caractère particulier du lieu, car rien ne séparait de la Lagerstrasse les autres blocs d'habitation (par opposition aux blocs du côté oriental qui étaient tous fermés, car ils servaient de Revier ou de blocs de quarantaine).

Un dimanche matin, quelques semaines après l'arrivée des grands convois français, les fidèles qui voulaient aller à la messe trouvèrent la porte close et derrière celle-ci, armés de gourdins, les pasteurs protestants, à qui leurs collègues catholiques avaient demandé de se transformer ainsi en policiers auxiliaires. L'affaire fit du bruit : des pasteurs protestants employés par des curés catholiques pour empêcher les croyants français d'accomplir leur devoir dominical...

Les prêtres et les séminaristes français, nombreux parmi les derniers arrivés, protestèrent auprès de leurs confrères allemands, dont beaucoup étaient eux aussi choqués par le procédé. Le dimanche suivant nous trouvâmes la voie à nouveau libre et aucune sanction SS ne vint frapper la communauté ecclésiastique du camp.

Une autre occasion d'affrontement entre l'esprit et la lettre se présenta au début de l'hiver quand les épidémies, le froid, la faim, la misère physiologique firent croître rapidement la population de l'infirmerie à laquelle de nouveaux blocs durent être rattachés. Les Français, mal préparés à la vie du camp, cueillis par la surprise, démoralisés parce qu'ils ne comprenaient ni les règles ni les langues de cet univers hostile, furent nombreux à franchir les portes du Revier et beaucoup ne devaient en sortir que morts. Avec l'aide de ses amis allemands, Edmond Michelet avait été placé au Kommando de la désinfection qui bénéficiait du libre accès à tous les blocs, y compris ceux du Revier dont l'entrée était interdite aux autres « bien portants ».

Le dimanche, Michelet demandait à l'officiant de lui donner des hosties consacrées qu'il enfermait dans une grosse boîte d'allumettes, pour apporter la communion aux malades. Et comme il ne pouvait aller partout à la fois, il partageait son précieux chargement avec d'autres membres du kommando. C'est ainsi que, souvent, des militants communistes athées allaient porter à des moribonds catholiques l'ultime consolation.

Cette pratique qui nous paraissait si naturelle choqua cependant certains prêtres allemands : transporter le corps du Seigneur dans une boîte d'allumettes, c'était à coup sûr manquer de respect à Dieu. Le conflit dura quelque temps, il fut réglé après l'arrivée au camp de l'évêque de Clermont-Ferrand, Mgr Piguet. Excellent homme, ce pieux pasteur n'avait pas beaucoup de lumières politiques. C'était un fidèle inconditionnel du maréchal Pétain que l'ironie du sort, le doigt de Dieu ou le zèle d'un gestapiste local – un évêque c'est toujours bon à prendre –, avait envoyé en déportation parmi les résistants. Tout en s'étonnant de se trouver là, Mgr Piguet se comporta fort dignement.

C'était maintenant l'ecclésiastique le plus élevé en grade à l'intérieur du camp; bien qu'il ne fût pas l'Ordinaire du lieu qui relevait de l'archevêque de Munich, les prêtres allemands reconnurent son autorité avec le sens de la discipline et de la subordination qui caractérisait la plupart d'entre eux. Consulté sur les boîtes d'allumettes dominicales d'Edmond Michelet, l'évêque de Clermont-Ferrand pencha pour l'esprit et contre la lettre : la communion put continuer à parvenir aux malades qui la réclamaient.

Près d'un demi-siècle de séparation des Églises et de l'État, le fait aussi que la participation à la Résistance était un acte personnel, hors hiérarchie, faisaient des prêtres français un ensemble assez différent de celui que formaient les ecclésiastiques allemands, polonais, hollandais même, qui entretenaient entre eux et avec leurs fidèles des rapports beaucoup plus formels, s'inscrivant dans ce que nous appelions alors une « chrétienté sociologique ».

Une anecdote fameuse illustrait cet état de choses du côté polonais : au printemps de 1945, un paysan polonais prisonnier au camp reçoit une lettre de sa femme qui lui écrit à peu près en ces termes : « Cher mari, les armées soviétiques approchent de notre région, les Allemands s'énervent et confisquent tout; je ne puis donc à mon grand regret t'envoyer ton colis alimentaire mensuel, et ceci d'autant moins que je viens seulement d'expédier celui qui est destiné à Monsieur le Curé interné dans le même camp que toi... »

Quelques jours après la libération du camp, j'entendis moi-même des propos de même nature dans la bouche de Mgr Cegiolka, porte-parole du Comité national polonais. Celui-ci avait demandé une entrevue à Edmond Michelet, président du Comité national français; empêché pour une raison dont je ne me souviens plus, notre chef m'avait envoyé à sa place en ma qualité de Secrétaire du Comité, me prêtant pour l'occasion la magnifique Mercedes bleu ciel que le général Leclerc lui avait fait parvenir (les Français habitaient alors des bâtiments de l'ancien camp SS, alors que les Polonais occupaient une partie du Schutzhaftlager, l'ancien camp de détention). J'aurais pu facilement m'y rendre à pied, mais la Mercedes de Leclerc était devenue un symbole du standing des Français qu'il convenait d'utiliser dans une occasion comme celle-ci.

Après les formules de politesse, Mgr Cegiolka, entouré des membres de son Comité, me demanda si les Français avaient l'intention de ramener avec eux en France des détenus polonais peu désireux de rentrer dans leur pays où les communistes soviétiques succédaient aux Allemands nazis.

Je répondis, suivant mes instructions, que nous rapatrierions avec nous tous les Polonais arrêtés en France. « Mais, répliqua Mgr Cegiolka, ce sont presque tous des ouvriers, ils ne risquent pas grand-chose chez les communistes. Il faut que vous preniez surtout les aristocrates, les officiers, les ecclésiastiques qui sont menacés. » Je répondis que pour les officiers on pourrait sans doute faire quelque chose mais que les prêtres avaient à mon avis leur place parmi leur peuple souffrant. Mgr Cegiolka n'en était pas convaincu, il attira notamment mon attention sur les élèves du Grand Séminaire d'une ville polonaise qui avaient été déportés en bloc avec leurs supérieurs.

Revenu au « camp français » je fis mon rapport à Edmond Michelet qui approuva mes réponses et les choses en restèrent là.

Le 1er juin 1945, nous retrouvâmes Paris; le lendemain nous nous rendîmes à l'hôtel *Lutetia*, centre de « démobilisation » des déportés : je ne fus pas peu surpris alors de rencontrer, dans un couloir, le supérieur du Grand Séminaire de V., avec tous les séminaristes. Ils avaient trouvé moyen de passer outre à notre refus. Avaient-ils raison, avaient-ils tort? Ils appartenaient certainement à un autre âge de l'Église qui avait, comme le nôtre, des mérites et des défaillances. Avec mes amis d'*Esprit* nous vivions alors dans des illusions en quelque sorte symétriques : nous imaginions des changements de structures et de comportement, sans prévoir la nouvelle modernité, celle de la télévision et de la pilule, qui allait très vite faire des chrétiens pratiquants des minorités de plus en plus réduites dans les sociétés de l'Europe occidentale, alors qu'à l'est, sur le fondement de ce qui à nos yeux était un retard, de connaissances et de conscience, allaient s'affirmer des forces inépuisables de résistance au totalitarisme.

Le souvenir de la chapelle de Dachau est ainsi pour moi, avant tout, une leçon d'humilité intellectuelle. Nous n'avions pas tort en jugeant sévèrement certains aspects de l'Église allemande et de l'Église polonaise, mais nous étions en même temps incapables d'apercevoir les lieux où nous conduisaient nos propres chemins. C'est aussi, et peut-être davantage encore, un souvenir de gratitude. Chaque matin, avant d'aller avec mes camarades à l'appel, cette cérémonie ridicule et atroce qui pouvait durer des heures sous la pluie ou la neige par moins dix-huit degrés, je me glissais dans la chapelle pauvrement éclairée. Le prêtre disait les mêmes paroles latines que tous ses confrères, à la même heure, répétaient dans les messes matinales du monde entier. Plus rien ne rappelait l'univers concentrationnaire. Chacun, pour un instant précieux, était rétabli dans sa dignité originelle, fragile et indestructible.

Les formes antiques de la liturgie conduisaient nos prières balbutiantes. J'étais à mille lieues d'un lieu appelé Dachau. Le silence et la parole se confondaient dans une exaltation tranquille. A la sortie, dans la lueur blafarde du petit jour, on se sentait capable d'affronter un peu mieux la faim et la peur.

La réalité hostile et grotesque reprenait alors tous ses droits. Un matin d'hiver, la direction SS ayant décidé d'organiser l'appel par blocs, dans les cours, pour diminuer les risques de contagion du typhus, le sous-officier chargé de nous compter était arrivé plus tôt que de coutume, ou la messe avait peut-être duré plus longtemps. Edmond Michelet a raconté comment je devins alors, à ma totale surprise, confesseur de la foi à ma modeste mesure, le SS s'étant jeté sur moi, furieux parce qu'une « unité » avait manqué à son compte et m'assommant de coups qui firent voler au loin mes précieuses lunettes. Le voyant danser autour de moi un ballet de boxeur en transe et tout en essayant d'esquiver les coups, je n'avais qu'une idée : il va écraser mes lunettes. J'aperçus alors notre camarade Gosselin ramper précautionneusement dans le dos du Blockführer pour se saisir de mes binocles et les mettre à l'abri. Cela ressemblait fort à un acte d'héroïsme, tant les réactions des SS étaient imprévisibles. Le « mien » s'en tint aux coups dont les traces s'effacèrent au bout de quelques jours.

# Des faits divers

# DE RETOUR

En revenant du travail un jour – quelques semaines après notre arrivée à Dachau – j'aperçus sur la Place d'Appel, à proximité du Jourhaus, un détenu en uniforme zébré, immobile sur une sorte d'estrade. Le malheureux portait, suspendue à son cou et s'étalant sur sa poitrine, une sorte de pancarte sur laquelle on lisait les mots suivants : « *Ich bin wieder da* » (je suis de retour).

C'était un évadé, repris et ramené au camp. Il faisait chaud, le soleil tapait sur sa tête et sa nuque rasées. Quand nous repartîmes deux heures plus tard, il était toujours debout sur son socle, les yeux presque clos, ne laissant filtrer qu'un regard brouillé, affolé. A 5 heures du soir le pauvre était toujours en place. Nous le regardions, fascinés. C'était un homme très jeune, fort, grand, musclé, sans doute un Russe qui n'avait su résister à une pulsion irrésistible de liberté. Un garçon moins ferme et moins robuste n'aurait pu supporter sans s'écrouler le supplice de ces longues heures de station debout, immobile, sans boire, sous le soleil brûlant. Au moindre mouvement un des SS qui l'observaient par la fenêtre du Jourhaus serait venu le redresser et le corriger à coups de bâton.

La nuit, les évadés repris étaient enfermés au cachot, le Bunker, toujours sans nourriture ni boisson. Nous supposions, non sans raison, que les prisonniers chargés du service ne leur épargnaient ni coups ni moqueries. Ce n'étaient évidemment pas des politiques mais des « noirs » ou des « verts » ayant su mériter la confiance des SS.

Quand nous « sortîmes » le lendemain à 7 heures, après l'appel, l'évadé avait repris sa place; il me parut amaigri, ses jambes étaient agitées par une sorte de léger tremblement continu. Sa tête penchait en avant. Au moment de notre retour, au soir du deuxième jour, nous le vîmes s'écrouler doucement, glisser tout au long de sa propre hauteur. Du Jourhaus un SS accourut, suivi d'un prisonnier qui portait un seau d'eau qu'il jeta sur le jeune évadé sans parvenir à le réveiller. Le SS fit alors appeler quatre Häftlinge du service du Lagerkapo qui traînèrent l'évanoui vers le bâtiment de la prison, à l'extrémité droite de l'Appellplatz, vue depuis les baraques.

Le lendemain, au lever du troisième jour les chefs du bloc reçurent du Lagerkapo l'ordre de faire savoir à tous leurs prisonniers que la sortie des kommandos était retardée. Après l'appel – qui se faisait sur la grande place, tous les blocs réunis –, nous restâmes donc immobiles dans les rangs. Dix prisonniers apparurent alors, sortant du bâtiment central, celui des douches. Ils portaient une sorte d'estrade, quatre autres suivirent qui traînaient un objet qui ressemblait à un petit cheval d'arçon. Vint ensuite un SS qui précédait un autre groupe de quatre prisonniers traînant, tirant et portant l'évadé. Le Rapportführer Böttcher, officier SS ayant rang de capitaine et chargé de la direction du camp de détention (Schutzhaftlager), prit alors la parole pour annoncer que le Häftling Sviridov Anatoli, évadé et repris, avait été condamné à quarante coups de schlague pour être ensuite versé dans la compagnie punitive (Strafkompagnie). Les aides-bourreaux jetèrent l'évadé sur le cheval d'arçon de façon à ce que son derrière surélevé fût présenté à la foule. Un autre Häftling apporta deux longues badines.

Böttcher s'en saisit et les fit claquer dans l'air l'une après l'autre. Un silence épais régnait sur la grande place, dans les rangs des quelque 25 000 prisonniers présents. Le Rapportführer d'une voix forte et nasale appela : « *Blockältester sechs* » (chef de bloc 6). Le silence se fit plus épais encore. Le chef du Bloc 6, Fritz, était une figure légendaire. Détenu depuis 1933 et ancien responsable communiste, petit et mince, la figure en lame de couteau, il jouissait de l'estime universelle. Homme de peu de paroles, personne ne l'avait jamais vu battre un prisonnier, ni même injurier l'un de ses camarades administrés. Son autorité était considérable, de mémoire de Häftling, personne n'avait contesté une de ses décisions. J'avais fait sa connaissance quelque temps auparavant grâce à un voisin de chambrée allemand. Son regard amical et calme communiquait un je-ne-sais-quoi de rassurant; en parlant à cet homme on se sentait devenir plus stable, plus courageux, moins capable de céder à un mouvement de panique. C'était le seul communiste avéré à occuper encore au camp un poste de responsabilité, après le grand nettoyage auquel les SS avaient procédé en 1942 ou 1943. Les aides-bourreaux, entre-temps, avaient fait glisser le pantalon rayé du condamné, mais – selon les prescriptions médicales en usage – ils lui avaient laissé son caleçon long. Le tissu, paraît-il, empêchait les chairs d'éclater.

« *Blockältester sechs*, disait Böttcher à Fritz, c'est ton tour aujourd'hui d'appliquer la punition. » Avisant un prisonnier au premier rang il ajouta : « et c'est toi qui compteras les coups en même temps que le puni ». Cela aussi, en effet, appartenait au cérémonial : le condamné devait lui-même donner l'ordre de frapper à celui qui était désigné comme exécuteur.

Dans le silence glacé du petit matin, les 25 000 prisonniers entendirent alors le Blockältester Fritz dire de sa voix claire et froide : « *Das kann ich nicht tun* », cela, je ne peux le faire! Un nuage de fureur sombre passa sur l'épaisse figure rougeaude du Schutzhaftlagerführer. « *Was soll das heissen? Du weigerst dich einen Befehl auszuführen. Das ist Insubordination. Sabotage!* » (Qu'est-ce que cela veut dire? Tu te refuses à exécuter un ordre? C'est du refus d'obéissance, du sabotage.) Tout le monde savait que le sabotage était un crime puni de mort. Blanc comme linge, Fritz se tenait au garde-à-vous, immobile, allongeant sa petite taille, silencieux. Böttcher le regarda, sourcils froncés, puis aboya : « *Du bist kassiert, zurück in den Rang. Das weitere werden wir schon sehen.* » (Tu es cassé de ton grade, retourne dans le rang. On verra bien la suite.) Il se retourna vers le Lagerkapo Mensarian, qui avait assisté à la scène. « Prends la schlague, toi. Tu connais la règle : ni trop fort, ni trop mou. Il faut qu'il tienne jusqu'au bout. » Fritz avait été avalé par les hommes du Bloc 6. Mensarian prit la première badine et la fit siffler dans l'air. Poussé par un des aides, le prisonnier cria « *Eins* » d'une voix qui se fit entendre sur toute l'étendue de la place. Son cri et le claquement de la badine se confondirent. D'une voix toujours aussi audible le prisonnier cria « *Zwei* ».

Mensarian était Arménien, son nom l'indique, c'était un « noir », un « Asozialer », un homme du « Milieu » berlinois dont je n'ai jamais su pour quelles raisons il avait été envoyé au camp de concentration. Peut-être avait-il essayé de jouer au plus malin avec des trafiquants SS. Capable, sans scrupules, sadique, les SS l'avaient vite repéré comme un auxiliaire qui ne reculerait devant rien. En tant que Lagerkapo il commandait à une sorte de police intérieure qu'il avait recrutée parmi les criminels et les « asociaux », aussi brutaux que lui, mais moins malins.

En tant que « politique » on avait le plus grand intérêt à ne pas se trouver sur leur chemin et à ne pas susciter le déplaisir de leur maître. Assez grand, trapu, le teint basané, les sourcils épais et noirs, le regard perçant, Mensarian était une bête de proie. On racontait qu'il avait tué de nombreux prisonniers tant que de telles mises à mort étaient encore tolérées, qu'il était de mèche avec certains SS pour s'emparer des objets de valeur contenus dans les bagages déposés à l'Effektenkammer. Il était autant détesté que craint. Dès les premiers instants de la libération, le 28 avril 1945, certaines de ses victimes se mirent à sa recherche. On le tira d'une trappe qui s'ouvrait dans le plancher d'un bloc, et on le traîna à travers la foule qui, massée devant le Jourhaus, acclamait les soldats américains en train de hisser la bannière étoilée. Poussé contre un pilier de l'enceinte, Mensarian fut couvert de crachats et de coups de poing. Ses yeux noirs ressemblaient à ceux d'une bête aux abois.

Cependant, il restait silencieux et n'implora aucun pardon. Les détenus libérés, délivrés de leurs ultimes terreurs, se pressaient autour du Lagerkapo déchu, c'était à qui pouvait parvenir plus vite à lui assener un coup en fendant la foule de plus en plus dense. Finalement, quelques soldats américains découvrirent la scène; ayant demandé et obtenu des explications, l'un d'eux tendit sa mitraillette aux prisonniers les plus proches. Un jeune Russe s'en empara et tira sur Mensarian qui s'écroula. Nous nous regardâmes atterrés : la liberté commençait mal, par une vengeance qui était un lynchage.

Aucun autre kapo et aucun SS, après cela, ne fut mis à mort. Ceux dont nos camarades purent s'emparer furent remis à la Military Police américaine...

Sur la Place d'Appel nous récitions la litanie des coups avec la victime et le « compteur » officiel. Mensarian frappait durement; après le dix-septième coup l'évadé cessa de compter à voix haute. Après le vingtième coup un médecin détenu fut appelé pour prendre le pouls du supplicié. Celui-ci n'était pas évanoui, il respirait à grands mouvements qui soulevaient tout son corps.

Les coups reprirent, je fermai les yeux. Du 21e au 40e coup ce fut toute une éternité qui, en fait, ne dura guère plus qu'une minute. Le corps de Sviridov s'était effondré. Accompagnés du médecin, les aides le traînèrent vers le Bunker. Le Rapportführer s'en alla sans daigner jeter un regard sur l'ancien Blockältester sechs. Les kommandos se formèrent. Nous avions pris un quart d'heure de retard.

Ce jour-là, nous dûmes rejoindre la baraque de la Politische au pas de course. Cassé de son grade, Fritz avait repris sa place de simple prisonnier du rang au milieu des camarades du Bloc 6. Quelques jours plus tard, son successeur, un Polonais placide, lui annonça que le lendemain il partait en « transport ». Je n'ai pas su ce qu'il était devenu. En fait, je ne connaissais même pas son nom de famille.

Le Rapportführer Böttcher, quelques jours après la libération du camp, fut découvert par des ex-Häftlinge dans une ferme où il se cachait sous des vêtements civils. Ramené au camp il figurera au « procès de Dachau » comme un des accusés majeurs. Il sera condamné et pendu.

## FICHE D'IDENTITÉ

Lorsque le sous-officier SS entra dans la pièce où se trouvait le fichier, j'étais en train de classer les arrivages du matin, les nouveaux prisonniers dont le destin était représenté par ces grandes fiches blanches. Depuis l'automne 1944 notre Kommando s'occupait de transcrire les anciennes fiches jaunes de format beaucoup plus exigu sur les « nouveaux modèles », les plus perfectionnées des fiches, le nec plus ultra de la bureaucratie, dont la lecture, mieux qu'un interrogatoire, devait permettre de reconstituer l'histoire du détenu, ses antécédents privés et publics, professionnels et familiaux, les raisons de son arrestation, son passé politique, la couleur de ses yeux et de ses opinions. Fiches admirables, destinées à permettre non seulement l'établissement du fichier le plus complet qu'ait jamais possédé organisation pénitenciaire, mais encore, par-delà les vingt-cinq « camps mères » et leurs centaines de kommandos extérieurs, la création d'un Fichier central à Berlin où à toute heure de la journée et de la nuit la main experte d'un employé du RSHA, du terrible Office Central de Sécurité du Reich, allait pouvoir retrouver le terroriste dont la carcasse abrutie par la faim et les coups reposait à cette heure, la tête pressée entre les deux paires de pieds de ses voisins de lit, de l'inquiet sommeil que la menace de l'appel de 4 h 30 du matin rendait d'avance dérisoire. A mesure que progressait l'installation du système, que se multipliaient les rouages et que se perfectionnaient les fichiers, l'existence de ces misérables corps souillés perdait le peu d'importance qu'elle pouvait encore retenir aux yeux des bourreaux bureaucrates. Les fiches seules, faites en double exemplaire, calligraphiées par les mains expertes d'ecclésiastiques allemands, contrôlées, classées, identifiées par l'esprit asservi d'intellectuels dont les capacités ailleurs inutilisables retrouvaient ici un emploi provisoire, étaient nécessaires au bon fonctionnement du système. Il est vrai que la transcription commencée en octobre 1944 n'avançait pas au rythme prévu. J'avais pourtant déjà obtenu l'inclusion de deux nouveaux prisonniers dans notre petit Kommando de Schreiber (les SS avaient retrouvé pour désigner notre officine le vieux terme méprisant dont la civilisation aristocratique et guerrière du passé médiéval avait désigné les auxiliaires déplaisants dont elle subissait plutôt qu'elle n'appréciait les services inévitables), mais sans l'accélération du rythme des arrivages nouveaux, à partir de septembre 1944, la lenteur de nos progrès eût pu nous attirer des suspicions. A présent plus de 7 000 arrivages en un mois dont il fallait rédiger et classer les fiches fournissaient des prétextes possibles et – à titre provisoire, mais ce provisoire allait durer jusqu'à la libération – des arguments en faveur de la création d'un sous-kommando de nuit chargé de rédiger des fiches de « nouveaux », groupement où nous allions réussir à caser la plupart de nos amis encore sans kommando. Prêtres allemands et étudiants français, ces derniers ignorant non seulement les langues slaves mais souvent jusqu'aux premiers rudiments de l'allemand, allaient ainsi remplir des fiches que notre tâche consistait ensuite à soustraire dans toute la mesure du possible au contrôle des SS car il nous arrivait d'y lire que le détenu en question possédait des yeux de forme ovale, un visage long de 185 cm et que la couleur de son nez était châtaine.

Nous eûmes à peine le temps de ramasser le tabac que le camarade Jancic faisait sécher éparpillé sur une page de journal au-dessus du poêle de fonte, que le sous-officier fonçait déjà sur le Fichier. C'était le Hauptscharführer (adjudant-chef) Geigenscheder, le principal responsable du Fichier, vieux militant nazi d'avant 1933, amateur de bière, de pets, d'histoires lestes et d'autorité, non dénué d'une certaine Gemütlichkeit dans les limites de sa détermination à détruire sans ménagement tout ce qu'on pouvait lui désigner comme hostile au Führer et au Grand Reich. Paresseux, flâneur, il aimait raconter ses souvenirs dont la pièce maîtresse était une rencontre avec Hitler, vers 1919 ou 1920, quand le Führer n'était encore lui aussi qu'un sous-officier inconnu et que lui, Geigenscheder, avait pu lui payer un pichet de bière à la brasserie du *Spaten*, sans savoir qu'il traitait le futur sauveur de son peuple; il racontait aussi, bien sûr, sa participation glorieuse au Putsch de 1923 qui lui avait valu le Blutorden, la Médaille du Sang, l'insigne sans prix des « Vieux Combattants » (Alte Kämpfer).

C'était somme toute un brave petit-bourgeois qui ne nous menaçait de pendaison immédiate que deux ou trois fois par semaine, ne nous battait que rarement et oubliait même, de temps en temps, un bout de pain sur un coin de table.

Ce matin-là, sa grosse figure rouge et luisante qui jurait bizarrement avec ses petites moustaches à la Hitler (la barbe du vieux roi de Bavière lui serait allée beaucoup mieux), était particulièrement inexpressive. Il tenait à la main une lettre à en-tête, demi-format. « Professor, dit-il, est-ce que nous avons un van, van – coup d'œil vers la lettre – un Van Saelman, un Hollandais? » J'approchai. D'après les règles de classement inventées par Berlin un nom commençant par Van devait se trouver à la lettre « F ». Le soi-disant système phonétique cachait plusieurs finesses de ce genre qui fournissaient d'heureuses raisons à la lenteur de notre travail.

La fiche n'y était pas. « Cherchons à la lettre S dans l'ancien fichier », dit Geigenscheder qui n'avait pas encore assimilé toutes les règles de la phonétique. Il fit mine de chercher lui-même, mais ses gros doigts courts et velus ne purent séparer les minces fiches étroitement serrées. Je me penchai par-dessus son épaule et, tout en lui expliquant que la fiche « Saelman » devait se trouver, si l'on faisait abstraction du « Van », aux lettres SE, je pus lire le papier qu'il tenait à la main.

L'en-tête portait « Reichssicherheitshauptamt » (Office Central de Sécurité du Reich). En haut à gauche figurait le tampon bleu « Geheim » (secret). La référence était « Détenu politique hollandais Van Saelman (Nikolaas, Willem) ». Le texte, dont les termes exacts ont échappé à ma mémoire, disait que l'officier de carrière Van Saelman, âgé de trente-six ans, d'origine israélite, avait tenté de s'échapper de Hollande et que la police allemande l'avait arrêté en France alors qu'il tentait de rejoindre les Forces Néerlandaises Libres. Le RSHA avait décidé de lui appliquer le « traitement spécial » que les autorités de la Direction de la Gestapo à Munich et le Commissaire politique du camp de Dachau étaient chargés de faire exécuter. « Traitement spécial » était en effet le terme administratif pour « exécution ». C'était un euphémisme qui faisait meilleure impression dans les dossiers, de ces dossiers qui subsistaient encore quand la dépouille mortelle était depuis longtemps retournée au terroir.

« Nous ne l'avons pas, Herr Hauptscharführer », dis-je d'un air indifférent. Geigenscheder, dès qu'il avait senti ma présence derrière son épaule, avait retourné la feuille. « Regarde parmi les nouveaux, Professor. » Van Saelman n'était pas parmi les nouveaux. « N'est peut-être pas encore arrivé », dit l'adjudant-chef, et il s'en fut. Jancic, sortant son tabac de sa poche, l'étendit à nouveau sur le poêle. C'était du bon tabac yougoslave et le Hauptscharführer Schüssler qui surveillait notre travail fermait les yeux. Ce matin, par ailleurs, Schüssler, que son moignon faisait souvent souffrir, n'était pas encore arrivé. Il n'avait pas assisté à la naissance de ce qui allait devenir dans mon esprit – et pour moi seul – l'affaire « Van Saelman ».

Car parmi des centaines d'hommes dont le destin classifié passait tous les jours dans mes mains, celui-là, d'emblée, m'intéressa. D'ordinaire nous ne devinions les exécutions, qui étaient rares à Dachau, pour le moins depuis 1943, qu'en examinant les certificats de décès dont certains portaient à la rubrique « cause du décès » les termes banals et médicaux d' « inflammation des reins » ou d' « arrêt du cœur » que nous savions chargés d'un sens secret et terrifiant. Ce matin-là par contre j'avais vu l'arrêt de mort avant le certificat de décès. Le destin n'avait pas agi encore. La machine avait travaillé trop vite. Attendant quelque Sammeltransport (transport collectif), Van Saelman se trouvait encore, sans doute, du côté d'Augsbourg ou de Nuremberg. Les prisons n'expédiaient les détenus vers les camps qu'une fois un certain nombre réuni. Van

Saelman, ignorant l'arrêt de mort qui le frappait comme nous avions ignoré quatre mois plus tôt la forme particulière du destin qui nous saisissait de sa griffe au moment où nous franchissions le porche de Dachau, Van Saelman allait donc arriver un de ces jours parmi nous, le cœur lourd d'angoisses et d'appréhensions imprécises, alors que tout était déjà réglé, tranché, fixé pour lui et que rien ne pouvait arrêter la machine remontée pour broyer l'officier hollandais. Je me souviens que son lieu de naissance m'avait frappé. Il était né en effet à Curaçao, île néerlandaise proche du Venezuela. De Curaçao à Dachau! Le soir, revenu au camp, je dis à Igor qui travaillait au Kommando de la réception de me signaler l'arrivée d'un certain Van Saelman si ce dernier, par hasard, passait entre ses mains.

Quelques jours plus tard, nous étions en train de dévorer les pommes de terre sautées du dîner. Yéfime, qui travaillait au kommando de nuit, était exempté d'appel. Il restait seul au bloc alors que tous les habitants de celui-ci subissaient durant vingt minutes, une demi-heure ou deux heures l'inévitable cérémonie. Quand retentit enfin l'ordre du Wegtreten et que se ruèrent vers les blocs les pas ferrés de 25 000 prisonniers affamés, Yéfime achevait de dorer dans le four une ou deux gamelles de pommes de terre coupées en rondelles, fruits de nos économies de midi ainsi que des petites rapines auxquelles notre camarade se livrait en notre nom dans les gamelles voisines du chef de bloc, du chef de chambre et de leurs acolytes ou mignons. La margarine, elle aussi, était épargnée sur nos maigres rations de la veille ou du petit déjeuner. C'était cette margarine légendaire qu'on prétendait extraite du charbon et faite des mêmes substances que les tissus de nos uniformes rayés. Elle dorait fort bien les pommes de terre dont le goût exquis marquait un des rares instants de raffinement de notre journée. Mâchant avec soin, ses yeux tartares à moitié fermés, Igor me dit : « Il est venu, ton Van Zellande, cet Hollandais dont tu m'as parlé l'autre jour. Il était plutôt crasseux. Il paraît qu'ils l'avaient empêché de se laver depuis trois mois. La dernière fois qu'il avait été au contact de l'eau, c'était au camp de Hinzert, au Grand Bassin. » Une plaisanterie fort goûtée des SS de Hinzert consistait en effet à précipiter des détenus tout habillés dans l'eau froide du bassin qui ornait la grande place de ce petit camp réputé pour les traitements particulièrement affreux qu'y subissaient les détenus politiques venant de l'Ouest. Je dus faire effort pour me souvenir de l'incident. Van Saelman était donc venu au rendez-vous.

Un autre matin, peu de temps après, la seule preuve suffisante de son existence, sa fiche, me parvint, elle aussi. Je l'étudiai longuement. Né d'Isaak Van Saelman et de Rachel Montero. Sa femme s'appelait Elisabeth. Trois enfants. Capitaine dans l'Armée Royale. Royal Dutch. Curaçao. Schutzhäftling [1]. Il avait omis de marquer son origine israélite. Il comptait sans doute que ses papiers ne le suivraient pas. Ils l'avaient au contraire précédé. N° Matricule 89761. 13 000 arrivages déjà depuis notre propre entrée au camp, au début de juillet. Je pris la fiche avec deux ou trois autres. Le Hauptscharführer Schüssler était occupé à classer les morts de la veille selon l'ordre phonétique. Il se trompait sans cesse et n'arrêtait pas de grommeler. Il était tout absorbé par son puzzle. Ce n'était pas aux lettres peu fournies, aux X ou aux W de l'ancien fichier qu'il fallait cacher Van Saelman. En examinant même négligemment les quelques fiches qui s'y trouvaient, un SS pouvait aisément constater l'erreur. Un des nouveaux dont la fiche nous était parvenue le même jour était un Belge nommé Moreau. Ainsi, en plaçant Van Saelman après Moreau, je pouvais prétendre avoir classé au même endroit et par erreur deux fiches qui, arrivées ensemble, étaient restées collées l'une contre l'autre. Moreau Edouard, de Pau. Moreau Léon, de Liège. Van Saelman, Nikolaas Willem, de Curaçao. Moreau Théodore, de Besançon. « A quelle lettre classerais-tu un Russe dont le nom s'écrit " Jefréimo ", Professor? me demanda Schüssler. – Un nom dont les deux premières lettres sont -Je- doit figurer à la lettre I. – Je n'y comprendrai jamais rien! s'écria le Hauptscharführer. Tu n'as qu'à continuer cette saloperie à ma place,

1. « Détenu pour sa propre protection. » Au commencement du régime nazi les nouveaux maîtres avaient arrêté leurs adversaires politiques sous le prétexte de les protéger contre la fureur du peuple. Le terme était resté en usage et désignait à présent tous les détenus politiques, allemands ou étrangers.

Professor. Je vais aller toucher mon casse-croûte. » Il sortit, fort mécontent, frappant le sol de sa béquille et je classai Jefréimo, Alexey après Jefréimo, Alexei et avant Jefréimo, Alexis, non sans avoir constaté avec plaisir que deux au moins de ces fiches concernaient un seul et même personnage qui avait déjà séjourné précédemment à Dachau, constatation que je gardais pour moi-même puisque personne ne m'avait rien demandé au sujet de ce jeune Russe inconnu. Ma tâche consistait à classer des fiches selon le système phonétique, non pas à m'occuper du contenu de ces fiches qui ne se fondaient que sur les déclarations des détenus, déclarations que les SS, à mesure que progressait la guerre, avec sa séquelle de dossiers détruits, de retards postaux et d'évacuations de camps, étaient de moins en moins en mesure de contrôler efficacement.

Le sort de mon nouveau protégé hollandais (je sus entre-temps qu'il se trouvait au Bloc de quarantaine 23, bloc de « nouveaux ») paraissait tenir en haleine le fonctionnaire du RSHA qui en avait la charge. Quelques jours après l'arrivée de la fiche, le vieux Geigenscheder apparut avec une nouvelle lettre portant le sinistre en-tête bien connu. « Na, Professor, cherche-moi la fiche Van Saelman. » La fiche ne se trouvait ni à F ni à S. « Introuvable au fichier, Herr Hauptscharführer. » Celui-ci écrivit, de sa grosse écriture gothique, « Inconnu au fichier », et la date, suivie de sa signature Geigenscheder, Wilhelm SS Hauptscharf. « Il se sera perdu en route, cet idiot de Hollandais », me dit-il en guise de consolation et partit. Deux fois encore, durant le mois de novembre, la scène devait se renouveler. Ensuite il n'y eut plus rien. Le RSHA avait sans doute classé l'affaire. Avec tous ces bombardements...

Le capitaine Van Saelman, au Bloc 23, ne sut jamais rien de ces recherches. J'étais résolu à le laisser ignorer la menace qui, jusqu'à la fin de la guerre, allait rester suspendue au-dessus de sa tête. S'il avait su, affaibli par la captivité, les mauvais traitements, la faim et le froid de Dachau, il se fût peut-être trahi en se confiant à un ami, lequel s'en serait vanté devant d'autres et il m'eût trahi avec lui. Jamais non plus je n'allai voir mon nouveau protégé et je ne sais comment il était fait. J'ai souvent essayé depuis de me l'imaginer. Mais je ne suis pas fort pour l'imagination. Puis, en décembre, commença l'épidémie de typhus. Le Bloc 23 fut parmi les premiers isolés du reste du camp par une double enceinte de barbelés. A ces emmurés vivants (350 par chambrée, chaque chambrée contenant 75 lits) nourriture, ordres et messages officiels étaient portés par des « coureurs » spéciaux qui déposaient ces objets divers entre les deux enceintes, d'où des équipes constituées d'officiels et de privilégiés du bloc les emportaient jusqu'à l'habitation du chef de bloc non sans en prélever, chemin faisant, la dîme qui leur revenait. Mais ces privilégiés eux-mêmes et les grands dignitaires ne pouvaient franchir la deuxième enceinte. Quiconque était entré dans un bloc d'isolement devait y demeurer jusqu'à la fin de l'épidémie. La durée moyenne du séjour y était de trois semaines. Un détenu déjà affaibli par les privations meurt plus vite qu'une épidémie.

Au Kommando nous eûmes beaucoup de travail. Les arrivages continuèrent, les prisons déversèrent sur les camps le trop-plein des familles apparentées aux conjurés du 20 juillet, et les vieux politiciens locaux de la République de Weimar qu'en guise de représailles contre l'attentat la Gestapo sortait de leur retraite. Et le chiffre des décès ne cessait de monter. Au début de janvier il dépassa 100 morts par jour. Je tombai malade moi-même et disparus pour trois semaines à l'infirmerie. En février nous comptâmes 13 000 arrivages nouveaux. Toute la population de Varsovie paraissait avoir été dirigée sur Dachau. Auschwitz était évacuée. Un soir, en classant les fiches des décédés de la veille, je tombai sur le nom de Van Saelman, Nikolaas, Willem. Je l'avais oublié depuis longtemps mais le typhus ne l'avait pas raté. Je sortis alors sa fiche du groupe des Moreau et la plaçai, à sa vraie place (V = F, selon la phonétique SS), dans le fichier des décès.

Je n'avais jamais vu son visage. Je n'ai pu avertir de son destin ni son père Isaak, ni sa mère Rachel, ni sa femme Elisabeth. Car il ne s'appelait pas Van Saelman. J'ai dû inventer ce nom. Son vrai nom, celui qu'il portait sur sa fiche, je l'ai oublié et je ne m'en souvenais déjà plus quand nous fûmes enfin libérés.

# SOUS UN MÊME SOLEIL

Karl Bethmann avait très tôt commencé à comprendre qu'il n'était pas comme les autres. Avant d'aller à l'école quand il sortait avec sa mère dans les rues de Cologne il avait dû s'habituer à ce qu'il attirât sur eux les regards étonnés ou hostiles des passants. A cinq ans, un jour sa mère l'envoya chercher du pain. La boulangerie était fermée. Le petit garçon dut s'en aller plus loin, deux blocs de maisons plus loin, trouver une boulangerie où il n'était pas connu. Une grosse bonne femme qui louchait refusa de lui donner son pain et le renvoya avec de méchantes paroles qu'il ne comprit pas tout à fait. A l'école, tout de suite, il fut au ban de la classe et des instituteurs. Le premier jour les autres enfants refusèrent tous de s'asseoir à ses côtés. Le lendemain, le fils d'un ouvrier lui offrit une place voisine de la sienne. Ce garçon avait raconté l'incident à la maison et son père l'avait grondé. L'instituteur ne lui parlait pas. Il évitait de l'interroger. Un garçon plus grand qui redoublait la classe le battit et lui vola son casse-croûte. Une petite fille essaya de le consoler, à la récréation suivante, mais pendant toute une semaine ses petits camarades ne parlèrent pas à la consolatrice qui ne renouvela plus sa tentative. Ce fut ainsi tout le long de la vie scolaire du petit Karl. En troisième classe il y eut un instituteur qui s'intéressa à lui. C'était un homme religieux encore qu'il n'appartînt à aucune confession déclarée, ce qui le fit révoquer plus tard. L'injustice le révoltait et il fit venir chez lui le petit garçon persécuté. Il lui donna des leçons particulières car l'hostilité de ses camarades et des maîtres avait nui à ses progrès scolaires. Le fils du maçon communiste lui resta également fidèle et deux ou trois autres garçons affectèrent de le traiter en égal. Comme il devait se défendre bien souvent contre les attaques des autres, il devint fort et bagarreur. L'hiver, dans ses vêtements pauvres qui ne changeaient guère avec les saisons, il livrait de terribles batailles de boules de neige. En été, c'étaient des échanges de coups de poing, avec l'automne venait la saison des marrons d'Inde. En été, à plusieurs reprises on lui refusa l'accès d'une baignade publique. « On ne veut pas de toi ici. »

Sa mère, qui n'était plus belle ni jeune (l'avait-elle jamais été ?), gagnait leur vie comme blanchisseuse. Dans les foyers où elle travaillait elle cachait le plus souvent l'existence de l'enfant. Deux ou trois fois on l'avait renvoyée à cause de lui. Sa famille l'avait répudiée. Ses parents étaient ouvriers tonneliers à Bacharach, sur le Rhin. Seul un frère installé à Cologne continuait à la recevoir. Il était conducteur de tram et, sans aimer vraiment le petit Karl, il le traitait avec gentillesse. La tante Minna, sa femme, maigre aux cheveux blancs, ne montrait jamais ses sentiments. Elle rudoyait le gosse quand il l'aidait après les repas du dimanche à essuyer la vaisselle. Mais elle le servait copieusement à table. « Mange, petit, tâche de grandir plus vite, ta mère aura besoin de toi », lui disait-elle. L'oncle Peter et la tante Minna n'avaient pas d'enfants.

En 1930 les Alliés évacuèrent la Rhénanie. Les nazis, aux élections de septembre, eurent de grands succès. Karl, qui allait sur ses dix ans, était maintenant en proie à une hostilité plus forte encore, qui le suivait comme un murmure perpétuel. Il ne la comprenait pas, mais il y était habitué, il ne cherchait pas à se l'expliquer, elle faisait partie de lui. Un jour l'instituteur mena sa classe dans la montagne. Le soir, fourbus et chancelants de soleil et de fatigue, les gosses redescendirent dans la vallée du Rhin. A Beuel, près de Bonn, ils passèrent devant le jardin d'un estaminet où siégeait un fort parti de buveurs de bière. A la vue de Karl ils s'excitèrent et, des cris, en vinrent aux cailloux. L'instituteur, inquiet, fit presser le pas à ses enfants. Le petit Karl, rentré chez lui, eut une grosse fièvre, si forte que sa mère, le lendemain, n'alla pas laver. Mais il avait une robuste nature. Huit jours plus tard, il était de retour à l'école, plus silencieux que jamais.

L'année suivante, le médecin constata chez sa mère les symptômes d'un cancer à l'estomac. Elle ne mit que deux ans à mourir. Mais dès 1931 elle ne put plus laver, et l'oncle Peter décida que Karl devait travailler. Il n'était pas faible mais il avait peur des réprimandes et des rebuffades et la peur paralysait son intelligence. Ce fut le père de son seul ami, l'ouvrier communiste, qui lui trouva une place comme apprenti maçon. Sa mère mourut en janvier 1933. Deux semaines plus tard, deux SA en uniforme, qui sortaient de la permanence de leur parti, attaquèrent Karl et le bourrèrent de gifles et de coups de poing. Il dut rester alité deux jours. Au chantier, la plupart des camarades étaient indifférents à son égard. Il travaillait bien quand il n'était pas effrayé. Son corps, à cette époque, se développa puissamment. L'oncle Peter l'avait pris chez lui et la tante, l'air toujours aussi désagréable, se privait pour nourrir le grand neveu. Puis Hitler eut le pouvoir. Karl ne pouvait être, bien entendu, d'aucun organisme du parti. L'oncle Peter, qui avait toujours voté social-démocrate, dut, lui, adhérer au Parti nazi et au Front du travail. Karl, devenu bon maçon, ne manqua pas de besogne. Hitler faisait marcher le bâtiment et la construction des autoroutes donnait du travail à des milliers de jeunes. Karl sortait peu. Il regardait les filles, mais les filles se riaient de lui ou détournaient la tête. A seize ans, il eut cependant une aventure avec une fille plus âgée que lui de dix ans, une nièce de tante Minna qui était bonne dans une famille bourgeoise et qui profita de l'absence des patrons pour faire coucher Karl, quelques nuits de suite, dans un grand lit à la française couvert de soie. Il aima tout de suite l'amour, sa partenaire n'en était pas à sa première expérience, elle avait la main adroite. Le jeune Karl avec sa peau fraîche, jamais moite, lui plaisait beaucoup. Dès lors, pendant deux ans, ils ne vécurent que pour les vacances, quand les patrons leur cédaient sans le savoir le grand lit à deux places. Dans les intervalles, comme l'oncle Peter et la tante Minna ne sortaient jamais, ils étaient réduits aux rencontres furtives, la nuit tombée, dans les terrains vagues, où, le plus souvent, ils devaient faire l'amour debout pour ne pas salir leurs vêtements. Les lois de Nuremberg leur interdisaient le cinéma.

Karl, bien entendu, ne pouvait être soldat. En 1938, il avait maintenant dix-neuf ans, cette situation privilégiée lui attira la haine de la plupart de ses camarades de travail qui commencèrent à redouter la guerre. Son ami, le fils du maçon, fut appelé à l'armée. Le père, depuis quelques mois déjà, était en prison pour activités clandestines. Un homme du Parti, venu recueillir l'obole que l'oncle Peter devait verser au Secours d'Hiver, fit remarquer à celui-ci qu'il était indigne d'un bon nazi de garder à son foyer un membre de sa famille qui ne pouvait que le mettre au ban de la nation. Quelques jours plus tard, Karl reçut une convocation pour une visite médicale à l'hôpital du Saint-Esprit. Il fit la queue avec quatre ou cinq de ses semblables qu'il vit pour la première fois. L'inquiétude les réduisait au silence, à peine se saluèrent-ils. Karl fut appelé le second. Un médecin au regard absent le fit se déshabiller. Un infirmier le mesura sous tous les angles, préleva une goutte de son sang, inscrivit beaucoup de mots sur de grandes fiches rectangulaires. Puis on le conduisit tout nu dans une salle voisine où on lui fit signer une feuille dactylographiée qu'il n'eut pas le temps de lire. Une autre salle, une table couverte de linges blancs sur laquelle on le fit grimper. On l'endormit, il se réveilla dans une salle commune, des pansements autour des reins. Dans les lits voisins se réveillaient les garçons qui avaient attendu avec lui.

Faire l'amour avec Erna fut maintenant moins périlleux. Mais Erna approchait de la trentaine et en avait assez des terrains vagues. Il n'eut pas le temps de voir s'achever la trahison. Pour ses vingt et un ans, la guerre éclata et l'Office Central de Sécurité du Reich ordonna l'internement à vie dans un camp de concentration de tous les ressortissants allemands de couleur. L'oncle Peter malgré son âge fut pris par l'armée et disparut en Russie. Erna épousa un sous-officier avec droit à la retraite. La tante Minna, tant qu'elle vécut, sur la pauvre rente versée par l'État aux veuves de guerre, lui envoya des colis au camp.

***

Parmi les habitants de la chambrée figurait un Allemand de couleur appelé Karl Bethmann. Sa peau noire, très foncée, ne trahissait guère l'hérédité d'une mère blanche. Son père, soldat français, avait quitté l'Allemagne avant la naissance du petit Karl. Maçon de son état, celui-ci avait été arrêté à la déclaration de guerre, comme tous les autres Allemands de couleur, et envoyé à vie dans un camp de concentration. Il me raconta un soir qu'il en était à son vingt-septième changement, ayant suivi depuis plus de cinq ans la continuelle valse des camps et des kommandos extérieurs. Après tant de semaines et de mois passés dans les conditions les plus contraires à la conservation d'une vie humaine, il avait fini par s'installer dans l'existence relativement sécurisante d'un vieux détenu de Dachau. Depuis que la plupart des SS étaient partis au front il n'était plus en proie à des persécutions particulières dont la plupart de ses semblables avaient été victimes et dont il portait lui-même mainte trace sur le corps. Il me montra le long de ses jambes des traces de brûlures. En 1941 dans un petit kommando, après l'appel du soir, le chef SS venait à heure fixe éteindre sa cigarette sur la cuisse du Noir. Bethmann avait passé trois semaines dans ce kommando et pas un soir le sous-officier SS ne l'avait oublié. Le dimanche seul était jour de répit. Ce soir-là, le chef de kommando allait en permission rendre visite à sa femme et à ses trois filles. Au bout de la troisième semaine l'aveugle hasard des transports amena Bethmann à 1 500 kilomètres de là dans un autre kommando et le voyage dura si longtemps qu'il eut le temps de guérir ses blessures dont ne subsistait qu'une étrange teinte violacée de la peau autour de petits cratères plus sombres que la pigmentation générale de la jambe. Cela ressemblait aux traces que laisse une gale infectée.

Comme il n'avait jamais cessé, depuis son plus jeune âge, d'être en proie aux persécutions ou – pour le moins – à l'antipathie de l'immense majorité des gens avec qui il entrait en rapport, l'existence de Dachau dont les lois étaient connues une fois pour toutes lui procurait une espèce de paix. C'étaient des lois dures mais rendues moins pesantes par le départ de la masse des SS, et comme Bethmann se trouvait pensionnaire de cette ville d'exil précisément à cause de sa peau, personne ne songeait à s'étonner de sa présence ou à lui faire sentir sa différence. De temps en temps quelqu'un lui disait « sale nègre », comme on disait « sale Français » ou « sale Poleton », mais sa soupe ne contenait pas moins de carottes que celle des autres. Comme il était malgré tout de nationalité allemande, ouvrier manuel et vieil interné, sa situation était effectivement bien meilleure que celle de la plupart des étrangers. Une vieille tante qui habitait Cologne lui était restée fidèle et – de temps en temps – lui envoyait de petits colis. Au bout de cinq ans de vie dans les camps, Bethmann, pour la première fois dans son existence, connaissait enfin depuis quelques mois une espèce d'égalité.

Maçon, ayant une longue pratique du métier, Bethmann travaillait à Munich à la construction d'abris renforcés pour les services importants de l'État et du Parti. Son Kommando partait tôt, avant l'appel du matin, et ne rentrait qu'après l'appel du soir, mais le déplacement se faisait à bord de grands camions fermés, la nourriture, fournie par une cuisine SS de Munich, était relativement abondante et les occasions ne manquaient pas de toutes espèces de trafics. C'est au hasard d'une de ces affaires de troc que notre amitié s'était fondée, s'il n'est pas osé d'appeler ainsi une relation faite de quelques paroles quotidiennes, de quelques promenades dominicales sur la Grande Rue, d'un silencieux voisinage nocturne de plusieurs mois. Voyant que nos colis de la Croix-Rouge française contenaient du café, denrée déjà inconnue en Allemagne depuis longtemps, il s'était offert d'échanger une part de grains contre du pain et du saucisson de Munich. Les ouvriers civils du chantier faisaient les intermédiaires.

Bethmann ne s'était jamais beaucoup soucié de sa race. Il acceptait le fait de sa couleur comme une malédiction privée, sans songer à l'existence d'immenses peuples africains et américains formés d'hommes dont la peau était pareille à la sienne. Son intelligence n'était pas inférieure à la moyenne, mais la misère et la persécution l'avaient tenue en sommeil. Le voisinage d'un Français le fit, semble-t-il, réfléchir. Un soir, quatre ou cinq semaines après mon arrivée dans la chambrée, il m'avait ramené de Munich un demi-litre de lait. Je n'avais pas bu de lait depuis plus d'un an et mes remerciements durent être chaleureux. Quand la lumière fut éteinte, de dessous ses couvertures, il me demanda d'une voix neutre : « Est-ce vrai, professeur, qu'il y a tant de Noirs en France ? – Il y en a pas mal, répondis-je, surtout des étudiants. » Il ne reprit pas tout de suite : « Et vous les traitez bien ? – Une fois qu'ils sont en France, dis-je, on les traite comme des égaux. Dans les colonies, évidemment, cela laisse à désirer. – Il y en a donc tant que cela, me dit-il avec son accent de Cologne qui ne laissait de me surprendre. – Il y a des millions de Noirs en Afrique. » Il ne dit plus rien ce soir-là. Mais à peine fûmes-nous couchés, le lendemain soir, qu'il recommença à m'interroger. Toujours de la même voix neutre, de sa parole lente, avec des mots souvent imprécis et malhabiles. Je sentais son imagination travailler plus qu'à son ordinaire. Je ne suis pas un spécialiste des questions coloniales, mais lui, une fois lancé, il voulut tout savoir. Comment vivaient les paysans noirs et combien il y avait de parlementaires de couleur et si j'avais vraiment été interrogé, à mon baccalauréat, par un professeur de physique noir, et s'il y avait des officiers noirs et quelles langues ils parlaient et comment les Français les traitaient aux colonies et combien il y avait de Noirs aux États-Unis et comment ils y étaient arrivés, et l'esclavage et l'abolition de l'esclavage et le Brésil et la Martinique et le Gouverneur général Éboué. Il se mit à s'interroger à haute voix sur l'origine de son père. D'où venaient les soldats noirs de l'armée française ? Et pourquoi se battaient-ils pour les Français ? Un soir il dit, comme dans un rêve : « Nous sommes donc si nombreux. » C'était sans doute la première fois de sa vie qu'il disait « nous ».

Il ramenait beaucoup de bonnes choses de Munich, du pain blanc, de la saucisse, des journaux même quand il sut que je brûlais de les lire. Il n'était plus question de trafic, je n'avais rien à lui offrir en échange, rien sinon mes récits sur ce monde inconnu qui va de Detroit à Madagascar, de Dakar au Caire et que nous ne connaissions ni l'un ni l'autre.

Nos conversations ne furent jamais que nocturnes. Le dimanche s'il nous arrivait de nous promener ensemble, alors nous parlions d'autre chose, du match de football ou des opérations militaires. Chaque soir, durant plus de deux mois, installés sous nos couvertures nous partions pour l'Afrique. Et puis un matin Karl Bethmann partit pour Munich et ne revint ni ce soir-là ni le lendemain. Ce soir-là sept cents superforteresses avaient attaqué la ville. Trois seulement sur les vingt-cinq hommes du Kommando revinrent, épuisés, le surlendemain. Bethmann ne fut pas du nombre.

# WILHELM RAPPL
# ET L'HISTOIRE UNIVERSELLE

Parmi les sous-officiers SS de la « Section politique », Wilhelm Rappl, un homme d'âge et de stature moyenne, n'était pas fait pour attirer l'attention. Il se tenait un peu à part et ne se mêlait guère aux discussions et plaisanteries des autres. Il ne s'intéressait pas, visiblement, aux concours de pets ni aux histoires de fesses, et comme il n'avait pas plus d'occupations que ses collègues, une fois terminée la lecture du journal, il ne faisait rien. Il regardait par la fenêtre de la baraque le monde environnant où il ne se passait rien, non plus, sinon les allées et venues régulières et réglementaires des kommandos flanqués de leurs gardiens SS.

Un jour, Wilhelm Rappl, dont je savais seulement qu'il était natif de Straubing, petite cité médiévale de Basse-Bavière sur le Danube, et qu'il nous traitait sans méchanceté, mais sans avoir l'air de s'apercevoir réellement de notre présence, profitant d'un moment où nous étions seuls, me dit : « Professor, est-il vrai que tu sais tout? » Avec la modestie qui convenait à un Häftling, je répondis : « Pas tout, mais beaucoup. – Alors, reprit-il, est-ce que tu sais tout sur Jules César, Frédéric le Grand, Napoléon et Andreas Schlüter? – Oui, sur ceux-là je sais tout ce qu'il faut savoir. » Je me suis toujours demandé comment le fameux sculpteur prussien de la fin du XVII^e^ siècle avait été associé dans l'esprit de Wilhelm Rappl au trio des grands capitaines. « Écoute-moi, professeur, continua-t-il, j'en ai assez d'être méprisé par les autres. Bien sûr, je ne suis pas très malin et j'ai déjà fait des séjours à l'hôpital psychiatrique (que l'allemand appelle tout bonnement la maison des fous). Ils en profitent pour se moquer de moi (en patois bavarois « avoir un Rappl » signifie ne pas être sain d'esprit), alors j'ai pensé que tu pourrais m'écrire une histoire universelle. Je l'apprendrais par cœur et j'étonnerais mes collègues par ma science. »

L'étonné, en l'occurrence, ce fut moi. « Mais, Herr Oberscharführer, répliquai-je, vous savez bien qu'il nous est sévèrement interdit d'avoir du papier et de quoi écrire. » Nous devions en effet laisser dans les locaux de travail les plumes ou les crayons qu'on nous confiait. Au camp même, pour écrire la lettre mensuelle qu'on était autorisés à envoyer à de proches parents sur du papier de l'administration, on devait s'adresser au Stubenältester, au « doyen de chambrée » qui était autorisé à détenir une plume et de l'encre.

« De plus je suis si affaibli par le manque de nourriture que je n'aurais certainement pas la force de rédiger ce que vous me demandez. – Qu'à cela ne tienne, me dit Rappl, si tu veux bien je te donnerai un Büchl (un petit livre, mais il voulait dire un cahier) et chaque fois que tu m'écriras un chapitre je te donnerai une boule militaire (ein Kommissbrot). » C'était là une offre mirobolante alors que nous en étions à recevoir un vingt-quatrième de « boule » par jour et par Häftling. J'acceptai aussitôt et, marché conclu, Rappl m'apporta le lendemain un crayon et un petit cahier du genre de ceux qui servent aux ménagères pour faire leurs comptes. Le dimanche suivant je me mis à l'ouvrage. Écrivant aussi lisiblement que je pouvais je racontai le début de l'Histoire, la préhistoire d'abord en quelques pages, l'Égypte, Summer et Akkad, les Hittites, la frange de populations bédouines qui circulaient dans l'espace syrien, entre le Sinaï et la Mésopotamie. Le lundi matin j'emportai mon ouvrage à la Politische et le glissai à Rappl dès que nous fûmes un moment seuls dans la pièce où il se tenait ordinairement.

En fin d'après-midi, Rappl m'apporta un petit paquet enveloppé dans du papier journal : c'était la « boule » promise que je ramenai au camp cachée sous son manteau. La chance était avec moi. Pendant tout le temps que dura cette entreprise littéraire d'un genre si particulier, il n'y eut jamais de fouille. Le lendemain je vis Rappl qui, penché discrètement sur mon grimoire, s'efforçait de l'apprendre par cœur. Dès que quelqu'un entrait dans la pièce il s'arrangeait pour cacher son Büchl. Mais ses collègues s'intéressaient si peu à ce que faisait ce pauvre débile qu'ils ne s'apercevaient de rien. Le surlendemain, ayant affaire chez le Hauptscharführer Geigenscheder j'entendis Rappl qui disait aux autres SS : « Saviez-vous que les Pyramides d'Egypte ont près de 4 000 ans? » Ils crurent à une nouvelle marotte et le laissèrent parler sans l'écouter. Mais leur manque d'intérêt ne le découragea pas.

A la fin de la semaine il me rendit le Büchl et le lundi suivant je touchai à nouveau ma « ration » de pain militaire qui était désormais fort appréciée dans le groupe des « intellectuels délirants » comme amélioration de l'ordinaire. Et de mon côté, tous les après-midi de dimanche je rédigeai mon chapitre d'Histoire universelle, nouveau Bossuet travaillant pour mon dauphin dérisoire, un sous-officier SS un peu sous-développé mentalement, comme on dira quelques décennies plus tard.

Des Sumériens et des Égyptiens nous suivîmes la filière classique, Assur, Babylone, Suse et l'Elam, les Mèdes et les Perses. De temps en temps nous faisions une rapide incursion dans le domaine chinois et en Inde, pour saluer Kong-Fu-tseu et le Bouddha. Mais mon histoire restait fortement européocentrique ou plutôt européo-proximo-asiatique, à la fois pour ne pas trop dérouter mon mécène et à cause des lacunes de ma propre formation. Et naturellement ne pouvais-je manquer de la construire autour de cet axe majeur qu'était le peuple élu de Dieu, les enfants d'Abraham, d'Isaac et de Jacob.

Cela n'avait rien de surprenant ou d'alarmant pour le brave Rappl qui, comme tous les fils de paysans bavarois, avait appris à l'école son Histoire Sainte. De mon côté je tirais une certaine satisfaction à rappeler à un SS la grandeur centrale de la place occupée dans l'Histoire par ceux que ses chefs enveloppaient d'une haine totale. Nous passâmes aux Grecs, par la Crète et *l'Iliade,* et nous apprîmes aux sources les plus pures la valeur de l'homme, et le respect dû à la vérité. A celui qui portait l'uniforme des persécuteurs d'Einstein et Niemöller (notre proche voisin puisqu'il vivait au « Bloc des prominents », des personnalités) j'exaltai le choix de Socrate sacrifiant sa vie à l'enseignement du vrai, et la vanité des conquêtes. Alexandre mourait à Babylone, jeune, usé, amer, et son Empire s'écroulait dans les disputes des diadoques.

La Grèce, vidée de sa substance politique après que les démocraties militantes et combattantes se furent rendues aux rois unificateurs à moitié barbares, allait subir le joug de Rome. Belle occasion de rappeler le devoir imprescriptible de lutter pour la survivance et l'indépendance de la patrie, ce devoir même qui nous avait amenés à Dachau.

Mon mécène absorbait tous ces poisons en attendant Jules César, le premier de ses quatre grands dont il me récitait de temps en temps la litanie. Caton l'Ancien, modèle du citoyen (je passai sur son côté brutal et intolérant), prit la suite des Gracques, socialistes avant la lettre, défenseurs des pauvres. Avec Sylla nous vouâmes aux gémonies les dictatures et leurs prescriptions. Le divin Jules eut l'excuse de continuer sur une voie tracée par ses prédécesseurs où personne n'aurait pu faire marche arrière. En dépit de ses grands airs et de ses dons littéraires (bons à rappeler à quelqu'un servant dans une troupe qui affectait de mépriser l'intelligence) nous lui préférâmes Octave, clément après avoir supprimé ses ennemis et assurant à l'univers un bref moment de paix alors que naissait chez les Juifs un nouveau prophète destiné à bouleverser ce monde autant que ce monde peut être bouleversé. Je ne manquai pas de montrer au passage ce qu'avait d'odieux, de pesant, d'inhumain la grandeur de la loi romaine, la fille de Séjan violée par le bourreau parce que la Loi interdisait d'exécuter les vierges, et Néron promenant ses invités sous les croix où se consumaient dans les flammes les corps des chrétiens enduits de poix.

Vespasien triomphait de Jérusalem et le peuple juif survivait à la destruction de son Temple et de son État. Je saluai Hadrien et Marc Aurèle, empereurs philosophes, austères et désespérés. Dans l'ombre immense de l'Empire grandissait méconnue et méprisée la secte des chrétiens répandant dans ce monde de feu et de larmes une espérance nouvelle. Caracalla donnait aux provinces la citoyenneté romaine; pour des raisons fiscales avant tout, mais quel exemple pour un Empire qui se voulait établi pour mille ans sur l'inégalité des races et la domination exclusive d'un peuple de Seigneurs! Aux frontières s'agitaient des barbares germaniques, avides, querelleurs, braves et fastueux. Je les montrai attirés par Rome et la Grèce, pour piller et pour admirer, pour détruire et pour préserver. Déjà les armées romaines se remplissaient de barbares plus ou moins assimilés alors que l'État engageait ses dernières forces dans la lutte contre cet ennemi intérieur, ce rival de plus en plus puissant qui grandissait en son sein : l'Église chrétienne.

Constantin rétablit les frontières et l'unité intérieure. A travers l'Église, l'Antiquité, désormais, celle de Rome et de la Grèce et derrière elles les messages de l'Égypte et du Proche-Orient passés dans le filtre du Livre du Dieu d'Israël, allait conquérir les lointaines contrées de la Germanie et triompher sur ceux qui seraient les triomphateurs apparents. Que d'apologues! Nous en étions là quand l'ordre vint en mars de ne plus conduire dans les locaux du Fichier les Häftlinge de notre kommando. Le Büchl à ce moment était entre les mains de Wilhelm Rappl. Peut-être l'a-t-il ramené chez lui à Straubing. Peut-être cet esprit mal débrouillé, ce gardien prisonnier des complications du Monde, y aura-t-il trouvé là une diffuse clarté. Il aura été un de mes premiers lecteurs, et certainement un des plus attentifs.

## LES ENFANTS EN CAGE

Un matin, au mois de février, un camarade vint me dire que pendant la nuit un convoi d'enfants était arrivé et que les gosses avaient été mis au Bloc 21 qui était un bloc de quarantaine. Bien que l'accès en fût sévèrement interdit, quiconque pouvant se trouver le moindre prétexte pour s'y rendre se précipita au Bloc 21 et beaucoup de détenus tout à fait dépourvus de prétextes firent preuve de débrouillardise en passant par les blocs d'infirmerie qui étaient reliés aux blocs de quarantaine, depuis que ceux-ci avaient été affectés, temporairement, à l'hébergement des typhiques.

En criant « Politische » aux gardiens du bloc qui, comme tous les Häftlinge, redoutaient le service mystérieux et redoutable par où transitaient toutes les décisions intéressant le sort de chacun d'entre nous, je parvins quant à moi facilement à franchir la barrière qui séparait la Blockstrasse de la Lagerstrasse.

La Blockstrasse, c'était l'espace perpendiculaire à la « Rue de la Liberté » qui séparait un bloc de l'autre. Pendant la journée, puisqu'il était interdit de rester dans les Stuben, à moins d'y être autorisé par les médecins et le Blockschreiber, les habitants des blocs de quarantaine devaient se tenir dans la Blockstrasse. Or ce jour-là il n'y avait personne, sauf des visiteurs comme moi : les enfants étaient consignés dans les Stuben (chambrées), toutes portes fermées. Cependant les fenêtres restaient ouvertes et en s'approchant on pouvait voir des dizaines et des dizaines de petits garçons s'agiter dans les chambres. Les plus petits pouvaient avoir de quatre à cinq ans, les plus âgés de treize à quatorze.

C'étaient de toute évidence des enfants juifs, beaucoup avaient un type physique très prononcé, de grands yeux noirs mélancoliques en amande. Aujourd'hui ils me font penser au petit garçon juif portant casquette et étoile jaune, marchant en tête d'un convoi encadré de grands soldats allemands armés jusqu'aux dents, avançant les bras en l'air, dont on a vu la photographie reproduite tant de fois depuis 1945.

Derrière les fenêtres les enfants se blottissaient les uns contre les autres dans les châlits superposés. Les plus grands aidaient les plus petits à grimper; certains pleuraient doucement, d'autres jouaient tranquillement avec des jouets improvisés, et tout ce petit monde parlait, discutait, s'agitait comme une troupe de petits d'hommes enfermés dans une cage à singes. Dès qu'ils apercevaient des visiteurs, des enfants s'agglutinaient autour des fenêtres, les uns pour nous demander ce qu'ils allaient devenir, d'autres pour demander à manger. Chacun avait apporté du pain, du sucre, des gâteaux, tout ce que l'on pouvait trouver dans les réserves des Spinde (les armoires militaires à casiers attribuées à chaque Häftling dans sa Stube).

Nous passions aux enfants ces cadeaux misérables et les plus grands, aussitôt, se chargèrent de les regrouper pour les distribuer, le tout dans un ordre parfait. Les visiteurs parlaient aux enfants en polonais, en russe, en allemand. En fait les gosses étaient hongrois, ils avaient été séparés de leurs parents et de leurs grands frères et grandes sœurs. Ceux-ci, leur avait-on dit, étaient expédiés dans des camps de travail.

De les voir si faibles, si raisonnables, si sages, si pitoyables, beaucoup d'entre nous ne purent retenir leurs larmes et s'écartèrent rapidement pour que les enfants ne puissent voir leur émoi. Pendant que je donnais à un grand le pain et le sucre que j'avais apportés, d'autres plus petits, malins et charmants, vinrent me parler en yiddish et me demandèrent si je savais où on allait les mener. Je n'en savais évidemment rien, mais je leur dis que, probablement, leur destination était le camp familial de Theresienstadt dont on pensait à l'époque que les occupants échapperaient à l'extermination.

Un petit à la tête toute ronde avec de grandes oreilles me dit alors d'un air malicieux : « Tu es juif toi aussi? Hein? – Mais non, répondis-je, *ich bin Franzose, kein Jude.* » L'enfant me sourit, me fit un sourire encore plus malicieux et reprit : « Bien sûr que tu es juif, toi aussi, même si tu ne veux pas nous le dire. »

Il y avait foule autour de nous, et tous les Häftlinge originaires des pays de l'Est comprenaient plus ou moins le yiddish, qui n'est que de l'allemand du Moyen Age enrichi de mots slaves et hébreux. Dans un camp comme Dachau, officiellement « judenrein », la situation devenait scabreuse pour un prisonnier dont le type physique était indubitablement juif.

Je finis rapidement la distribution de mes pauvres richesses et m'en fus tristement. En refusant de me reconnaître comme juif devant ces enfants sans doute promis à la mort, je ne leur avais fait aucun tort et cependant je me sentis coupable et malheureux.

Je n'oublierai jamais la figure mi-souriante, mi-sérieuse du petit garçon qui avait l'air de me dire : « Tu as bien raison d'essayer de te mettre à l'abri du sort commun, et tu peux donner le change aux autres, aux goyîm qui n'y connaissent rien, mais pas à nous, petits enfants juifs qui savons reconnaître les nôtres. » J'ai retrouvé le souvenir des enfants en cage de Dachau en lisant les dernières pages du grand livre de Schwarz-Bart, quand le héros accompagne volontairement à la chambre à gaz les enfants juifs raflés en France. Ceux de Dachau partirent la nuit suivante pendant que nous dormions. Le lendemain, le Bloc 21 était vide. J'y retournai et ce vide me parut désespérant.

# LE MAÎTRE DES POUX

L'épidémie de typhus prenait lentement de l'ampleur. Elle avait commencé sa course, la terrible maladie, dans un de ces blocs de quarantaine où séjournaient dans l'oisiveté et dans la misère les Neuankömmlinge, les nouveaux arrivés.

Sans doute le typhus avait-il été apporté par un des innombrables Russes, Ukrainiens ou Serbes, par des Polonais ou des Italiens que les razzias de la guerre se rétrécissant autour de l'Allemagne, ou la répression brutale qui s'abattait au moindre écart de conduite sur les prisonniers de guerre et les déportés du travail, faisaient affluer chaque semaine par milliers au camp. En fait, pourquoi pas par un Français ou un Belge ou un Norvégien sortant d'une prison de la Gestapo?

Le racisme endémique et souvent ouvertement affirmé qui caractérisait notre société de nations voulait que seuls les Orientaux ou les Italiens, méprisés par la race des Seigneurs encore plus que les autres allogènes, puissent être porteurs de l'horrible petite bestiole. Avait-elle seulement eu besoin de nouveaux arrivants, l'épidémie qui allait tuer tant des nôtres?

Les SS n'avaient pas attendu l'hiver 1944-45 pour apposer sur tant de murs l'affiche d'avertissement : « *eine Laus, dein Tod* » (un poux – ta mort) qui montrait un gigantesque poux, armé comme un animal préhistorique de poils immenses et de mandibules de carnassier! Dès l'été 1944, lors de notre arrivée, il nous avait été recommandé de surveiller de très près nos caleçons et nos chemises (que l'on changeait en principe toutes les trois semaines) ainsi que les recoins secrets de notre corps. C'était une occupation du dimanche des plus normales que de passer en revue, lentement, d'un doigt minutieux, nos sous-vêtements, et qui rendait visite le dimanche matin à un autre bloc en trouvait une grande partie des habitants assis devant la porte (quand la température et le temps le permettaient) une chemise ou un caleçon sur les genoux et l'œil rivé sur les ourlets.

Pour combattre le typhus, le vaccin eût été plus efficace que la quarantaine renforcée qui sépara à peu près hermétiquement les « blocs de quarantaine » du camp normal (au lieu d'être passagère la « quarantaine » devint définitive, personne ne devant entrer dans les blocs maudits ni en sortir), plus efficace que les aspersions du « Kommando de désinfection » dont les membres passaient silencieux et affairés d'une chambrée et d'un bloc à l'autre, aspergeant, frottant, essuyant seuils et poignées de portes de produits qui répandaient une forte odeur de crésyl. Mais l'Administration ne voulait ou ne pouvait fournir du vaccin pour soigner des Häftlinge. Sans doute n'en n'existait-il pas assez dans le Reich exténué ou n'en fabriquait-on plus assez, car on peut supposer que l'Administration eût préféré pouvoir utiliser plus longtemps la force de travail de ceux que l'épidémie emportait.

Une des conséquences du typhus fut que les visites et inspections des SS dans le Häftlingslager, le camp des détenus, se firent encore plus rares : une autre conséquence fut l'institution du contrôle des poux, de la Lauskontrolle. Un détenu avait été désigné pour remplir ces fonctions importantes dont le titulaire figura désormais dans l'aristocratie des responsables supérieurs, des Schreiber (secrétaires), kapos, Läufer (messagers) et Dolmetscher (interprètes). On lui donna un bâton et deux adjoints, choisis pour leur robustesse physique. Sa mission consistait à venir sur place, dans chaque Stube, contrôler le linge et le corps de chaque Häftling. Ceux qui étaient découverts porteurs de poux devaient se rendre tout nus à la désinfection et y apporter leurs vêtements.

A la tête de ce nouveau service, le Lagerälteste (le chef de camp détenu) nomma un de nos compatriotes, P. Renard, naguère sous-préfet d'une petite ville du Centre. Aucun « politique » normal n'aurait accepté ce poste qui parut d'emblée à la fois ridicule et odieux.

Renard était bâti en Hercule; flanqué de deux gardes du corps aux mines patibulaires il apparaissait dans les Stuben pour s'asseoir sur un tabouret bas, muni d'une longue et mince baguette. Les Häftlinge défilaient alors devant cette caricature de procureur romain en apportant leur linge.

Tandis que les acolytes examinaient chemises et caleçons sous toutes leurs coutures, Renard faisait lever les bras pour regarder les aisselles et écarter les jambes. La baguette lui servait à soulever les testicules du client qui, ensuite, devait se retourner et, courbé en deux, offrir au sous-préfet le spectacle de son derrière.

Les hommes trouvés sans poux pouvaient se rhabiller, mais les porteurs de poux, eux, devaient s'aligner nus dans un coin. Quand l'inspection de la Stube était terminée, un des adjoints les conduisait au pas gymnastique vers le bâtiment des douches qui se trouvait au centre des constructions situées de l'autre côté de la Place de l'Appel.

Si les préposés aux douches n'étaient pas prêts ou si la salle était encore occupée par une précédente fournée de porteurs de poux, le groupe devait attendre son tour en plein air. Nous étions alors au plus fort de l'hiver bavarois, les rues du camp étaient souvent couvertes de neige et la température dépassait fréquemment – 5°, avec des pointes jusqu'à – 15°. (Un matin tôt, lors de l'appel, vers 5 heures, on enregistra même un maximum de – 20°.)

Traverser nus au pas de course un espace de deux cents mètres et attendre par ce froid pendant de longues minutes qui pouvaient devenir des quarts d'heure, ce n'était pas une mince épreuve pour des hommes affaiblis par les privations et que la misère psycho-physiologique mettait en état de moindre résistance. Ensuite il fallait passer sous des douches brûlantes et recevoir sous les aisselles, dans l'entrejambe et dans la raie des fesses une forte application de désinfectant puant le crésyl.

Pendant ce temps les vêtements passaient eux aussi à la

désinfection d'où ils revenait fripés et humides. Si par malheur la désinfection des habillements durait plus longtemps que celle des hommes, ceux-ci, encore sous le coup de la douche et des vapeurs chaudes, étaient inexorablement expulsés dans le froid glacial et dans la neige pour y attendre le retour des effets mouillés et l'attente à nouveau pouvait se prolonger indéfiniment.

En revenant de cette expédition de torture, la plupart des hommes avaient attrapé un sérieux refroidissement; beaucoup de pneumonies se déclaraient dans les heures suivantes et les décès ne se comptaient plus, ou plutôt ne se comptaient que trop. Envoyer quelqu'un aux douches, dans ces conditions, c'était lui infliger une véritable condamnation à mort et le chef de la Lauskontrolle, du moment qu'il prenait au sérieux sa mission dérisoire, devenait pour les autres Häftlinge un objet de haine et de mépris.

P. Renard était arrivé au camp par un bel après-midi d'automne; ce fut, je pense, un jour de fête ou un dimanche, puisque je n'étais pas au travail, à la baraque de la Politische. Comme je n'avais rien à faire et poussé par la curiosité j'étais allé donner un coup de main à l'abbé Jules Jost et à Igor Marchand qui « recevaient » les nouveaux.

La cérémonie de l'Aufnahme, la réception des Neuzugänger, avait lieu selon la saison en plein air sur l'Appellplatz ou dans la salle des douches. Les arrivants passaient devant une petite table où le « réceptionniste » remplissait la fiche dont, le lendemain ou quelques jours plus tard quand il y avait foule, je recevais une copie pour le fichier de la Politische.

C'était l'occasion d'un premier contact où chacun s'efforçait de repérer ses compatriotes ou quelqu'un d'intéressant à un titre quelconque, de repérer aussi les suspects, ceux qui « sentaient » la collaboration, ceux qui risquaient de renforcer les rangs des « noirs » ou des « verts », des criminels de droit commun dont le règne avait été brisé mais qui restaient menaçants. C'était l'occasion, aussi, pour ceux qu'on trouvait sympathiques et naturellement pour les compatriotes en général, de recevoir des avertissements et des instructions sur la vie au camp et les règles de conduite à observer.

Étant allé renforcer l'équipe de l'Aufnahme, je vis comparaître devant ma petite table un grand escogriffe qui ne paraissait nullement troublé, comme tant d'autres, par la sinistre renommée du camp et par la crainte de l'inconnu. C'était Renard qui, aussitôt les présentations faites, me demanda s'il y avait au camp des monarchistes autrichiens et des conservateurs allemands.

Sans aucune retenue ni prudence, il m'expliqua qu'il avait eu dans le passé d'étroits contacts avec l'aristocratie autrichienne et les milieux dirigeants du régime Dolfuss-Schuschnigg, qu'en France, sous-préfet du régime de Vichy dans une petite ville de la zone occupée, il avait entretenu des relations suivies avec des services allemands mêlés à la grande conspiration militaire.

Dans un monde où la grande règle, pour un politique, était de ne jamais parler des activités qui l'avaient mené au camp, cette façon de se confier au premier venu ne pouvait relever que de la bêtise ou de la provocation. Je me tins sur mes gardes et esquivai toute réponse précise, et Renard, de son côté, s'en fut aux douches, à la désinfection et au bloc de quarantaine.

Il n'y resta pas longtemps. Ses relations autrichiennes devaient être excellentes, car le Lagerälteste Bertl, un ancien officier monarchiste, fort mal vu de ses compatriotes socialistes tel que l'Erste Lagerschreiber (premier scribe ou secrétaire de camp) Emmerich Wenger, mon ancien protecteur, vint en personne s'occuper de Renard et lui trouva un kommando de tout repos d'où, peu de temps après, il passa au Lauskontrolle; démontrant ainsi qu'il n'était pas en effet un « politique » comme les autres, un résistant gaulliste ou communiste; il se débrouilla tout seul, sans entrer dans la filière Michelet-Auboiroux dont nous autres, « intellectuels délirants », étions une sorte de corps franc, des voltigeurs caracolant sur les flancs et en avant du corps de bataille.

Qu'il ne fût pas des nôtres, Renard devait le prouver encore d'une autre manière. Sans doute la position de la Lauskontrolle lui parut-elle trop peu sûre ou trop peu respectable. C'était de toute manière un emploi exceptionnel. Renard aspirait en conséquence à un poste plus stable, dont la place dans la hiérarchie des emplois fût plus élevée. Le premier secrétaire de l'Arbeitseinsatz, Friedl Volgger, était un homme d'une loyauté universellement respectée et d'une grande bonté. Militant de la minorité allemande du Tyrol méridional (qui dans sa province attribuée à l'Italie en 1918 constituait en fait une majorité écrasante), catholique et patriote, il avait subi la persécution fasciste italienne jusqu'au jour où Hitler, livrant à Mussolini ce pays profondément allemand depuis le haut Moyen Age, résolut de transplanter en Pologne le peuple paysan du Südtirol.

Volgger s'était alors élevé contre cette trahison nationale et sa protestation l'avait conduit à Dachau. J'avais fait sa connaissance par des amis communs et nous nous rencontrions de temps en temps pour des conversations au cours desquelles nous nous efforcions d'esquisser la figure d'une Europe libérée des tyrannies.

Un jour, cet honnête homme vint me voir tout ému : il avait été informé par le Secrétariat du camp, le Lagerschreiber, que Renard venait d'adresser à la Direction SS une lettre dans laquelle il dénonçait comme juifs mon ami Gaston Gosselin ainsi qu'un autre de nos camarades qui travaillait sous les ordres de Volgger à l'Arbeitseinsatz, le jeune Jules Bloch. Ce garçon et son frère aîné Georges vivaient parmi nous sous leur patronyme qui, effectivement, est généralement considéré comme juif, bien qu'il existe des Bloch « aryens », notamment en Alsace, pays d'origine des deux frères.

Exacte ou non (dans le cas de Gosselin, fils d'un commissaire de police normand, elle était particulièrement grotesque), la dénonciation n'eut pas de suite car elle fut arrêtée au Secrétariat et ne parvint jamais aux SS, mais le compte de Renard était bon.

Avec Folgger nous décidâmes qu'on ne pouvait conserver parmi nous le dénonciateur. A la première occasion, au premier transport, Renard fut inscrit sur la liste des partants. A cette époque un certain KZ Mittelbau (« construction centrale ») qui couvrait, semble-t-il, des « kommandos extérieurs » de Buchenwald où se construisaient des usines souterraines pour les armes secrètes, dernier recours du régime, réclamait de la main-d'œuvre. Ceux que l'Arbeitseinsatz inscrivait sur la Transportliste étaient aussitôt réunis dans un bloc de quarantaine et coupés de tout contact avec les Häftlinge restants.

Renard n'eut pas le temps de prévenir ses amis, ou peut-être ceux-ci étaient-ils moins puissants (le Lagerälteste Bertl, son protecteur, avait été « libéré » à la fin de l'année 1944) : il partit vers une destination dont, à notre jugement, il n'avait guère de chances de revenir.

C'est l'unique fois, durant mon séjour à Dachau, qu'au lieu d'aider d'autres prisonniers je pris la responsabilité d'envoyer quelqu'un « en transport » et j'en éprouve d'autant moins de remords que la suite devait montrer que nous ne nous étions pas trompés sur le compte du « Maître des poux ».

S'étant tiré d'affaire dans son nouveau camp, Renard revint en France après la Libération et poursuivit une carrière préfectorale brillante, auréolée de la gloire du Déporté Résistant, en dépit des informations que nous fîmes circuler à son sujet et des efforts de son « collègue », notre camarade A.B. qui, détail amusant, n'ayant rien réussi contre Renard, fut nommé quelque temps plus tard à une des sous-préfectures que Renard avait occupées avant d'être arrêté. Renard, de son côté, ne perdait aucune occasion pour dénoncer comme « communiste » son jeune collègue.

Beaucoup plus tard, quand Edmond Michelet fut ministre de la Justice, Renard, préfet des Hautes-Alpes, reçut à Gap avec la pompe et la solennité d'usage le Congrès des Anciens de Dachau. Il faisait de fréquents séjours à Paris et cultivait de nombreuses relations parmi les hommes politiques. Michelet, dans sa bonté (et avec sa prudence avisée qui ne s'engageait jamais sur des chemins où il risquait de manquer de bonnes munitions – or dans l'affaire de Renard nous ne disposions pas de preuves matérielles), n'avait pas voulu tenir compte de ce que nous n'avions jamais cessé de lui dire au sujet du préfet qu'il recevait aimablement lors de ses séjours parisiens. Mais un jour, à Bonn, le ministre d'État Heinrich Krone, l'ami et le confident d'Adenauer avec lequel Michelet s'était lié par mon intermédiaire, me prit à part pour me demander de mettre en garde mon ministre contre le préfet Renard.

Krone avait été son hôte à l'occasion d'une cérémonie dans

les cimetières de guerre allemands, et à cette occasion Renard, toujours bavard comme le jour où je l'avais reçu à Dachau, s'était livré à des propos injurieux tant à l'égard de Michelet que du général de Gaulle lui-même, dont il avait annoncé à M. Krone la chute prochaine.

Cette fois-ci Michelet se fâcha et obtint le renvoi de Renard qui fut placé sur une voie de garage. Au bout de quelque temps, la presse annonça son arrestation, une sombre affaire de services secrets le mena devant la Cour de Justice.

Moitié conspirateur, moitié mythomane, Renard semble avoir eu au plus haut point le goût des affaires louches et compliquées. Comme je l'avais pressenti lors de notre première rencontre, il avait frayé avec l'Abwehr et ses organismes successeurs, mais aussi avec les services américains et peut-être même, chose étrange pour cet « anticommuniste viscéral », avec les services soviétiques.

Edmond Michelet vint à son procès lui apporter un témoignage de moralité qui suscita parmi nous des grognements et des ricanements. Mais sans doute avait-il raison. Le « malheureux » Renard n'était qu'un malade. Acquitté, l'ancien « Maître des poux », vantard, bavard et conspirateur de pacotille, disparut de la scène politique pour mourir peu de temps après.

Étrange figure d'aventurier dans l'Administration dont on se souviendrait avec plus d'indulgence si l'on pouvait un instant oublier ses victimes grelottantes.

# ADAM SCHÜSSLER

Le Hauptsturmführer Adam Schüssler était né dans une famille d'ouvriers agricoles de Basse-Bavière. Enfant pauvre dans un monde paysan conservateur et fortement hiérarchisé, il avait grandi sous l'autorité d'un père sévère et borné, avare de tout sauf de coups pour les enfants. A son tour, Adam Schüssler était voué à une existence difficile, celle du paysan sans terre dans une communauté où rien ne compte davantage que la terre, quand il retrouva un soir à l'auberge du village un camarade d'école, perdu de vue depuis quelques années parce que sa famille s'était établie dans la Kreisstadt, la ville chef-lieu de cercle, à la fois proche – car la distance du village à la ville ne dépassait pas quinze kilomètres – et lointaine parce qu'un Bauernknecht, un valet de ferme comme Adam Schüssler, ne s'y rendait que deux ou trois fois par an, à l'occasion d'une grande fête ou pour une affaire importante.

Le camarade retrouvé était membre de la Hitlerjugend, la Jeunesse hitlérienne, ce qui faisait scandale dans la catholique campagne de Basse-Bavière où régnaient en maîtres l'Église et le Parti populaire bavarois. Nous sommes en 1932, Adam Schüssler venait d'avoir seize ans. Son ami l'invita à venir participer la semaine suivante à la réunion hebdomadaire du groupe H.J. qui comprenait une vingtaine de jeunes dans une ville de 5 000 habitants. Ce fut l'aventure, un monde différent, des amis nouveaux, une solidarité dont le jeune Schüssler apprit rapidement les mots clés et les formules incantatoires;

un monde qui rejetait l'ordre hiérarchique de la société des riches, du père et du curé.

Ce fut la dignité que confère un bel uniforme, acquis à coups de grands sacrifices et avec l'aide du groupe local du NSDAP, du Parti nazi, qui existait en ville. Tout ce qu'il est aujourd'hui, douze ans plus tard, le Hauptsturmführer Schüssler le doit au parti, à la HJ, à la SS, au Führer. Pour lui qui n'est pas un intellectuel, c'est Hitler qui réalise le socialisme puisqu'il a permis à un garçon pauvre, né au plus bas de l'échelle sociale, de devenir quelqu'un, un membre honoré de la communauté nationale, et quelqu'un qui possède un rang, une maison, une femme, des enfants, et quelqu'un qui exerce des pouvoirs, qui commande, qui a des subordonnés dans les rangs SS, et des esclaves, le Kommando de Häftlinge dont il doit diriger et contrôler le travail.

Quand nous fîmes sa connaissance, Adam Schüssler, à la sortie d'une longue période d'hospitalisation, venait d'être nommé à la Politische Abteilung (Section politique) de l'administration du KL Dachau. C'était un homme un peu au-dessus de la moyenne, mince, du type physique que la pseudo-science du racisme allemand désignait par alpin ou dinarien : le poil sombre, le nez large et osseux, les traits fortement dessinés. La figure s'ornait d'une petite moustache à la Hitler. Grièvement blessé sur le front russe, Schüssler avait dû être amputé de la jambe gauche, si haut que le moignon ne suffisait pas pour accrocher une prothèse. La casquette batailleuse, Schüssler avançait d'une démarche rapide et précise, appuyé sur deux béquilles qu'il avait coutume de déposer à côté du poêle dès qu'il entrait dans la salle du Fichier où travaillait notre Kommando.

Il se déplaçait alors en sautillant avec une grande dextérité. Svelte et musclé, sans une once de graisse, ce combattant souple et sportif se distinguait des autres sous-officiers de l'Abteilung qui étaient pour la plupart des hommes d'âge, embusqués de l'arrière, encrassés dans la graisse et le laisser-aller : ils ressemblaient à des chiens de ferme trop bien nourris et Schüssler à un chien-loup, dressé à la chasse. Sa chasse à lui était la chasse à l'homme.

Les membres de la Jeunesse hitlérienne avaient rendu de grands services dans les semaines agitées qui suivirent la nomination d'Adolf Hitler à la Chancellerie. Dans la petite ville bavaroise où les nazis ne formaient qu'une minorité infime, les quelques membres des SA et de la HJ adhérents d'avant le 30 janvier servirent de policiers auxiliaires pour les opérations de « mise au pas », l'occupation des sièges des partis et des syndicats, l'arrestation (« pour leur propre protection ») des principaux dignitaires et responsables du régime antérieur, et de quelques commerçants juifs.

La police ordinaire ne se prêtait qu'à contrecœur alors à ces opérations souvent en marge de la légalité. Schüssler se signala par son zèle, sa discipline et sa dextérité. Les hommes d'âge et d'importance qu'il convoyait à la prison, c'étaient son père, le paysan propriétaire dont il avait été le valet, le curé. Il les arrêtait souvent au nom de leurs propres valeurs, l'ordre, la nation, l'État qu'ils n'avaient pas su ou voulu servir avec une efficacité suffisante, car en Basse-Bavière les socialistes, communistes ou juifs comptaient à peine : c'est avec les notables catholiques, paysans et bourgeois du Parti populaire bavarois que les nazis victorieux avaient de vieux comptes à régler.

Bien noté, Schüssler n'eut pas à retourner à la ferme : « permanent » des HJ il postula – après l'année du service du travail obligatoire – l'entrée dans les SS, la formation d'élite où il fit toute sa carrière et passa avec les premiers dans les unités de la Waffen-SS quand celles-ci furent constituées en marge de la Reichswehr comme garde prétorienne du régime et noyau d'une armée véritablement national-socialiste. Il participa à toutes les expéditions du nouvel Empire conquérant : à l'occupation de l'Autriche, des Sudètes, de la Bohême tchèque, aux campagnes de Pologne, de France, de Yougoslavie et de Grèce et, naturellement et pendant des années, aux combats de Russie. Les arrestations et les déportations, les transports de prisonniers, la lutte contre les partisans, les kommandos d'exécution, toute une histoire sanguinaire et dévastatrice surgissait peu à peu des allusions et brefs récits évocateurs que Schüssler laissait échapper comme à regret au cours des journées qu'il était contraint de passer en notre compagnie.

Des souvenirs pesants obscurcissaient parfois ses traits énergiques et brouillaient son regard. Des exaltations puissantes et sauvages se devinaient sur cette face qui devenait soudain farouche et fermée, souvenirs qu'il chassait d'un brusque mouvement de la main. Des croyances et des craintes apprises dans son monde paysan et confirmées par le curé, comme des idées et formules enseignées dans les unités nazies, Schüssler avait combiné une morale et des principes qu'il ne pouvait pas toujours mettre en harmonie avec ses actions.

C'était le produit d'un âge terrible et d'une idéologie ignoble, ce n'était pas un être naturellement bas; loin d'être indifférent, il m'inspira dès le premier jour un intérêt très vif.

Après que le gros Hauptscharführer Geigenscheder, qui était venu nous présenter notre nouveau chef, eut quitté la pièce, Schüssler posa sa casquette sur un des fichiers, appuya ses béquilles contre le mur dans un coin et vint en sautillant regarder les fiches que je m'apprêtais à insérer dans le fichier. Il me posa quelques questions sur l'alphabet phonétique : « Ça a l'air bien compliqué, dit-il, j'espère que tu sais ce que tu fais », et – sautillant toujours – il alla s'asseoir en soupirant dans un fauteuil rustique qui faisait partie du mobilier.

Sortant sa blague à tabac et du papier, il se roula une cigarette et nous dit que nous pouvions fumer nous aussi si nous avions de quoi (on vendait des cigarettes de tabac ukrainien à la cantine du camp, mais il était en principe interdit de fumer pendant le travail). Schüssler était un grand fumeur, il aspirait la fumée avidement.

Certains jours son moignon le faisait souffrir, mais il se contenait toujours. Jamais je ne l'ai entendu se plaindre. Il me raconta cependant, alors qu'il était en veine de confidences, qu'entre ses multiples opérations il s'était accoutumé à l'opium et que les médecins avaient eu grand mal à l'en déshabituer. Je me suis souvent demandé s'il avait tout à fait réussi à se priver de la drogue.

A mesure que l'année tournait, les SS eux-mêmes eurent à subir des réductions de leur attribution de tabac, et Schüssler de plus en plus souvent devait fouiller en vain ses poches à la recherche de quelques brins tombés de sa blague.

Pendant ce temps, les détenus français recevaient des colis de la Croix-Rouge à un rythme de plus en plus rapide, et ces colis contenaient en abondance cigarettes et tabac. Vers le mois de février, nous étions nettement mieux pourvus que nos gardiens. Certains de mes hommes faisaient sécher leur tabac sur le poêle de la pièce où nous travaillions. Schüssler, en arrivant, vit le tabac mais ne souffla mot. Jamais il ne nous en demanda, jamais il n'en prit – et jamais nous ne lui en offrîmes. C'était un homme d'ordre qui prenait au sérieux les principes qu'on lui avait inculqués.

Quelque temps après l'arrivée d'Adam Schüssler et lors d'une fouille de routine, un des membres de notre Kommando fut pris porteur d'une feuille de papier écrite et, chose aggravante, écrite en français. C'était Tristan, un des plus jeunes de notre groupe que j'avais réussi à faire recruter comme Maschineschreiber (dactylo) bien que ses capacités dans ce domaine fussent des plus modestes.

Il s'agissait d'un délit particulièrement grave chez un Häftling travaillant à la Politische où tout était couvert par le plus rigoureux des secrets d'État. Du papier, personne n'avait le droit d'en posséder, c'était donc le produit d'un vol, et le vol en cette ultime période de guerre était assimilé au sabotage. On était pendu pour moins que cela.

Un papier écrit sorti de la Politische Abteilung, c'était un Kassiber, un message secret : au sabotage s'ajoutait l'espionnage. Tristan, avec sa figure enfantine toute ronde et qui n'entendait pas très bien l'allemand, ne se rendit sans doute pas compte de toute la gravité de son cas. Il ne comprenait sûrement pas qu'il était en train de me compromettre moi aussi, puisqu'il avait été nommé à ce kommando de confiance sur ma recommandation.

Geigenscheder était venu en renfort pour interroger le criminel. Schüssler et lui se répandaient en injures et menaces. Appelé comme interprète, je demandai à Tristan ce que contenait l'écrit qu'il avait si imprudemment gardé sur lui. En rougissant il m'apprit qu'il s'agissait d'un poème de Baudelaire qu'il était en train d'apprendre par cœur, un véritable concours de poésie s'étant à ce moment-là institué dans notre groupe, à l'instigation d'Igor qui nous éblouissait en récitant de bout en bout « la Jeune Parque » et l'« Esquisse d'un Serpent ». Il avait emporté le texte pour continuer à l'apprendre pendant les pauses du travail.

Malgré la gravité de la situation, je ne pus m'empêcher d'éclater de rire. J'expliquai à Schüssler et Geigenscheder, interloqués, qu'il s'agissait d'un poème et d'un papier que Tristan avait déjà sur lui en quittant le camp. Bien que le goût de la poésie ne fût certainement pas leur fort, les SS se calmèrent assez vite.

Geigenscheder se contenta d'assener une puissante paire de gifles au pauvre Tristan qui, en fait, pouvait se féliciter de s'en être tiré à si bon compte. Geigenscheder était un vieil homme qui détestait les histoires, et Schüssler me faisait confiance. S'ils avaient fait un rapport au commissaire de la Gestapo, chef de la Section politique, l'affaire aurait pu prendre une tournure dramatique. Pour faire comprendre aux SS l'inocuité des vers de Baudelaire, je leur avais dit qu'il s'agissait du Goethe français. Du coup nous retrouvions l'ordre rassurant des valeurs bien établies.

Une autre fois vers la fin de la guerre Schüssler me dit sur le ton de la confidence : « Toi tu es savant, mais moi aussi, dans ma partie, je sais des choses que toi, l'intellectuel, tu ignores sûrement. Ainsi par exemple, si tu dois opérer un transfert de prisonniers par chemin de fer et si tu veux être tranquille, qu'est-ce que tu fais? Tu charges tes prisonniers dans un compartiment en bourrant le plus possible. Si tu arrives à en mettre vingt là où normalement on tient à huit, au point qu'ils ne peuvent plus bouger, tu n'as qu'à te placer en travers de la porte et tu es tranquille. » Et comme nous étions déjà au mois de mars et que l'issue de la guerre ne faisait plus guère de doute, il ajouta : « Voilà une façon de faire qui pourra t'être utile, si vous gagnez la guerre et si tu dois un jour convoyer des prisonniers allemands. »

Mais au fond de lui-même il ne parvenait pas à croire réellement à la fin prochaine de tout ce qui avait donné un sens à sa vie depuis qu'il était entré dans la section HJ de la ville voisine, à l'âge de seize ans.

Quand vers la mi-avril nous reçûmes de Schüssler l'ordre d'emballer les précieux fichiers dans des caisses déjà prêtes, « fais bien attention, me dit le Hauptsturmführer, pour qu'on s'y retrouve quand on sera au Tyrol, dans le " réduit alpin " ». Il ne pouvait pas s'imaginer que tout ne continuerait pas d'une façon ou d'une autre, que son monde s'écroulerait tout entier.

J'ai souvent pensé que Schüssler avait pu faire partie des Einsatzkommandos, des terribles « unités spéciales » chargées de la liquidation massive des juifs dans les territoires occupés de Russie. On devinait chez lui des réserves d'obéissance et de férocité, mais aussi je ne sais quelle capacité de remords, une certaine gravité de l'âme qui reste capable de se souvenir du péché.

Cet homme de sang et de mort restait, comme beaucoup de ses pareils, attaché à des coutumes d'une paisible Gemütlichkeit dont je suis sûr qu'elles n'appartenaient pas qu'à des zones superficielles de l'être.

Il nous aurait sans sourciller envoyés au gibet s'il nous avait cru coupables de « sabotage », mais la veille de Noël il vint dans la salle du Fichier porteur d'un petit paquet enveloppé de papier journal. Ayant ouvert le paquet, il nous présenta un gâteau de Noël fabriqué par sa femme. « Comme ça vous aurez vous aussi un peu de pâtisserie de Noël, à l'allemande. »

## L'ANCIEN CHEF DU GÉNÉRAL DE GAULLE

Le général d'armée Delestraint n'était pas un homme très grand, mais de sa personne dynamique et dure émanait une sensation de force et de résolution. Les généraux d'armée n'avaient pas fait partie jusque-là de mes fréquentations habituelles, pas plus que les princes du sang, mais je m'entendis d'emblée avec cet homme déjà vieux dont les références, les habitudes et les expériences étaient si différentes des miennes.

C'est essentiellement, et même exclusivement, le patriotisme qui l'avait jeté dans la Résistance. Il ne partageait certainement pas les préoccupations idéologiques et politiques de la Résistance « antifasciste », mais je n'eus jamais le sentiment au cours de nos nombreuses conversations qu'il relevait de la congrégation maurassienne. Mes amis, les « intellectuels délirants », et moi étions naturellement sensibles au prestige, au pouvoir, au nom, au rang, à l'état, à tout ce qui sortait un individu de la moyenne médiocrité, nous étions joyeusement snobs (mais indifférents aussi à la nature de ce qui distinguait du commun ceux dont nous faisions nos amis). Nous cherchions à agréger à notre groupe des « hommes de distinction » dont l'influence pouvait renforcer la nôtre, et nous tenions surtout à combattre l'ennui. Passer des heures à nous faire raconter la malheureuse campagne de France, celle de mai-juin 1940, par l'homme à qui le général de Gaulle avait confié le commandement militaire de la Résistance nous paraissait une occupation digne de notre cénacle. Et l'impact conjugué de notre décuple vitalité et de notre dialectique irrespectueuse mais passionnée pouvait à son tour convenir à un officier énergique qui s'était montré capable d'imagination et de modernité.

Comme le général n'avait pas de kommando, des liens se firent plus particulièrement étroits et intimes avec ceux d'entre nous qui, comme lui, passaient leurs journées au Bloc ou au « Kommando des scribes fantômes ». Jean Sussel et François Vernet purent ainsi avancer beaucoup plus loin que moi dans l'amitié de cet homme d'action et d'honneur.

Sa présence parmi nous, en tant que simple Häftling anonyme, noyé dans la masse, ne s'expliquait que par les conditions de plus en plus désordonnées dans lesquelles s'étaient opérées les dernières déportations d'évacuation au moment même où les armées allemandes quittaient la France. Le général Delestraint était en quelque sorte à l'abri dans la masse des milliers de prisonniers français. Débordés et lointains, les SS locaux n'auraient pas eu l'idée de s'occuper de ce petit vieillard si le destin ne s'en était pas mêlé.

Un matin, avant l'appel, le général eut besoin d'une consultation médicale. Il se rendit donc au Revier, où il fut retenu plus longtemps que prévu : c'est avec un certain retard qu'il arriva sur la Place d'Appel, où le SS de service avait déjà commencé son comptage. L'arrivée du retardataire le dérangea dans ses calculs, et c'est sans aménité qu'il interpella le petit homme aux cheveux blancs, lui demandant les raisons de ce manquement à la discipline. Delestraint répondit en rectifiant la position, sur quoi le SS s'enquit de son état : ne serait-il pas par hasard militaire? En effet, soldat de métier, et « de quel grade » voulait savoir le Unterscharführer (caporal) SS qui sursauta quand il lui fut répondu « général d'armée ». Delestraint eût mieux fait de taire la vérité, mais il n'y songea point. Le SS fit rapport à ses supérieurs à qui le cas parut singulier. Le commandant fit appeler le général Delestraint à son bureau, l'interrogea sur ses antécédents, et apprit ainsi que Delestraint avait eu en 1940 sous ses ordres le général de Gaulle. Sans doute fit-il rapport à ses supérieurs, lui aussi, car quelques heures plus tard arriva de Berlin, du RSHA, l'ordre de placer le général Delestraint au « Bunker d'honneur » (Ehrenbunker). C'était en fait une baraque située en dehors de l'enceinte du camp de détention proprement dit, au voisinage de la baraque-bordel et du Kommando de la désinfection. Y séjournaient les personnalités que leur rang, leur notoriété ou la protection d'un puissant du régime plaçaient au-dessus du commun, soit qu'on voulût leur accorder un traitement de faveur, soit qu'il parût nécessaire de les isoler, et souvent pour les deux raisons à la fois. Le plus ancien et le plus illustre des occupants de l'Ehrenbunker fut longtemps le pasteur Niemöller. C'est là, également, que passèrent, quelques jours ou quelques semaines, les personnalités évacuées de l'Ehrenbunker de Buchenwald, tels l'ex-chancelier autrichien von Schuschnigg et Léon Blum, ou encore des membres des familles des « conspirateurs » du 20 juillet évacués de Ravensbrück. Avant l'arrivée des Américains tous ces « Prominente » furent d'ailleurs remises en route, pour ne retrouver la liberté, après maints émotions et incidents plus ou moins rocambolesques, que dans une haute vallée du Tyrol méridional.

« Notre » général, à partir du moment où il se vit accorder ce régime de faveur, disparut de notre vie quotidienne. Nous n'eûmes plus de ses nouvelles que par des amis médecins ou ceux de la Désinfection. Le général s'ennuyait un peu; il savait bien l'allemand mais il y avait peu de Français au Bunker d'honneur, pas de vraie confiance, pas de vraie liberté de parole. Peut-être regrettait-il un peu le délire joyeux et indiscipliné de ses jeunes amis du camp. A la baraque d'honneur il était un peu mieux nourri; comme les autres Ehrenhäftlinge il eut la permission de se laisser pousser les cheveux. A nous aussi il manquait beaucoup; nous dûmes renoncer à en apprendre plus long, et par un des grands maîtres de la pratique militaire du temps, sur cet art de la stratégie que romanciers ou linguistes, prêtres ou historiens nous avions auparavant si peu fréquenté. Il nous déplut de ne pas pouvoir continuer à lui accorder notre protection de citoyens bien au courant des arcanes de l'univers concentrationnaire, dans lesquels il se perdait, lui, sans connaître les mots de passe. Et puis nous eûmes d'autres sujets de préoccupation, puisque la fin de la guerre approchait et avec elle le moment où peut-être les SS tenteraient de faire disparaître les camps avec tous leurs prisonniers. Jusqu'à ce matin d'avril où je reçus pour classement au fichier l'avis de décès du Häftling Delestraint « pour cause de faiblesse cardiaque ». C'était là, avec « collapse circulatoire », le terme utilisé par l'Administration pour camoufler les morts violentes. Nous sûmes dès le lendemain, et les témoins l'ont confirmé après la Libération, que notre général avait été exécuté sur ordre venu de Berlin. Appelé au Jourhaus, le général Delestraint avait été conduit au lieu d'exécution habituel, une butte de sable tout près de la chambre à gaz et du crématoire, à quelques mètres seulement de l'enceinte du camp des détenus. Obligé à se mettre nu, selon les habitudes nazies, pour que les vêtements puissent resservir, le « chef du général de Gaulle » avait été abattu par un SS dont le nom m'est resté inconnu.

# PROMENADE

C'était un jour de printemps, doux et chaud, vers 1 heure de l'après-midi, le soleil faisait chanter ce que nous pouvions voir du paysage. L'Unterscharführer Beimling nous conduisit au travail. C'était un homme jeune, d'aspect simple et de comportement calme. Il avait peu de contact avec les détenus de notre Kommando et nous ne savions pas grand-chose de lui.

Sa tâche consistait surtout à venir nous prendre en charge au Jourhaus, au portail principal, et à nous conduire à la baraque du Service politique, distante de deux cents mètres à peine, puis de nous reconduire au camp, matin et soir. Il ne s'était jamais livré sur aucun de nous à des brutalités.

Il pouvait avoir dans les vingt-cinq ans. Une bienheureuse maladie attrapée en Russie le protégeait maintenant des rigueurs du front. Il était grand, blond, large et un peu gras, ses yeux protubérants d'ordinaire méfiants pouvaient prendre, sans transition, une expression de bonne cordialité. Son intelligence ne paraissait pas des plus vives.

Il était de ceux qui ressentaient très fort le malaise d'avoir sous leurs ordres, dans la subordination totale du détenu au SS, des hommes plus instruits qu'eux-mêmes. C'était cependant un petit-bourgeois incapable, à l'intérieur d'une légalité quelconque, d'enfreindre l'ordre des lois. De l'élève d'une école de cadets, la maladie avait fait un gardien de camps. Le militarisme lui allait mal, comme un uniforme trop large.

Bon époux, il aimait, comme les autres SS, les propos

orduriers, mais sans imagination. Il participait aux concours de pets, mais sans l'allégresse qu'y mêlaient les vieux militants. Une bombe avait détruit l'avant-veille la maison qu'il occupait avec sa jeune femme à Allach, entre Munich et Dachau. En tant que militaire en service au camp, il venait d'obtenir un petit logement de remplacement chez un paysan à l'ouest de Dachau. Sur une charrette à main qui attendait devant la baraque, il avait entassé quelques objets, petits meubles, malles, papiers, sauvés du désastre. De plus, au terme d'une négociation compliquée et naturellement frauduleuse il avait obtenu deux chaises et une petite table à l'usine d'ameublement, à l'intérieur de la grande enceinte, qui relevait de l'Administration centrale économique des SS, une des principales puissances économiques de l'Allemagne en guerre.

Pour son déménagement Beimling avait aussi obtenu la permission d'utiliser un prisonnier du Kommando. A 1 heure et demie, à peine le petit cortège des prisonniers revenu du déjeuner, éparpillé dans les bureaux de la baraque, il vint réclamer son esclave. Le soleil brûlait les planches nues des murs. L'odeur de résine et de fournil était suffocante. J'eus envie d'être l'esclave.

Il y eut du flottement. Le vieux Hauptscharführer Geigenscheder ne savait qui désigner. Il était opposé à l'expédition, n'admettant pas qu'un autre que lui se servît des détenus pour sa commodité personnelle. Tel Häftling était trop petit, tel autre trop faible, le troisième employé à des travaux urgents. « Je puis y aller », avais-je envie de dire. Mais il ne fallait pas s'offrir aux SS, fût-ce pour le plaisir d'unc sortie. Comme mû par les besoins du classement, je passai plusieurs fois, à pas lents, devant le groupe qui discutait du choix de l'auxiliaire. Je finis par attirer l'attention de Beimling. « Tiens, je vais prendre le Professeur, dit le SS d'une voix triomphante, n'est-ce pas Professeur, tu es bien assez fort ? me cria-t-il. Qu'est-ce que tu dois faire cet après-midi ? – J'ai des fiches à classer, répondis-je d'une voix neutre, alors que je tressaillais d'angoisse tendue. – Tu ne peux pas le prendre, celui-là, dit le vieux Geigenscheder, grognon, j'ai besoin de le faire travailler. – Mais on sera de retour dans deux heures, n'est-ce pas, Professeur », dit Beimling, précipitamment. Je n'étais jamais sorti du camp, mais je dis « certainement », d'un air peu convaincu cependant, pour ménager l'autre.

Les deux courants contraires risquaient de se réconcilier soudain, à mes dépens. Mais il faisait trop chaud. Le vieux tira son mouchoir de sa poche et essuya sa grosse figure mal rasée. « Prends-le, ton nom de Dieu de Professeur », fit-il en se laissant tomber lourdement sur un fauteuil en cuir usé. Les guêpes volaient, bourdonnantes, d'une feuille à l'autre. « *Na mach los*, Professeur », allons, dit l'Unterscharführer Beimling.

A travers mes lourds brodequins je sentais la brûlure des cailloux, cent mètres de soleil nous séparaient de l'usine d'ameublement. Nous y fûmes, moi tirant la charrette et Beimling derrière, portant son fusil en bandoulière. Les quelques meubles furent vite chargés. Un gros sous-officier SS me regarda d'un œil méfiant. « Il n'a pas l'air bien costaud, ton Häftling, dit-il à Beimling. – Laisse courir, répondit l'autre, la charrette n'est pas bien lourde non plus. Et c'est pas toi qui auras un professeur français pour transporter tes affaires. »

Et nous voici partis dans les allées du camp extérieur dont les casernes, usines, ateliers, châteaux d'eau, villas et magasins avaient été plantés sur des kilomètres et des kilomètres dans la grande forêt de Dachau. Je tirai la charrette qui n'était en effet pas bien lourde; j'avais remercié Beimling d'avoir pensé à moi pour cette mission de confiance et mon SS marchait derrière moi, à deux ou trois mètres de distance, toujours aussi embarrassé de son fusil.

Au bout d'un quart d'heure pendant lequel j'eus souvent à ôter ma casquette car la route asphaltée et bordée de trottoirs, même en pleine forêt, était fort fréquentée et le règlement imposait le salut au Häftling, chaque fois qu'il rencontrait un SS de quelque grade qu'il fût, nous franchîmes la seconde enceinte. Beimling dut montrer des papiers, sans doute l'autorisation de faire sortir un Häftling.

Dehors, c'étaient d'abord les petites villas et « maisons pour une famille » (Einfamilienhäuser) qui s'égrènent de part et d'autre de la route jusqu'aux faubourgs de la cité de Dachau. Je revoyais ainsi pour la première fois le chemin que j'avais parcouru dans une sorte d'état second, la tête brouillée d'images perçues avec confusion, le jour de notre arrivée, le 5 juillet 1944, sortant du « convoi de la mort ».

Nous étions en mars maintenant et c'était ma première sortie hors du camp, mes premières retrouvailles avec le monde extérieur, le monde « normal » dont l'existence loin de la réalité de notre société close de barbelés s'était peu à peu effacée, au point que j'eus une curieuse sensation de distance et d'irritation, en voyant les gens et les choses du monde ordinaire exister et bouger tout naturellement dans leur normalité devenue pour moi anormale. La vraie normalité était à l'intérieur, dans le camp que je laissais derrière moi.

Personne ne nous regardait, femmes, militaires, enfants et vieillards, pas d'hommes adultes en civil, chacun suivait son chemin ou vaquait à ses besognes – et un attelage comme le nôtre ne devait pas être tellement rare. Au bout de quelque temps nous quittâmes la route, juste avant d'atteindre Dachau, pour suivre un chemin de terre qui prenait à travers prés, passant au nord de la ville qu'on voyait sur notre gauche, avec son château massif, ressemblant à une forte maison paysanne plutôt qu'à une résidence princière, solidement établie sur une colline qui domine la vallée marécageuse de l'Amper, entourée de grands arbres. On devinait le charme campagnard de la vieille bourgade qui avait attiré entre 1890 et 1930 tant d'artistes, et surtout des peintres, au point de valoir à Dachau une première réputation de Barbizon bavarois, petite cité avancée dans l'immense marais de Dachauer Moos dont les bois et les grasses prairies humides, les étangs et les trous d'eau traîtres au pied humain s'étendaient à perte de vue.

Personne ne passait sur le petit chemin et Beimling, abandonnant son allure martiale, vint poser son fusil sur la charrette et se mit à pousser celle-ci pour que je puisse diminuer mon effort. « Doucement, doucement, fit-il, ne te fatigue pas. » Le soleil de printemps dur et blanc dessinait vigoureusement les traits du paysage, les lignes droites que découpait la rencontre des prairies et des bois de sapins, les grands arbres isolés au milieu des prés, hêtres pour la plupart, qui commençaient à se couvrir d'une tendre verdure. Sans cesse le chemin franchissait de petits cours d'eau, aux berges plates, qui allaient droit devant eux, à travers l'herbe haute, eaux rapides, joyeuses et pressées; à l'horizon se devinaient d'amples ondulations du terrain, des bois encore et des bosquets; de temps en temps, derrière une colline, le clocher en pointe d'une église de campagne découpait dans le ciel bleu une longue aiguille plus sombre. Tout paraissait incroyablement intact, le temps s'abolissait, nous étions à des millénaires d'avant les ruines encore toutes fraîches que j'avais aperçues écroulées, dans le camp SS, à des millénaires d'avant le camp lui-même.

Beimling, tout en poussant vigoureusement la charrette (il me dépassait d'une bonne tête et pesait sûrement deux fois mon poids de Häftling), engageait la conversation.

Il se lamentait sur son mobilier perdu, impossible à reconstituer en cette sixième année de guerre. Grâce à Dieu, sa femme travaillait à Munich; ainsi elle n'avait pu rentrer à Allach à cause de l'alerte; elle était restée toute la nuit dans un bunker solide comme il n'y en avait que dans les quartiers du centre; sinon elle eût été ensevelie sous les décombres de la maison. Pour les petites gens comme lui, il ne se faisait pas grand-chose, en dépit des proclamations du Gauleiter.

Il pouvait même se féliciter qu'on lui eût alloué si vite les deux petites chambres dans ce village lointain pratiquement à l'abri des attaques aériennes. « Les nôtres ne sortent plus, Professor, nous sommes déjà vaincus puisque nous n'avons plus la maîtrise de l'air. Ils peuvent raconter ce qu'ils veulent, l'Allemagne est fichue... »

Il poussait vigoureusement, je n'avais plus grand-chose à faire. Nous traversions une contrée marécageuse. Il y avait des oiseaux, beaucoup d'oiseaux d'espèces très diverses qui chantaient très fort et s'activaient. Un petit vent faisait trembler les roseaux. Ce monde-là n'avait jamais perdu sa paix et Beimling s'entêtait dans la guerre perdue. Il avait été en France pendant quelques semaines et j'eus droit à un couplet sur Paris qui, à force de banalité, sentait sa sincérité. Beimling, fils de petits-bourgeois d'une bourgade de Franconie, conquérant pauvre et permissionnaire discipliné, avait reçu une sorte de choc en devinant à travers l'immense ville des modes d'être si différents qu'ils dépassaient son entendement. « Vous vivez bien, disait-il sur le ton du constat, sans trace d'envie, et vous avez de la chance. Quand nous étions en Russie, nous autres, à nous geler les orteils, les vôtres se tenaient tranquilles chez eux, et au pire vous étiez prisonniers ici, bien traités et bien nourris dans les fermes. Et maintenant votre de Gaulle va même s'arranger pour que vous soyez parmi les vainqueurs.

« Remarque, Professor, qu'à moi cela est parfaitement indifférent (*mir ist's egal*); je n'ai jamais fait de politique, mon problème ça va être de trouver un métier, car je suis soldat depuis l'âge de dix-sept ans et je n'ai rien appris. Ça m'est égal, mais votre de Gaulle, c'est quelqu'un. – Vous croyez, Herr Unterscharführer? disais-je, pour éviter de tomber dans le piège si c'en était un. – Ha, ha, ha, Beimling riait bruyamment, ne fais pas l'imbécile. Si tu as fait le terroriste en France et s'ils t'ont envoyé ici, c'est bien parce que tu es pour de Gaulle. Moi, ça m'est égal. Si j'étais français je serais sûrement moi aussi pour de Gaulle. N'empêche que vous avez de la chance. »

La charrette roulait allégrement, ses roues fraîchement huilées ne grinçaient pas! L'huile militaire... car chez les civils il n'y en avait plus depuis 1939. A cette allure, et bien que le chemin s'élevât maintenant assez rapidement pour escalader la bordure du fond marécageux – sans doute une barrière morainique laissée par les glaciers des Alpes au cours de leur retraite : il y en a tant en Haute-Bavière qu'ils façonnent en quelque sorte le paysage –, nous parvînmes en moins de deux heures au village où Beimling avait trouvé son refuge provisoire.

En vue des premières maisons, mon maître avait repris son fusil et rectifié sa tenue, maintenant il marchait de nouveau à trois pas en arrière et je tirai de mon mieux. Les maisons étaient grandes et cossues, à deux ou trois étages, ornées de balcons, et de galeries en bois. Longues et profondes, elles plaçaient sous le même toit l'habitation des hommes près de la façade, l'écurie au milieu et la grange au bout.

Sur la place où se dressait l'arbre de mai aux couleurs

bavaroises, bleu et blanc, une des maisons était l'auberge, le Wirtshaus. L'enseigne annonçait que le Wirt était en même temps boucher et charcutier. Beimling me fit signe de m'arrêter. « Attends-moi », dit-il, et il prit le chemin de l'auberge. Je tirai ma charrette dans l'ombre et m'assis sur le timon, les jambes ballantes. Malgré mes lourds godillots militaires je n'avais pas mal aux pieds. Des femmes et des enfants passaient mais personne ne semblait me voir. J'entendais une poule qui annonçait orgueilleusement son devoir accompli et les grognements d'un cochon. Il n'y avait jamais eu de guerre. Soudain je vis un prisonnier français dans un vieil uniforme délabré portant dans le dos le KG (Kriegsgefangener – prisonnier de guerre) de la servitude.

« Hé, le Français, lui dis-je à voix basse, et le KG sursauta. – T'es français ? me demanda-t-il en jetant de rapides coups d'œil à gauche et à droite. Faut pas qu'on me voie te parler. C'est sévèrement interdit sous peine d'aller vous rejoindre au KZ. Tu tiens le coup ? – Oui, lui dis-je. Alors vous êtes au courant ? Tu n'aurais pas un bout de pain ? » Fouillant dans ses poches il en tira un bon morceau qu'il me passa. « Tiens, vous autres, vous en avez encore plus besoin que nous. Moi je suis bien, je travaille dans une ferme, le patron est prisonnier en Russie, alors moi, on me traite bien, à charge de revanche en quelque sorte. Salut, voilà ton SS qui rapplique. »

En effet, Beimling venait d'apparaître dans l'entrée de l'auberge. Le KG fila et Beimling me fit signe de le rejoindre. Il tenait à la main une « mesure » de bière, une grande cruche en grès, qui contenait bien deux litres. « Bois, me dit-il. Tu dois avoir soif. C'est interdit, mais du moment que je ne te fais pas entrer... La bière ne vaut pas celle d'autrefois. » Ce n'était pas mon avis. Jamais bière ne me parut plus délicieuse, plus rafraîchissante, plus enivrante. Je bus sans m'arrêter, sans souffler, avalant d'une traite une bonne moitié de la Mass, tout, y compris l'écume. Tout cela existe encore. Nous l'avons oublié. Des printemps, des chemins, de la bière fraîche. J'avalai l'autre moitié, à peine plus lentement. Cette pauvre bière de fin de guerre avait un goût de miel sauvage.

« Et voilà ta Brotzeit. » Beimling me passa un petit paquet

enveloppé de papier journal. La Brotzeit (la pause du pain) était le nom qu'on donnait au camp, et sans doute dans les usines, à l'en-cas qu'on mangeait au milieu du temps de travail de la matinée et de l'après-midi, entre les repas principaux. Faire Brotzeit, manger sa Brotzeit. Le langage avait étendu à l'objet la désignation de ce temps fort du travailleur, libre ou détenu. « Tu la mangeras plus tard, quand on sera repartis. » Il ne fallait pas qu'on pût voir le Häftling manger du pain civil obtenu probablement sans tickets.

La maison où devait loger la famille de Beimling se trouvait de l'autre côté du village. On y accédait par un grand jardin potager où commençaient à pousser les premières fleurs de printemps. Le SS et son Häftling eurent tôt fait de monter au deuxième étage les quelques meubles et les hardes, vestiges d'une existence précédente. La fermière, ses enfants et ses prisonniers devaient être aux champs. Nous ne vîmes personne sauf un vieux chien, espèce de saint-bernard un peu bâtard qui vint nous lécher les mains. Besogne faite, Beimling s'assit sur le banc qui flanquait la porte et je m'établis sur la charrette. Il alluma une mauvaise cigarette de tabac ukrainien, le même qu'on nous attribuait au camp, et il m'en passa une. Nous fumâmes en silence. « Ce ne sera pas facile pour ma femme, dit Beimling au bout d'un long moment de rêve imprécis et de bien-être animal. Pour être à son travail, à Munich, à 8 heures, il lui faudra se lever à 5 heures et faire près d'une heure en vélo, jusqu'à la gare de Dachau, mais ça vaut mieux que les bombardements. »

Nous repartîmes. La charrette bondissait, légère. Après un tournant, à l'abri des yeux du village, nous nous arrêtâmes sur un petit pont, fait de simples rondins cloués ensemble, à droite et à gauche, par une forte planche. Beimling enleva ses chaussures et ses grosses chaussettes de laine et trempa ses pieds dans l'eau rapide. J'en fis autant. L'eau était froide et libre, tout mon corps ressentit la brûlure. Agitant mes pieds, je pris le paquet que Beimling m'avait passé. Le papier journal, soigneusement plié, disparut dans ma poche. C'était peut-être une précieuse source d'informations à raconter aux copains.

Le gros pain de campagne, tout frais, odorant, mie grise et

croûte brune, me parut un régal merveilleux. Depuis cinq ans au moins je n'avais rien mangé d'aussi bon. Le pain militaire qu'on nous distribuait parcimonieusement au camp ne méritait pas de porter le même nom. Entre les deux grosses tranches, l'aubergiste avait glissé quatre rondelles de saucisson. Celui-ci sans doute devait plus au savoir-faire des chimistes de l'IG Farben qu'à la chair du cochon, mais le mélange me parut délicieux. Je mâchais mon plaisir avec application. Beimling avait épuisé ses sujets de conversation. Le retour fut rapide. L'après-midi était déjà avancé quand nous arrivâmes au Jourhaus et les kommandos rentraient au camp. Beimling donna au sous-officier de garde le laissez-passer me concernant, j'enlevai ma casquette et franchis la grille au pas cadencé, m'écriant à tue-tête : « *ein Häftling zurück* », un détenu de retour. Sur la Place d'Appel, le rassemblement commençait à s'organiser. Tout était limité, structuré, habituel. Après l'excursion dans le vaste monde troublant, j'eus l'impression de me retrouver chez moi.

## LA SURVIE DU FICHIER

Pendant les trois ou quatre semaines qui précédèrent la libération du camp, l'ordre qui fixait le déroulement de notre vie quotidienne subit des dérèglements de plus en plus apparents. Nous n'en connaissions pas les raisons, ni l'origine ni le contenu des décisions qui aboutissaient à ces changements, mais nous nous acharnions naturellement à en saisir la signification, afin de pouvoir, dans la mesure du possible, élaborer les réponses correctes. Les gens d'expérience et ceux qui vivaient au contact des autorités internes et externes, cadres détenus et cadres SS, savaient qu'au camp l'imprévu était toujours gros de périls redoutables. Pendant des années, les contraintes de la guerre et les tenaces efforts des « élites » détenues avaient fini par imposer aux structures SS locales et nationales l'établissement de règles officielles ou officieuses, explicites ou implicites, qui réduisaient dans un camp comme Dachau la part de l'arbitraire et du hasard, sans bien entendu l'éliminer tout à fait. Ce dispositif complexe, tissé de silences et de sous-entendus, n'était évidemment compris et maîtrisé que par les minorités « dirigeantes », « possédantes », c'est-à-dire qui possédaient du pouvoir et du savoir. Entre la capacité de comprendre et de maîtriser le mode d'emploi d'une société où la moindre erreur d'appréciation pouvait être mortelle pour celui qui la commettait, pour ceux dont le sort était associé au sien, et même pour des détenus nombreux dont l'auteur de l'erreur ignorait les noms et l'existence, entre cette capacité et la possession d'un pouvoir il y avait forcément interaction. La connaissance et la compréhension des règles constituaient un préalable à l'acquisition d'un pouvoir, mais seule la possession d'un pouvoir, ou des liens avec un possesseur de pouvoir permettaient l'acquisition de ces connaissances.

A présent la proximité toujours plus manifeste des opérations militaires et l'approche de la fin de la guerre faisaient entrer les camps dans une nouvelle zone de haute imprévisibilité.

L'angoisse montait chez les minoritaires avertis et se répandait à partir de cette sphère centrale dans toute la société concentrationnaire.

A la fin mars, l'arrêt des sorties de kommandos fut considéré comme un signe particulièrement inquiétant. La force de travail des détenus, indispensable à l'économie de guerre nazie, avait été à l'origine des réformes qui, au cours des deux ou trois dernières années, étaient venues, dans beaucoup de camps, améliorer les conditions d'existence d'une partie au moins des détenus. A Dachau toute la population, travailleurs et non-travailleurs, avait bénéficié de ces améliorations et jouissait d'une sécurité relative. Tant que l'État SS avait besoin de notre force de travail, l'objectif d'exploitation de la main-d'œuvre détenue mettait en balance, dans une certaine mesure, l'objectif d'extermination des adversaires et des « sous-hommes ». Puisqu'on renonçait à présent à nous faire travailler, on nous donnait la preuve qu'on n'avait plus besoin de nous, parce que l'effort de guerre ne pouvait plus être poursuivi, et qu'on renonçait même à déblayer les décombres des lendemains de bombardement. Peut-être, au contraire, redoutait-on maintenant que des détenus ne se révoltassent au cours de ces missions dangereuses et difficiles à surveiller et que des hordes d'étrangers échappés des camps ne vinssent ajouter au chaos leurs rapines et leurs vengeances. L'interdiction de sortie s'appliqua aussi aux travailleurs employés dans les usines, et même aux membres des kommandos administratifs directement employés par les SS. Je me trouvai donc au chômage, moi aussi, avec mes camarades du Kommando du fichier central de la « Section politique ».

Ces « vacances » forcées durèrent plusieurs semaines, remplies de conversations et de débats, de promenades et de lectures. Elles me permirent de participer plus directement à la mise sur pied du Comité patriotique français et d'approfondir mon entente et mon amitié avec Edmond Michelet. Auparavant, pendant la plus grande partie de la journée, le Kommando du Fichier m'avait tenu éloigné du camp; je ne pouvais essayer d'agir sur les préparatifs et les événements que pendant les soirées et le dimanche, et bien entendu aussi par l'intermédiaire des amis « sans kommando », de Jean Sussel et de Gaston Gosselin notamment. Ce furent des journées passionnantes mais énervantes pendant lesquelles on oscillait entre les espérances les plus rassurantes et les appréhensions les plus justifiées. Après avoir rêvé à l'accueil que nous réserverait Paris, nous étions soudain pris d'angoisse à l'idée que tout pourrait être anéanti par les lance-flammes au moment même où la liberté nous tendrait ses bras impuissants.

Un matin cependant, alors que j'étais tranquillement assis au soleil en train de lire, le secrétaire du bloc (Blockschreiber) accourut en me criant : « Citron, Citron, tu dois aller tout de suite au Jourhaus, on te demande au kommando. » Il ajoutait que le même ordre concernait les autres garçons qui travaillaient avec moi au Fichier, le petit B. « Tristan », le plus jeune des « intellectuels délirants », le Slovène Peric et l'Allemand Hoffman, le vieux militant social-démocrate de Karlsbad, l'ami de tous les animaux, qui refusait même de tuer ses poux et passait, non sans raison, pour un lunaire inoffensif.

L'ordre inopiné ne présageait rien de bon. On ne pouvait imaginer qu'à la veille d'un écroulement général et définitif un responsable SS voulût achever la grande œuvre de transcription phonétique du Fichier central qui était arrêtée à la lettre « K ». Si l'on nous rappelait au service après plusieurs semaines d'interruption, ce n'était certainement pas pour reprendre nos occupations habituelles. Comme « scribes » de la Section politique, en dépit de la modestie de nos fonctions et de l'absence de curiosité que nous affichions avec ostentation, nous étions volontairement ou non au courant de beaucoup de choses, de beaucoup trop de choses, « porteurs de secrets », et témoins susceptibles de devenir gênants. La prudence ne commandaitelle pas de nous supprimer ? Nos maîtres n'étaient pas dupes de nos airs innocents, ils nous soupçonnaient toujours d'en savoir plus long et d'écouter aux portes, en quoi ils n'avaient évidemment pas tort; en fait nous connaissions les secrets de l'univers SS beaucoup mieux que la plupart d'entre eux qui n'étaient que des soudards sans instruction. S'ils craignaient le procès des vainqueurs, ils avaient tout intérêt à supprimer les témoins accusateurs que nous allions peut-être devenir. Ce Fichier, notre œuvre, qui contenait tant de secrets mortels, accessible aux regards de ceux qui savaient lire son langage (et qui le lisait mieux que nous, dont les SS eux-mêmes avaient besoin pour interroger le grand sphinx de carton ?), m'apparaissait soudain pareil aux tombeaux des rois germaniques dans lesquels à côté des corps des princes on retrouvait les restes sacrifiés de leurs femmes, de leurs chevaux et des esclaves qui avaient construit l'hypogée. Dans l'embrasement de l'univers allemand qu'ils laissaient derrière eux, les chefs nazis, sans croire à un au-delà, voudraient quand même entraîner dans le néant qui les attendait un nombre immense d'adversaires et de serviteurs; ceux-là au moins n'auraient pas le plaisir de leur survivre.

Tout en remuant dans ma tête ces pensées, je me mis à la recherche du Père Sommet, un jésuite de nos amis qui partageait souvent les repas communautaires des « intellectuels délirants ». Je le trouvai dans une des Stube (chambrée) du Bloc des prêtres, en train de lire son bréviaire. Je le mis rapidement au courant; comme moi il pensait qu'il fallait se préparer au pire. Je lui fis à voix basse une confession générale plutôt sommaire, il me donna l'absolution et m'embrassa.

A vrai dire il n'avait pas encore été ordonné prêtre, mais dans les circonstances que nous vivions, nous pensions, lui et moi, que le rite que nous accomplissions avait une valeur signifiante.

Dans la chambrée pleine de gens où chacun vaquait à sa besogne, habitué à ne disposer que de l'espace le plus restreint, personne n'avait remarqué notre manège. Le temps pressait. Je sortis du Bloc 26 pour rejoindre le 8, le nôtre où les amis, en mon absence, avaient vainement cherché à imaginer une échappatoire. Dans l'univers limité du camp d'habitation, quinze blocs qui s'étalaient sur quelque deux cents mètres en profondeur et une quarantaine en largeur, aucune cachette n'offrait un abri possible. A la rigueur on aurait pu me faire disparaître dans un bloc d'infirmerie, comme grand typhique, mais un tel projet demandait une longue préparation, et la complicité de tout un groupe de médecins et d'infirmiers qui exigeait des négociations complexes. Rien ne pouvait être tenté dans l'espace des quelques minutes qui nous restaient. Je pris donc congé de mes camarades; leurs encouragements du genre « ils ont besoin de vous pour retrouver des fiches qu'ils sont incapables de découvrir tout seuls » ne sonnaient pas d'une façon très convaincante. Quelques tapes dans le dos, et me voilà parti pour le Jourhaus, remontant la « Rue du Camp », la rue centrale avec ses peupliers qu'encadraient des deux côtés les deux fois quinze blocs dont se composait notre univers. Arrivé à la hauteur de la baraque du Secrétariat général et de l'Office du travail (l'Arbeitseinsatz qui dressait la liste des Kommandos et des Transports), je traversai en diagonale la vaste étendue de l'Appellplatz, m'engageai sous la voûte du Jourhaus et me présentai au guichet. B., Peric, Hoffman et les autres arrivèrent presque en même temps. Le Hauptscharführer Schüssler nous attendait déjà. Nous ne l'avions pas vu depuis près de quatre semaines; bien qu'il répondît à notre salut comme si notre dernière rencontre remontait à la veille, il me parut amaigri et nerveux. Frappant lourdement le sol du bout de sa béquille il nous conduisit à la baraque en bois de la Section politique qui avait été notre lieu de travail pendant de si longs mois. A l'intérieur, un spectacle imprévu s'offrait à nos yeux : dans la grande salle du fichier s'accumulaient des dizaines de caisses en bois blanc. « Voilà, dit alors Schüssler, qui durant le trajet n'était pas sorti de son mutisme, vous savez que la guerre doit se poursuivre dans le vaste réduit alpin qui a été aménagé à l'avance. Le camp entier va y être transféré. Une fois arrivés là-bas nous aurons naturellement besoin de nos fichiers et, de toute façon, comme le nouveau n'est pas terminé, vous devrez y achever votre travail. Pour le moment il nous faut donc les emballer dans ces caisses, en évitant tout désordre et toute confusion. Les fiches devront être déposées dans les caisses dans l'ordre phonétique strict, comme elles figurent dans les casiers. Les meubles seront expédiés à part; et tout devra être remis en état dans le plus bref délai. Vous serez naturellement tenus pour responsables de toutes les erreurs ou confusions qui pourraient se produire et qui seraient considérées comme sabotage volontaire. Et maintenant, au travail. »

Les « scribes » du Kommando se regardèrent effarés. Après la tension qui nous avait habités sans relâche depuis que l'appel du Jourhaus nous était parvenu, le brusque soulagement ne nous permit qu'à grand-peine de comprimer une énorme envie de rire. Que nos maîtres s'imaginassent qu'ils allaient au fond d'une lointaine vallée alpine reconstruire leur univers concentrationnaire, cette idée grotesque montrait à quel point ils étaient incapables de concevoir leur défaite. Et leur enfer transportable devait continuer à être un enfer organisé : un camp de concentration n'était pas concevable sans fichiers.

Nous nous mîmes donc, conformément aux ordres reçus, à entasser les fiches dans les caisses en bois, avec soin et méthode. Schüssler était allé chercher des clous et deux gros marteaux. Aussitôt qu'une caisse était pleine, il la clouait en veillant à ce que les clous pénètrent bien droit dans l'épaisseur du bois. On sentait que le travail manuel le calmait et lui procurait une sorte de satisfaction. Pendant ses absences, car il dut à plusieurs reprises renouveler sa provision de clous, et il avait certainement besoin d'échanger des informations et des opinions avec ses collègues, Peric et B. s'amusèrent à glisser parmi les fiches quelques vieilles lames de rasoir qui traînaient par là. Geste étrange, qui montre que nous avions du mal, nous aussi, à échapper à l'emprise du monde clos qui nous tenait enfermés. Nous savions pourtant que ces caisses n'avaient aucune chance de jamais parvenir dans le réduit alpin et que ce ne seraient sûrement pas « nos » SS qui les rouvriraient. Si quelqu'un s'est coupé les doigts à nos vieilles lames de rasoir, ce fut probablement un soldat américain ou un auxiliaire allemand utilisé par les Américains.

La dernière caisse fut clouée bien avant 11 heures et demie, l'heure fixée pour le retour des kommandos qui rentraient au Häftlingslager (camp des détenus). Assis sur notre fichier bien emballé, nous fumâmes tranquillement en bavardant avec notre chef. Schüssler lui-même n'avait plus l'air, à présent, de croire vraiment à l'histoire du « réduit alpin ». Il se demandait ce qu'il allait devenir, avec sa femme et ses enfants. Les Américains les laisseraient-ils tranquilles dans leur petite maison ? Il nous demandait conseil : ne vaudrait-il pas mieux mettre sa femme et ses enfants à l'abri, loin de Dachau, chez ses beaux-parents ? Nous le lui conseillâmes vivement. « Maintenant vous allez être bientôt libres, nous dit-il, avec une sorte de résignation, et ce sera notre tour d'être prisonniers. » « Avouez-le, disait-il encore, vous n'avez pas été trop malheureux, ici, avec moi, vous avez été traités avec justice. J'espère qu'on me fera de même. » Là-dessus, nous ne pouvions le contredire : il avait été un chef de kommando des plus convenables, poussant parfois une gueulante, mais calme et presque poli. Jamais il n'avait levé la main sur l'un de nous. Nous savions aussi, bien entendu, que s'il en avait reçu l'ordre il nous aurait tous pendus sans remords.

L'heure de rentrer au camp vint enfin et Schüssler, frappant le sol de sa béquille, nous ramena au Jourhaus. Nous ne devions plus le revoir. Au « bloc » les camarades nous attendaient avec impatience et nous virent apparaître avec soulagement. Déjà j'avais du mal à imaginer cet automatisme somnambule avec lequel je m'étais dirigé quelques heures auparavant vers l'endroit où, croyais-je alors, la mort me préparait sa corde. Tenter désespérément de m'échapper, de me révolter, essayer d'entraîner dans la mort un des bourreaux, je ne pense pas y avoir songé.

Maintenant, avec notre récit, avec nos caisses, notre réduit alpin et nos lames de rasoir, nous faisions rire les amis dont le cœur avait déjà porté notre deuil. Il me reste le souvenir d'un moment où j'avais, dans le calme d'une sorte de glaciation intérieure, accepté la mort comme inévitable. Tout occupé à poser un pied devant l'autre je ne me souviens pas d'avoir eu un mouvement de protestation intérieure, de révolte.

## POLITIQUE D'ABORD

La fin de la guerre approchait. Chaque jour nous en apportait la preuve. L'aviation alliée dominait le ciel, mais on voyait moins de gros bombardiers et davantage d'avions de combat. Aux grosses attaques contre Munich et Augsbourg, contre les usines d'Allach s'ajoutaient les mitraillages plus « individuels » visant les trains, les camions, voire des piétons. Les « kommandos extérieurs » ne sortaient plus, à l'exception des « déblayeurs » qui partaient presque chaque matin déterrer blessés ou morts, rouvrir des passages à travers les décombres; éteindre les incendies, désamorcer bombes et obus qui n'avaient pas éclaté. Le monde SS, réduit à l'extrême, tous les hommes jeunes ayant été envoyés au front, donnait des signes d'inquiétude et paraissait atteint d'une sorte de passivité. Chez les détenus, chacun se préparait à la libération, dans chacune des collectivités nationales se mettaient en place des structures plus ou moins représentatives destinées à s'offrir comme interlocutrices aux libérateurs qui, selon toute probabilité, ne pouvaient être qu'américains. Mais nous ne savions rien de ces Américains, puisque depuis le Débarquement nous avions été réduits aux informations allemandes, glanées à droite et à gauche, et qui ne nous parvenaient le plus souvent qu'à travers une suite d'intermédiaires. Que savaient-ils eux-mêmes des camps, que savaient-ils de nous, les Häftlinge, ces garçons du Texas et de Harlem qui allaient être nos libérateurs? Le camp de concentration est à la fois le monde le plus minutieusement réglé qui puisse s'imaginer – avec ses lois écrites et non écrites, ses pouvoirs, ses hiérarchies, ses règles de bienséance et ses langages codés –, et le monde de l'inquiétude perpétuelle où rien n'est jamais donné à jamais, où les positions les plus solides peuvent s'écrouler du jour au lendemain, où la chute dans l'impuissance et la dérision la plus ignomineuse peut succéder dans l'espace d'un moment, d'une décision d'officier SS, à la puissance la plus insolente. L'univers du camp est le prototype de la société de dictature, ou plutôt sa forme la plus parfaite, la plus avancée : c'est l'insécurité absolue qui fait qu'au sommet d'une hiérarchie d'esclaves l'esclave le plus puissant est toujours promis à une chute totale. C'est même pour les Maîtres une règle de prudence essentielle : ne jamais laisser un pouvoir d'esclave acquérir de la durée. Or maintenant nous allions changer de maîtres : même si les Américains avaient en principe pour but de nous libérer de l'esclavage, nous ne pouvions imaginer la libération que comme passage d'un pouvoir à l'autre, et un proche avenir devait nous montrer que notre imagination était loin de nous tromper tout à fait : se substituant à des maîtres absolus dans une situation à leurs yeux à la fois tragique, imprévue et incompréhensible, débouchant sur une pagaille que leur arrivée et leur impréparation devaient démultiplier, les Américains, pour saisir l'insaisissable, n'eurent d'autres ressources, tout au moins en un premier temps, que de remplacer par le leur le pouvoir SS, et de reconstituer une administration déléguée basée sur l'autonomie interne des détenus, surveillée de près par l'Autorité extérieure, source de tout pouvoir et susceptible, à tout moment, de mettre fin à toute délégation.

Dans la perspective de nos rapports avec les libérateurs futurs, les différenciations nationales, dont le poids avait toujours été décisif dans la société concentrationnaire depuis que les étrangers non allemands y étaient entrés en nombre, prenaient une signification accrue. Bien avant le jour fatidique on assista à une véritable redistribution des forces et des préséances. Dans l'ancienne société les détenus allemands et autrichiens avaient occupé la première place : même dévoyée c'était une part du Herrenvolk, et les SS ne pouvaient pas ne pas les considérer, en fonction de leurs propres principes, comme une sorte d'aristocratie de la pègre, politique ou criminelle. Cependant à la fin de l'année 1944 l'engagement forcé dans la Division Dirlewanger avait fait disparaître la plupart des Allemands et des Autrichiens valides. Des Polonais, des Tchèques, des Luxembourgeois avaient pris leurs places, mais peu de Français ne purent émerger de la masse. Contrairement aux Polonais, aux Tchèques, aux Slovènes qui ont fait leur histoire avec l'Allemagne, les Français ne savaient à peu près rien des Allemands, ni du nazisme. Les résistants mêmes étaient le plus souvent d'une ignorance et d'une naïveté surprenantes. Les Polonais et les Tchèques savaient tout sur les KZ avant d'y parvenir, les Français n'en savaient rien. De plus l'ignorance de la langue allemande, que les Polonais et les Tchèques baragouinaient tous peu ou prou, constituait une faiblesse énorme : elle empêchait la communication avec les autres détenus et isolait les Français dans leur incompréhension du monde environnant. Par ailleurs, Polonais et Tchèques ne pardonnaient aux Français ni la trahison de Munich ni la défaite de 1940. Un mépris profond avait pris la place de l'immense prestige dont la France avait joui parmi ces peuples. Jetés dans un univers incompréhensible, en proie à une hostilité dont ils ignoraient les raisons, les Français, résistants ou otages, avaient bien besoin d'un protecteur et Michelet, « vieux » détenu, adopté par l'oligarchie, se dévouait à jouer ce rôle en dépit du handicap que ne cessa de constituer son inguérissable ignorance de la langue allemande. Dès l'arrivée du premier convoi de masse venu de France, Michelet courut les blocs de quarantaine pour apporter à ses compatriotes le réconfort d'une parole fraternelle, ses conseils, ses explications. Il fut pour des milliers d'hommes désorientés un véritable Samaritain. Notre groupe d'amis solidaires, qu'il baptisa les « intellectuels délirants » (mais c'était un nom d'amitié, mérité par une sorte de refus instinctif de nous laisser réduire à la seule fonction de Häftling, d'accepter pour les respecter, et non pas les tourner, les règles de l'univers concentrationnaire), lui apporta des interlocuteurs et une sorte d'état-major disponible, alerte et remuant. Nous lui apportions aussi (avec d'autres amis, et notamment certains ecclésiastiques) des informations sur ce qui s'était passé en France depuis son arrestation, et sur l'évolution interne de la Résistance. En politique-né, Michelet ne se livrait jamais à discrétion entre les mains d'un seul groupe, d'un seul « parti ». A côté de nous, à côté de ses amis prêtres, il conservait une solide base d'appui régionale, limousine et auvergnate, et cette solidarité d'origine s'étendait aux militants communistes, de sorte qu'avec des hommes qui furent admirables de courage et d'humanité, mais qui appartenaient à une autre foi, Michelet partageait une amitié profonde. Ce fut le cas notamment d'Auboiroux, de Brives, et de Marchadier, de Clermont. Chef incontestable des « gaullistes », Michelet était ainsi en mesure d'établir et de maintenir des liens de respect mutuel avec des responsables communistes. Ces relations devaient jouer un rôle considérable dans sa « carrière » politique comme on le verra plus tard...

Edmond Michelet avait été sinon *le* premier, du moins *un* des premiers détenus politiques français. Je ne connais en tout cas personne susceptible de lui contester cette antériorité. Avant lui, les Français du camp étaient pour la plupart d'anciens prisonniers de guerre à qui un vol ou des amours allemandes avaient valu le passage du statut relativement privilégié de Kriegsgefangener à celui méprisé et mortellement périlleux de KZ-Häftling [1], ou encore des travailleurs, soit du

1. « *Gefangener* » signifie « prisonnier », « *Häftling* » se traduit par « détenu ». Le premier de ces termes s'appliquait aux situations traditionnelles, le « *Strafgefangene* » étant le condamné à une peine privative de liberté, le « *Kriegsgefangene* » le prisonnier de guerre. Le terme de « *Häftling* », s'appliquant à quelqu'un qui se trouve en état de « *Haft* », de détention, a été en quelque sorte détourné par les nazis pour désigner les personnes internées dans un camp de concentration. La « *Schutzhaft* », détention protectrice, est la situation des personnes internées par décision administrative sans jugement, la protection étant primitivement celle que l'État leur accordait pour les mettre soi-disant à l'abri de la colère du peuple, mais avec le temps le terme était davantage compris comme la protection de l'État et du peuple contre les activités ou les menaces d'activité de gens à l'encontre desquels la justice risquait de manquer de preuves, ou qu'on ne voulait pas pour diverses raisons présenter aux juges, ou qui n'avaient pas encore mis à exécution leur intention de nuire à la sécurité publique. Le « *Schutzhäftling* », détenu de protection, était le prisonnier ordinaire, c'était en outre la qualification qu'en 1944-1945 on attribuait à tous ceux dont l'absence de dossier ne permettait pas un classement documenté. Les « *Schutzhäftlinge* » se subdivisaient en politiques, homosexuels, scrutateurs de la Bible (Témoins de Jéhovah), « rouges », « roses », « violets ». Les « noirs » (« *Berufsverbrecher* », criminels professionnels) et les « verts » (asociaux) figuraient dans la catégorie des « *Verwahrungshäftlinge* » (détenus en état de préservation ou de sauvegarde) ; ils étaient eux aussi mis à l'abri de la société, pour les empêcher de donner libre cours à leurs penchants criminels ou menaçants pour l'ordre social.

STO (Service du Travail obligatoire), soit volontaires qui avaient attiré l'attention des autorités allemandes pour des raisons similaires ou pour des actes qualifiés de « sabotage » (malfaçons, retards, tentatives de retour non autorisé en France, etc.). C'était dans l'ensemble une petite foule de quelque trois cents hommes, au niveau éducatif et culturel le plus souvent médiocre, sans conscience politique, sans beaucoup de discipline, ne possédant que des rudiments d'allemand pratique. Un tel groupe de fait se rangeait forcément au plus bas de l'échelle du prestige social, dans un univers qui appréciait par-dessus tout les valeurs de discipline et de solidarité, meilleures sinon uniques garanties de survie et fondement premier de toute résistance aux volontés et objectifs des maîtres SS. De plus, une masse d'indisciplinés menaçait par ses foucades et ses incohérences la sécurité des autres détenus, la stabilité de l'emploi de ceux qui partageaient avec ces Français les mêmes kommandos de travail. En cas de désordre, de travail mal fait, bref de « sabotage », les punitions étaient en effet presque toujours collectives.

L'arrivée d'Edmond Michelet, notable catholique et bourgeois, militant de la Résistance, homme de culture et d'expérience, ne resta pas longtemps ignorée de la hiérarchie des Häftlinge.

A Dachau, vers l'été 1943, après une massive épuration anticommuniste, il existait une sorte de condominium, de « direction collective informelle » composée de socialistes et de monarchistes autrichiens, de nationalistes tchèques de la tradition de Masaryk et de Beneš, de notables polonais prêtres et laïcs, et de quelques Allemands, catholiques et communistes. Le nom de Michelet et son action en faveur des réfugiés allemands, juifs et catholiques, étaient connus des quelques anciens dirigeants du Zentrum catholique (le parti populaire catholique qui avait été au cœur de toutes les coalitions gouvernementales de la République de Weimar). Ils procurèrent à Michelet un emploi où il ne risquait pas d'attirer l'attention des SS et qui lui permettait en même temps de se déplacer librement à tout moment dans toutes les parties du camp, y compris l'infirmerie (interdite à ceux qui n'y étaient pas admis officiellement en tant que malades ou infirmiers), et les « blocs de quarantaine » où les nouveaux arrivants devaient être parqués pendant trois semaines, sous prétexte d'hygiène mais surtout pour décider de leur destination, les arrivées de plus en plus massives rendant longues et difficiles les opérations de répartition des « nouveaux » sur les divers kommandos ou leur envoi en transport vers d'autres camps.

Affecté au Kommando de la désinfection, Michelet, armé d'un pinceau et d'un seau de créosine (ou de liquides nauséabonds similaires), apparaissait où il voulait sous prétexte de désinfecter les poignées de portes ou les lieux d'aisance. Sa bonté, sa force morale, son humour, l'amour qu'il accordait à toute créature humaine, sans condescendance et sans démagogie, lui assurèrent rapidement une emprise incomparable sur toute la « colonie » française, agitée, indisciplinée et bariolée. Il devint leur « patron », une sorte de juge de paix qui tranchait les conflits et apaisait les querelles; un « parrain », pour utiliser le langage de la mafia, porte-parole du groupe vers l'extérieur et garantissant de la part du groupe un comportement moins menaçant pour la sécurité des autres.

Sans gagner vraiment l'estime des communautés nationales plus anciennes, plus nombreuses et comprenant davantage de représentants des couches ou classes dirigeantes, les Français, grâce à Michelet, étaient désormais un peu moins méprisés. Quelques rares politiques, gaullistes ou communistes, firent bloc avec lui. Le malheur voulait cependant que Michelet ignorât tout de la langue allemande et que ses compagnons ne la parlassent guère mieux. Ils ne pouvaient ainsi accéder à des postes de responsabilité vraiment importants. Ce fut là une des raisons majeures qui amenèrent Michelet à chercher parmi les milliers de Français débarquant des arrivages des mois de juin et juillet 1944 des hommes sachant l'allemand, résistants dignes de confiance et d'un niveau culturel suffisant pour remplir des fonctions de premier rang. S'étant assuré de l'authenticité de mon passé de résistant, il avait fait présenter ma canditature au poste de Schreiber de la Politische Abteilung, la Section politique, le « saint des saints » de l'administration du camp. En même temps il fit entrer un jeune Alsacien, Georges Bloch, au service de l'Arbeitseinsatz (l'Office de la mise au travail, qui était chargé de répondre aux demandes des kommandos et des entreprises en leur fournissant la main-d'œuvre détenue). Le même service établissait les listes des envois en transport, qu'il s'agît de malades, d'invalides ou de vieillards, « bouches inutiles » dont le camp se débarrassait vers des destinations inconnues. G. Bloch nous communiquait les listes en préparation et attirait notre attention sur les noms de camarades dont le maintien au camp était nécessaire ou qui nous tenaient à cœur.

Quant à la Politische Abteilung, y aboutissaient toutes les listes d'arrivages, de départs ou de décès dont il me fut possible de conserver des copies, entreprise qui impliquait des complicités importantes et des risques considérables, la possession du moindre document étant passible de la peine de mort [1].

Pour nous mettre au courant des règles écrites et surtout non écrites qu'il fallait observer en accédant à des postes où l'on se trouvait quotidiennement au contact avec des responsables SS particulièrement avertis et méfiants, l'expérience de Michelet, que son ignorance de la langue tenait éloigné de la vie « politique » du camp, du monde des grands « dignitaires », des grands « ministériaux » détenus, comme de celui des SS, n'était pas suffisante. G. Bloch et moi, nouveaux arrivants, avions besoin des conseils de camarades anciens et avertis. Dans mon cas, ce fut le jeune prêtre luxembourgeois Jules Jost qui me servit de guide et d'introducteur, en même temps qu'on me faisait suivre une sorte de stage d'observation dans les bureaux du Lagerschreiber (premier scribe du camp), qui était en fait le secrétaire général de l'administration.

Il nous enseigna le mode d'emploi, les règles de bienséance et les lois de prudence. Il connaissait le caractère, les manies, les phobies et les faiblesses de tous les responsables SS, leurs origines et leurs carrières.

Sans l'aide de l'abbé Jost, je me serais sûrement jeté dans les

1. Les listes furent remises après la Libération au ministère des Prisonniers, qui, promptement, confondit les morts avec les survivants...

pièges et les chausse-trapes dont la voie de mon Kommando était parsemé.

Jules Jost, par surcroît, était relativement ancien, et sa qualité de prêtre en faisait le détenteur d'une histoire que les prêtres allemands enregistraient depuis des temps presque immémoriaux, c'est-à-dire au moins depuis 1941. La rotation rapide des détenus, le grand nombre des disparitions au cours des premières années, le changement incessant des conditions d'existence conféraient à une mémoire de quatre ans un caractère presque fabuleux.

G. Bloch, nos camarades placés dans divers sous-kommandos et moi-même pouvions à présent servir d'informateurs à Michelet qui, de son côté, fort de l'appui de ses « anciens » et de plusieurs « nouveaux », ecclésiastiques, laïcs, militants de « Combat » ou des « Équipes sociales », put entreprendre d'asseoir son autorité sur l'ensemble d'une « colonie » française qui de quelques centaines d'hommes était brusquement passée à plus de 10 000, dont la moitié au moins au camp central, alors que l'autre moitié, dispersée dans les kommandos extérieurs, fournissait plus ou moins régulièrement de ses nouvelles et réclamait souvent aide et assistance.

Dans un corps si vaste, naturellement, des clivages traditionnels devaient se faire jour. Pour simplifier les choses sans trahir la vérité globale, il est possible de répartir la plupart des Français de Dachau en quatre groupes majeurs : d'abord la grande masse des otages, des arrêtés par hasard ou au hasard, des suspects n'ayant pas vraiment fait œuvre de résistance, des réfractaires au Service du Travail qui n'avaient pas rejoint les maquis : des gens souvent âgés ou très jeunes, sans culture politique, ahuris et déprimés, dont beaucoup par-dessus le marché sympathisaient encore avec Vichy ou nourrissaient l'illusion que Pétain et de Gaulle étaient plus ou moins complices. Ils formaient une masse fluctuante, indisciplinée, incapable de comprendre l'univers concentrationnaire avec ses règles de vie et de mort.

Les « gaullistes » ensuite. On désignait par là l'ensemble des résistants non communistes, sans distinction de mouvement ou de réseau. Comme les staliniens, ils « savaient pourquoi ils étaient là », ils avaient combattu dans les maquis ou dans la lutte urbaine, avec les armes ou par l'action politique. Ils se considéraient comme les véritables et légitimes représentants de la France : alors que les otages et les « je ne sais pourquoi ils m'ont amené là » formaient une sorte de Marais, les gaullistes étaient la Montagne, pure et dure, les vrais « politiques » qui voulaient à tout prix survivre (non, point à *tout* prix, mais de tout leur cœur et de toute leur volonté) pour bâtir cette nouvelle République qu'ils avaient rêvée et dessinée pendant leur combat et ici même, à Dachau, en montant et descendant sans fin cette « Grande Rue » du camp, cette Lagerstrasse à laquelle Michelet devait plus tard donner son vrai nom, « Rue de la Liberté ».

En troisième lieu venaient les militaires professionnels dont la résistance avait été la poursuite de la guerre par d'autres moyens, sans objectif politique précis mais avec une mentalité plus proche, souvent, des gens de Vichy que de la résistance politique des « gaullistes ».

C'étaient parfois des anciens de l'armée de l'Armistice qui avaient fait un bout de chemin avec le Maréchal, c'étaient aussi quelquefois des « parachutés » du BCRA et même des gens appartenant à des réseaux travaillant directement pour les Anglais, et notamment pour l'Intelligence Service. Ils n'étaient pas très nombreux mais jouissaient d'un certain prestige. Ils avaient tendance à regarder de haut les résistants comme des amateurs ne connaissant rien à la guerre, en quoi ils n'avaient pas tout à fait tort; de plus, ils suspectaient tous les « politiques » d'être plus ou moins communistes, et là ils avaient bien tort, comme allait le démontrer la suite des événements.

Les communistes eux-mêmes enfin. Ils se signalaient à Dachau par les vertus et les défauts qui les caractérisent toujours et partout, mais les vertus dans les circonstances extrêmes du camp prenaient un relief particulier.

Courageux, disciplinés et solidaires, discrets, respectant leur hiérarchie clandestine, ils pouvaient faire honte à certains chrétiens par la pratique d'une fraternité et d'une charité, d'un amour du prochain auxquels beaucoup d'entre eux étaient naturellement prédisposés.

Edmond Michelet a raconté le geste de son vieux compatriote Germain Auboiroux, cheminot briviste (en fait, lui qui nous paraissait si vieux devait être à cette époque bien plus jeune que je ne le suis maintenant, à soixante-huit ans passés). Pendant que Michelet gisait au Revier, atteint par le typhus et inconscient, Auboiroux, qui s'était depuis longtemps « libéré » de la foi de son enfance, se rendit tous les matins à la messe pour y prendre la place de son ami.

Mais les communistes pratiquaient aussi tout ce qui constitue aux yeux des autres leurs défauts et leurs erreurs. Ils avaient maintenu ou reconstitué les structures du Parti, dont la nature correspondait parfaitement aux exigences de l'action clandestine. Ils pratiquaient consciemment ou sans s'en rendre compte, suivant leur rang et leur intelligence, la double morale de ceux qui subordonnent toujours les valeurs privées aux valeurs politiques. Leurs objectifs pouvaient se déduire facilement de leurs comportements : s'assurer au camp les moyens nécessaires à la survie du Parti, accroître son influence, recruter de nouveaux sympathisants et adhérents, occuper des places qui facilitaient cette action et, en vue de ce qui se passerait après la libération, constituer autour du noyau fort et dur du Parti proprement dit des zones d'influence où les esprits, pour des raisons diverses – dépendance intellectuelle, admiration et peur, ambition politique –, subissaient son attraction et se soumettaient peu à peu à son autorité.

Les communistes étaient à la fois, ici et ailleurs, des prisonniers comme les autres et les ressortissants d'une puissance différente, présente parmi nous d'une manière indirecte et néanmoins redoutable, des voisins semblables à tout le monde mais en même temps liés par une loyauté et une fidélité étrangères, mystérieuses.

Nous ne savions pas grand-chose du fonctionnement de leur système; on devinait seulement que leur hiérarchie réelle s'abritait derrière une organisation apparente qui donnait le change et protégeait les responsables véritables. Leur réseau fonctionnait modestement, car les communistes allemands et autrichiens avaient perdu les postes importants qu'ils tenaient précédemment dans l'administration interne, et les communistes français ne pouvaient s'appuyer, comme à Buchenwald, sur la formidable puissance installée de leurs camarades étrangers anciennement établis. Avec une certaine efficacité tout de même, grâce au nombre, au niveau moral des petits responsables de kommandos et à l'intérieur des chambrées. Ils ne purent sauver tous les membres importants du Parti (tel ancien député affaibli par l'âge et la maladie partit en transport), mais leur présence attentive et active restait assurée partout.

Ils se savaient membres d'une immense fraternité quasi universelle où chaque rouage, si modeste qu'il fût, devait et pouvait contribuer au succès commun, faire avancer le grand convoi de l'Histoire. Dans cette vision, la fin de la guerre qui approchait ouvrait des perspectives immenses où chaque communiste était appelé à occuper des positions dans l'intérêt de sa cause à travers l'immense glacis qu'allait devenir l'Europe à l'ouest des zones où s'exercerait directement l'autorité de l'Union soviétique.

Aucune entreprise ne devait dès lors apparaître comme trop modeste; ce qui se passerait à Dachau et parmi les Français de Dachau aurait des répercussions sur l'avenir et de l'Allemagne et de la France; aucun pion, si petit fût-il, aucune place forte, si réduites que fussent ses dimensions, ne devaient dès lors être traités avec négligence ou mépris.

De notre côté, jamais depuis 1941, et à Dachau pas plus qu'ailleurs, nous n'avons pu oublier qu'au sein de la Résistance l'alliance des communistes et des « gaullistes » ne pouvait être qu'une association provisoire. Les communistes, même au camp, restaient évidemment fidèles à leur entreprise unique qui, pour les vrais militants, exerçait sur leur existence une emprise exclusive. Maintenir le Parti, le faire croître, étendre sa zone d'influence restaient des objectifs valables au plus fort du combat antihitlérien. Faire obstacle à cette entreprise devenait de ce fait un but permanent pour les résistants non communistes tout au long de ce même combat. Dès que l'on sentit la fin s'approcher, le Parti communiste français redoubla d'activité à Dachau. Réunions clandestines, conversations confidentielles, recherche de pions à pousser en avant : tout un jeu normal et conforme à la raison d'être d'un PC commença à se faire jour, jeu déjà centré sur le monde d'après-guerre, c'est-à-dire sur le passage prévisible à l'affrontement entre anciens alliés, à l'intérieur des nations libérées comme sur le plan international. De ce jeu nous fûmes assez vite et assez complètement informés. Les « intellectuels délirants » disposaient d'un bon réseau d'amis, mais face à cette préparation politique sérieuse, il n'y avait rien; parmi les « gaullistes », les « chrétiens », les non-communistes, rien ne ressemblait à l'efficacité de l'organisation communiste.

Les communautés nationales qui vivaient au camp pensèrent maintenant à se constituer d'une façon plus formelle. Il fallait envisager des événements importants, décisifs, comportant des dangers mortels, il fallait se préparer à négocier ou à résister, peut-être même les armes à la main, et aussi à organiser les lendemains d'une libération à laquelle on aurait survécu, les contacts avec des libérateurs, américains sans doute, dont nous ne savions pas grand-chose et qui sans doute ne savaient rien de nous.

Les nations déportées désignèrent ainsi des Comités auxquels un consentement à la fois volontaire et obligé conférait une légitimité certaine. C'étaient en fait des notables issus des diverses catégories de notabilité que l'on trouvait dans chaque groupe, avec une prédominance évidente accordée à ceux qui représentaient les organisations et les idées qui régnaient dans les pays d'origine ou qui étaient en train de s'y imposer.

Bien que la plupart des Yougoslaves, par exemple, fussent des Slovènes catholiques, bourgeois ou paysans, le Comité national yougoslave eut dès le départ une coloration exclusivement titiste. Parmi les Français, dix mois après le Débarquement et le début de la Libération, les choses étaient forcément plus compliquées. L'autorité d'Edmond Michelet n'était ouvertement contestée par personne – mais Michelet finissait au Revier une convalescence beaucoup trop lente aux yeux de ses amis. Le typhus l'avait frappé de plein fouet et mené au bord du trépas. Pendant des jours et des jours son esprit semblait avoir déserté son corps. L'extraordinaire vitalité de Michelet l'emporta, mais la raison et le langage ne revinrent que progressivement. En dépit des soins que tous ses amis lui procuraient, et notamment une phalange de médecins français, Michelet restait prostré, somnolent, très vite fatigué. Les récits du dehors le touchaient à peine. Il revenait de si loin.

Pendant ce temps, les responsables communistes tendaient leurs filets. Ils attirèrent à leurs conciliabules – à ceux du moins qui n'étaient pas réservés aux seuls responsables du Parti – un nombre croissant de « gaullistes » ou de gens du « Marais » qui subissaient l'ascendant de leur dialectique et de leur organisation.

La méthode consistait à mettre en avant des compagnons de route en apparence étrangers au Parti, en leur réservant les fonctions et les titres. Ils avaient mis la main sur un certain E. B., garçon avantageux sans fonds véritable, ayant des affinités socialistes et présentant bien; de plus son passé résistant paraissait convenable.

Michelet était hors jeu, les communistes pouvaient espérer, en prenant l'initiative et en exploitant l'inexpérience politique de la plupart des « gaullistes », pousser leur poulain au premier rang. Par bonheur, Michelet reprenait plus rapidement ses esprits, mais il lui restait une immense fatigue. Ce ne fut pas facile de le tirer littéralement de son grabat pour le conduire au lieu où se réunissaient les hommes les plus respectés ou les plus prestigieux de la « colonie » française, à l'exception de communistes. Tout en protestant, grommelant, invoquant santé et fatigue, il rassembla ses effets, s'habilla et d'un pas encore incertain se rendit à la réunion dont ses amis avaient pris l'initiative. Tous, bien entendu, le pressèrent de prendre la tête du Comité à constituer car après la disparition du général Delestraint, personne ne pouvait prétendre ouvertement que la première place ne revenait pas de droit à notre ami, d'un droit fondé sur la durée, l'expérience, les services rendus, le courage. Il finit par donner son accord et l'on s'en fut porter la nouvelle aux camarades communistes. Ceux-ci, avec le réalisme dont ils font preuve quand cela leur est permis, comprirent que leur « candidat » ne ferait pas le poids contre Michelet, ni aucun autre. Ils se rallièrent donc à Michelet, sans trop de mal grâce aux relations d'amitié que plusieurs d'entre eux entretenaient avec le futur ministre. Ils obtinrent, comme « prix » de ce ralliement, une représentation nombreuse au sein du Comité.

Placé devant les nécessités de ce nouveau rôle, pressé par les attentes et les angoisses de ces derniers jours de guerre, Michelet parut d'un coup rejeter en arrière les ombres de la maladie. Il discuta, présida, négocia, ses forces revinrent presque d'un seul coup. Dès ce jour il fut le « patron » des Français de Dachau, le chef reconnu de tous. Évoquant plus tard ce moment décisif il aimait à m'accuser d'avoir été responsable de sa carrière politique parce que j'étais venu le tirer de son lit « par les pieds ».

Autour du président Edmond Michelet, le Comité national français se constitua, comprenant des hommes connus des divers groupes existants. Les communistes y étaient nombreux, mais ils ne formaient qu'une minorité. Néanmoins, pour satisfaire ce qui apparut à certains comme une manie sans conséquences, on leur accorda que le Comité s'appellerait « patriotique ».

Comme la langue est un instrument de combat politique, l'importance que ce mot prenait alors dans le vocabulaire communiste traduisait la volonté de la section française de l'Internationale communiste de se parer des attributions du patriotisme et d'accaparer à son profit l'héritage de la Résistance.

Avant même la libération du camp, les communistes locaux exécutaient ainsi les mêmes instructions que leurs camarades restés en France. L'échec de la tentative E. B. avait une importance politique non négligeable dans le contexte de Dachau; chez les Russes et chez les Yougoslaves, les communistes possédaient tout le pouvoir, il en fut de même chez les Albanais.

Les Polonais et les Tchèques étaient divisés, mais l'occupation de leur territoire par les troupes soviétiques renforçait l'élément communiste. Chez les Allemands, après le départ des recrutés de force de la division Dirlewanger en décembre 1944, les communistes dominaient à nouveau [1] : c'est à un des leurs,

1. Sans doute parce que beaucoup d'entre eux étaient trop âgés ou trop affaiblis pour être considérés comme « bons pour le service ».

le nouveau Lagerälteste (doyen du camp, chef suprême de l'administration interne) Oskar Müller, que revenait la présidence du Comité international qui fut constitué en avril par les divers responsables nationaux. Les Français formaient le contingent le plus nombreux parmi les ressortissants occidentaux; communiste ou homme de paille des communistes, leur représentant au sein du Comité international aurait fait basculer cet organisme dans le camp soviétique, face à des Américains dont la plupart ne comprenaient pas grand-chose aux complexités du Vieux Continent, à un moment où à Washington dominaient encore, par surcroît, les préjugés favorables à l'« Uncle Joe ».

Après la Libération, Edmond Michelet, solidement appuyé sur le groupe de ses amis personnels d'avant l'été 1944 et sur notre groupe des « intellectuels délirants », n'eut pas trop de peine à orienter dans les directions qu'il jugeait convenables les décisions du « Comité patriotique ». Parmi les Français, il était celui qui disposait du réseau d'amitiés politiques le plus vaste : ses camarades d'avant-guerre et de Résistance, regroupés dans le MRP, occupaient à Paris une partie considérable du pouvoir, et les unités de l'armée française dont les chefs et les officiers nous rendaient visite n'avaient pour la plupart que peu d'affinités avec les communistes.

La présence de Roger Stéphane, alors membre du Cabinet d'Adrien Tixier, ministre de l'Intérieur, dans la première délégation politique qui vint à Dachau, deux ou trois jours après la libération, nous fut d'une grande utilité. Ami de notre petit groupe et parfaitement averti du jeu communiste, il renforça l'autorité de Michelet au sein du Comité et fit ensuite connaître à Paris la manière dont Michelet avait contenu les ambitions du Parti.

La plupart des responsables communistes de Dachau étaient personnellement des gens sérieux, honorables, de bonne volonté; fatigués aussi par une vie de kommando souvent très dure. Ils n'étaient pas de taille à résister sérieusement à Michelet et son « état-major ». Certains utilisèrent les premières occasions pour rentrer individuellement en France.

Il y eut néanmoins des séances difficiles au sein du « Comité patriotique français » de Dachau, par exemple quand les communistes prétendirent soumettre à des enquêtes toute une partie des déportés dont le passé n'était pas clair, ou qui n'avaient pas été résistants. Mais Michelet sut apaiser les esprits avec gentillesse et patience. Il y fut fortement aidé par le général Leclerc qui nous fit parvenir plusieurs milliers de bouteilles de bon vin. Le mauvais état de santé de beaucoup de nos compatriotes et la soif très vive de beaucoup de soldats américains nous amenèrent à cacher ce trésor et à ne débloquer notre vin qu'au compte-gouttes. Les membres du Comité se portant tous assez bien, Dieu merci, il ne fut pas nécessaire de les rationner, mais l'abondance de cette boisson, si longuement regrettée, n'exaspéra nullement les passions politiques.

Pour les militants les plus engagés et les plus en vue, la présence en France devenait d'une importance plus urgente. Michelet et ses collaborateurs ayant décidé de rester sur place jusqu'à l'évacuation du dernier Français valide, ils furent pratiquement sans opposition durant la dernière période. Dans l'équipe d'une dizaine de responsables qui partit de Dachau le 28 mai pour rejoindre directement Paris, il n'y avait plus aucun communiste.

L'histoire politique de la « colonie » française de Dachau eut deux épilogues de nature bien différente. L'absence de luttes dures et violentes entre communistes et non-communistes, l'autorité personnelle de Michelet et l'amitié réelle que lui portaient certains camarades communistes parmi les plus respectés permirent après le retour la création d'une Amicale des Anciens de Dachau dont l'unité, regroupant tout le monde, résista à toutes les épreuves de l'après-guerre et de la guerre froide, alors que beaucoup d'organisations de déportés connurent des ruptures douloureuses.

Tout en contenant leurs ambitions, prétentions et manœuvres, Michelet ne donna jamais aux communistes l'impression de leur contester des droits mérités. Cette fraternité assez unique a survécu à Edmond Michelet. Fidèle à son esprit, l'unité de l'Amicale de Dachau subsiste dix-sept ans après la mort de celui qui avait été son président à vie.

En octobre 1945, après l'élection de la première Constituante, le général de Gaulle formait un ministère qui devait pour l'essentiel se composer d'élus. Edmond Michelet avait été tête de liste du MRP en Corrèze. Le Général le convoqua à l'Hôtel de Brienne et notre ami, fils d'épicier fin et lui-même courtier assermenté en produits alimentaires, nous prédit en soupirant qu'on allait lui proposer le ministère du Ravitaillement, poste peu envié à un moment où la pénurie régnait sur les étalages.

Il revint une ou deux heures plus tard avec un large sourire. Le Général lui avait dit, comme entrée en matière : il paraît, Michelet, que vous avez su rester en bons termes, là-bas, avec vos communistes, sans pour autant leur céder en rien sur l'essentiel. Je dois partager à leur profit le ministère de la Défense; je leur donnerai l'armement, ils sauront faire marcher les arsenaux, mais naturellement ils voudront mordre sur les armées proprement dites et là il faudra leur opposer un refus amical mais ferme.

C'est ainsi que le sergent Michelet devint ministre des Armées pour avoir su contenir les communistes sans se brouiller avec eux. Ce fut le début d'une longue et brillante carrière politique de vingt-cinq ans.

# DÉLIVRANCE

Je ne parviens pas à me rappeler pour quelle raison je dormis sur une grande table, au milieu d'une pièce du Bloc 2, au cours des dernières nuits qui précédèrent la libération du camp. Je crois que nous avions profité de la confusion générale, mes amis les « intellectuels délirants » et moi, pour occuper cet endroit qui naguère servait de lieu de travail au Kommando de nuit chargé de rédiger les fiches des nouveaux arrivants. Sans doute tenions-nous à rester réunis pendant ces trop longues journées et ces trop courtes nuits qui pouvaient brusquement nous précipiter dans une catastrophe. Il fallait recueillir et confronter toutes les informations accessibles et nous tenir prêts à réagir. Les bruits les plus opposés circulaient dans le camp : la Croix-Rouge internationale s'apprêtait à nous prendre en charge; l'évacuation du camp était décidée et les Häftlinge devaient se préparer à partir pour le Tyrol, à pied naturellement et encadrés par les SS qui auraient reçu l'ordre d'abattre ceux qui tenteraient de s'enfuir aussi bien que les traînards, trop faibles pour tenir le rythme rapide qu'on allait nous imposer. D'une autre source nous apprenions qu' « en haut » – et cette formule pouvait signifier la direction suprême des SS, en la personne de Heinrich Himmler lui-même, ou l'un de ses adjoints – il avait été décidé de détruire le camp avec tous ses occupants. Buchenwald était tombé intact entre les mains des Américains, et ceux-ci avaient exécuté ou permis l'exécution des officiers SS. Ce cas ne devait pas se produire une seconde fois. Pour supprimer des bâtiments en dur et 35 000 humains il fallait évidemment de gros moyens : tantôt la rumeur annonçait que des avions allaient bombarder le camp (mais personne depuis des semaines n'avait vu des bombardiers allemands), et tantôt elle prédisait qu'on allait nous empoisonner tous en versant du cyanure dans l'eau « potable ». Une troisième version prophétisait la destruction par le feu. Après nous avoir enfermés dans les baraques, les SS incendieraient les bâtiments construits en bois. On sait aujourd'hui que ces dangers furent réels mais que les ordres donnés se heurtèrent à la désorganisation des structures de commandement, au mauvais vouloir de certains exécutants – et au manque de moyens.

Nous vivions dans l'attente, occupés à deviner la distance qui séparait le camp des lieux où se déroulaient des combats dont le grondement sourd des canons nous révélait la proximité croissante. Le ravitaillement n'était plus assuré régulièrement; comme les autres Français nous vivions sur les réserves que le Groupe avait constituées grâce aux colis de la Croix-Rouge. Alors que la bataille se rapprochait, des convois continuaient à arriver, venant de camps ou de kommandos que les SS évacuaient devant la progression des armées ennemies. Certains jours, la Place d'Appel était presque entièrement occupée par des Neuzugänge qui débarquèrent dans un état indescriptible des wagons dans lesquels ils avaient « voyagé » pendant des semaines. Venant d'Auschwitz ou de Gross-Rosen (un autre KZ situé en Silésie), des convois, qui avaient fait halte à plusieurs reprises dans des camps où l'on ne pouvait ou ne voulait les accueillir définitivement, étaient en route depuis trois mois. Un train de Buchenwald avait mis deux semaines à parcourir des centaines de kilomètres; il est vrai que pour aller de Thuringe en Bavière, il avait dû passer par la Tchécoslovaquie. Des prisonniers avaient été parqués dans des wagons ouverts, alors que la température restait continuellement au-dessous de zéro et que des neiges tardives ensevelissaient vivants et morts. Les autorités internes du camp, qui remplaçaient les SS qu'on ne voyait plus guère à l'intérieur de l'enceinte, décidèrent de continuer les opérations d'enregistrement. Il fallait relever les noms des « nouveaux », ne fût-ce que pour pouvoir plus tard donner aux familles des informations certaines sur la mort de leur fils, frère ou mari. Je repris donc moi aussi mon « métier » de scribe, mais cette fois-ci les difficultés dépassaient tout ce que nous avions connu auparavant. La plupart des arrivants étaient incapables de prononcer une phrase cohérente. Beaucoup se mouraient sous nos yeux, d'épuisement, de froid, de sous-alimentation ou des blessures reçues au cours du voyage. Je n'oublierai jamais un homme étendu dans l'herbe qui poussait en bordure de l'Appellplatz devant la première baraque de l'infirmerie : une plaie suppurante s'étalait sur son bas-ventre et cette plaie était grouillante de vers. Malgré tous nos efforts nous ne pûmes enregistrer qu'une minorité des arrivants. Pour la première fois des numéros étaient attribués à des « morts inconnus ». Devant l'enceinte du camp de détention on devait après la libération découvrir un train entier rempli de cadavres que les SS n'avaient pas eu le temps de faire décharger. On peut supposer que les survivants, trop faibles pour se livrer à cette besogne, avaient été conduits sur la Place d'Appel. S'il y a eu des Français parmi ces morts anonymes, ils ne figurèrent point sur les listes que nous établîmes à cette époque, grâce aux copies des fiches d'arrivages et de décès que nous avions pu nous procurer. Je cachais les listes qui formaient de gros volumes épais sous la paillasse de mon lit.

Dans cette atmosphère de fin du monde éclata un soir l'ordre d'évacuation. Il ne concerna d'abord que les Russes, les Italiens et les Juifs (recensés comme tels et issus des derniers arrivages), c'est-à-dire les populations qui ne jouissaient pas de la protection de la Croix-Rouge et qui n'étaient pas ressortissants des pays alliés occidentaux (les Polonais, représentés encore par leur gouvernement de Londres, étaient assimilés à des Occidentaux). Le Comité international clandestin se réunit mais ne vit aucun moyen pour empêcher le départ d'un groupe de près de 10 000 hommes : il n'était pas question de cacher une masse pareille dans les quelques blocs d'habitation. Certains se débrouillèrent individuellement – en fait les SS n'organisèrent pas de contrôle systématique –, mais les responsables des blocs et des chambrées, craignant des représailles, ne favorisaient pas toujours ces tentatives. La plupart des « partants » se résignèrent passivement à leur sort. On leur distribua une ration de marche, un grand rassemblement eut lieu sur l'Appellplatz et vers 10 heures du soir – par crainte des bombardements – l'immense colonne se mit lentement en route entourée de SS armés de mitraillettes. Ce spectacle nous parut sinistre, mais notre impuissance restait totale. Demain, sans doute, ce serait notre tour. Étendu sur ma table je ne m'endormis qu'après de longues réflexions moroses.

Du convoi parti en direction du sud nous eûmes des nouvelles quelques jours plus tard quand des Häftlinge dispersés furent de retour au camp. La longue marche au cours de laquelle de nombreux prisonniers avaient succombé à l'effort démesuré qu'on leur infligeait – et beaucoup de retardataires avaient été tués par les gardes SS – s'était terminée après une centaine de kilomètres, au pied de la première chaîne des Alpes près de l'idyllique village de Mittenwald, fameux pour son école de luthiers. Les SS avaient disparu, les prisonniers, à leur tour, prirent la clé des champs. Certains furent bien accueillis par la population, d'autres mal reçus et menacés cherchèrent les avant-gardes américaines qui furent longues à comprendre à quelle sorte de gibier de potence elles pouvaient bien avoir affaire. D'autres, effarés, déroutés, choisirent de retrouver le monde connu du camp qui leur apparaissait maintenant comme garant d'une sorte d'ordre tutélaire. Beaucoup de juifs survivants des « Kommandos de la forêt » de la région de Landsberg firent de même : en comparaison des igloos couverts de terre où ils croupissaient privés de soins et de nourriture, les baraques de Dachau et la soupe de raves biquotidienne, hors de la présence hurlante des SS et des kapos « noirs », leur faisaient l'effet d'un havre de paix et de sécurité. D'une manière générale les détenus des « kommandos extérieurs » revinrent en masse au « camp mère », après la libération, mouvement qui accrut le désordre et la confusion en rendant presque impossibles les opérations d'enregistrement et la distribution des vivres. Les anciens Schreiber, habitués à assurer la marche de l'administration au bénéfice de tous sous l'autorité de plus en plus lointaine des SS, hochaient la tête d'un air entendu quand ils se rencontraient et se disaient en soupirant que les choses allaient bien mieux du temps de nos anciens maîtres. Maintenant c'était la pagaille. Les listes des décès nous donnaient raison : jamais, avant le 29 avril, ils n'avaient atteint des records pareils. C'était le prix de la liberté.

Le matin venu, nous apprîmes que le commandement renonçait à faire partir les quelque vingt mille prisonniers qui restaient au camp. On parlait d'une démarche que le Lagerälteste allemand avait effectuée au nom du Comité international auprès de la direction SS. A Munich avait éclaté une révolte : des officiers bavarois s'étaient dressés contre l'absurde obstination des dignitaires nazis qui voulaient enterrer le III^e^ Reich sous les décombres de la « Capitale du Mouvement ». A l'intérieur du camp l'agitation était extrême. Oisifs, affamés, épouvantés, des milliers d'hommes circulaient en se communiquant des nouvelles plus étranges ou absurdes les unes que les autres. Le bruit du canon s'approchait, s'arrêtait, reprenait. Aucun SS ne pénétrait plus au camp où les Comités nationaux et le Comité international siégeaient maintenant au grand jour. L'attente traversée de brusques poussées d'angoisse nous parut interminable.

Soudain, vers 3 heures de l'après-midi, une sorte de vague entraîna la foule sur l'Appellplatz le plus près possible du Jourhaus. Le portail de fer forgé était grand ouvert. Sous la voûte, mais à l'intérieur du camp de détention, une drôle de voiture basse sur roues et sans toit s'était arrêtée. Nous apprîmes vite que ce véhicule s'appelait « jeep ». Quatre personnages en uniforme américain avaient sauté à terre et ne savaient comment résister au raz de marée humain qui se précipitait sur eux : un Noir très grand, le conducteur du véhicule, deux Blancs et... une femme. Elle avait enlevé sa casquette, nous voyions ses boucles châtaines coupées court. Alors que le Noir et la femme, adossés à la jeep, serraient les mains de la foule aux mille bras tout en cherchant à éviter les accolades, un des Blancs courut vers l'entrée de Jourhaus. Quelques instants plus tard, il apparut sur le balcon qu'ornait une grille de fer forgé. Personne, de mémoire de Häftling, n'était venu s'adresser de là-haut au peuple méprisé et humilié des détenus. D'un grand geste, ample et amical, l'homme commanda le silence. « *Let's pray, brethren,* s'écria-t-il. *Let us thank the Lord for this day of delivery. Once more he has guided Israel, his People, out of Pharao's Egypt.* » Parmi ceux qui l'écoutaient avec stupéfaction, bien peu étaient capables de comprendre l'anglais et peu nombreux étaient, aussi, ceux qui, dans l'enfer, n'avaient cessé de croire au Ciel. Cette prière inattendue me fit venir les larmes aux yeux, elle était incongrue et merveilleuse, trop belle pour être vraie. Tout était trop beau : ma certitude intérieure ne m'avait pas trompé : j'avais survécu alors qu'au départ, quand l'agent de la Gestapo avait pénétré dans l'atelier de François, mes chances étaient à peu près égales à zéro. Je regardai alors le quatrième Américain, qui était resté près de la jeep avec la femme et le Noir, et je vis – sans doute possible – qu'il était juif. Je ressentis alors une sorte d'hilarité intérieure : les symboles arrivaient vraiment trop nombreux, comme dans les tragédies classiques. La femme était une journaliste, la fameuse correspondante de guerre Margaret Higgins.

Soudain, alors que nos poumons se remplissaient d'une formidable allégresse, une fusillade nous jeta dans une terreur incontrôlable. Tout semblait fini et voici que cela recommençait. Des milliers de gens se laissèrent tomber par terre, les uns sur les autres, se pressant corps contre corps, enfouissant leur figure dans la masse mouvante et hurlante. D'après les renseignements recueillis un peu plus tard – mais qui pouvait en garantir l'exactitude ? –, des soldats allemands postés dans le mirador qui surplombait la Place d'Appel à droite du Jourhaus avaient pris peur et tiraient au hasard des salves de mitraillette. Leur panique alimentait la nôtre. Des renforts américains arrivés entre-temps eurent tôt fait de les réduire au silence. Quelques prisonniers gisaient parmi nous, morts ou blessés, et j'aperçus un peu plus tard, alignés de l'autre côté du canal qui séparait le camp de détention du grand camp SS, les cadavres qu'on avait descendus du mirador. C'étaient des hommes plutôt âgés, car depuis l'été 1944 les gardes SS valides avaient été versés dans la Waffen-SS, et des soldats de la Wehrmacht, jugés inaptes au combat, les avaient remplacés en revêtant l'uniforme à la tête de mort. Et c'était la mort qui une fois encore avait saisi ensemble, par un dernier sacrifice absurde, quelques instants avant que ne s'abaisse le rideau, ces soldats et nos camarades.

Les soldats américains se faisaient de plus en plus nombreux. Un colonel s'établit au Jourhaus avec son petit état-major. Déjà des interprètes, surgissant parmi nous, venaient offrir leurs services. Les anglophones allaient triompher des germanophones. Le Lagerälteste et les autres membres du Comité international traversèrent l'Appellplatz pour saluer le nouveau maître et lui exposer la situation du camp. C'est à ce moment que se place l'incident Mensarian. Tiré de la trappe où il s'était caché, l'ancien Lagerkapo, adossé contre le mur du Jourhaus, subissait les injures, les crachats, les coups. Quelques Français, avisant Edmond Michelet dans le groupe du Comité international, le tirèrent par le bras pour qu'il vînt participer au lynchage. On lui tendit une pierre que notre ami refusa bien sûr avec horreur. Il eut du mal à se dégager de la foule furieuse. J'entendis les coups de feu et je vis le cadavre de l'Arménien qu'on traîna par les pieds pour l'ajouter à l'alignement des soldats allemands abattus. Bientôt retentirent de nouveaux cris de fureur : sur un chariot attelé d'un bon cheval de labour des Häftlinge qui, sans doute échappés du convoi de la veille, s'étaient répandus dans la campagne – pour chercher des vivres et des vêtements et peut-être aussi avec des intentions moins avouables – ramenaient en triomphe, ficelé comme un rôti, le Rapportführer Böttcher qu'ils avaient trouvé, caché dans une ferme. Tyran abattu, ridicule dans des habits trop étroits, la figure en sang, l'ancien responsable du camp de détention roulait des yeux épouvantés. Il eut plus de chance que Mensarian : un officier américain vit le cortège et envoya ses soldats s'emparer du gros Böttcher qui sauva ainsi, provisoirement, sa vie.

Pendant ce temps dans les blocs commençait le défilé des soldats américains qui, bouleversés par des spectacles auxquels nous étions habitués depuis trop longtemps pour nous en étonner encore, ne savaient que faire pour montrer leur amitié aux pitoyables victimes de l'ennemi. Ils distribuaient à qui mieux mieux cigarettes, chocolat, rations alimentaires, crayons, stylos, et même de l'argent. Ceux qui connaissaient des langues européennes se faisaient expliquer ce qu'ils voyaient et n'arrivaient pas à comprendre. Des guides s'offraient pour leur faire faire le tour d'honneur. Dans les chambrées des échanges commerciaux commençaient à s'organiser. Maintenant que tout danger était passé, qu'avait pris fin le périple commencé le soir du 10 février 1944 dans l'atelier de François, et même bien avant lorsque j'étais entré dans la clandestinité en avril 1942, et plus tôt encore quand les troupes hitlériennes avaient enfoncé le dispositif français au-dessus de Montmédy en mai 1940, et encore plus loin dans le passé quand Hindenburg avait nommé Hitler chancelier de l'Empire, maintenant qu'il n'y avait plus aucune raison d'avoir peur, j'éprouvai une sorte de vacuité interne, un épuisement sans fond dont il me semblait que je ne pourrais plus jamais émerger.

Laissant derrière moi le bruit, les cris de joie, les trafics, les soupirs des malades et le râle des mourants, je m'en fus à la chapelle où je m'assis dans l'obscurité rendue plus profonde encore par la lueur de quelques rares cierges. Je m'assis et respirai lentement pour calmer les battements de mon cœur. Je ne crois pas que je priai véritablement, et je ne pensais à rien de précis. J'écoutai seulement le silence qui peu à peu venait remplir le vide. C'était peut-être une espèce d'action de grâces. Au bout d'un temps qui me parut long je me levai et m'en allai rejoindre le groupe rassemblé dans notre pièce commune. Une fois encore, je m'étendis sur la table et, d'un seul coup, au milieu des conversations, en pleine lumière, je m'enfonçai dans un sommeil sans rêves.

# IDYLLE

J'avais ramené du Bunker le troupeau bigarré et pourtant bien peu reluisant des Français qui s'étaient engagés du côté de l'ennemi. Ces fiers combattants de la Division Charlemagne relevaient plutôt du marché noir et du proxénétisme que de la collaboration idéologique. Gibier de potence sans doute, mais menu frétin. Conformément aux assurances qu'au nom de Michelet j'avais données à Juranic le maître titiste de la prison, nous les enfermâmes dans les locaux d'arrêt qui faisaient partie du casernement SS attribué aux Français par le commandement américain. Nous y étions à l'aise. Dans l'ancien mess des officiers, Michelet, entouré de ses collaborateurs et des membres du « Comité patriotique », tenait table ouverte. De nombreux visiteurs, officiers de l'armée De Lattre et de la Division Leclerc, parlementaires, hauts fonctionnaires et journalistes venant de France se succédaient dans notre « Résidence ». Le rapatriement prenait plus de temps qu'on avait cru au lendemain de la libération. Plusieurs centaines de Français étaient encore hospitalisés; il fallait donc s'accoutumer à l'idée d'un séjour assez long dans le « nouveau Dachau », puisque Michelet avait fait vœu de partir le dernier, et qu'il n'était pas question pour moi de l'abandonner. La bureaucratie militaire américaine était, elle aussi, source de retards et – inévitablement – de frictions. Pour comprendre les situations si diverses des survivants, il eût fallu un régiment de spécialistes. Au lieu de quoi l'armée appliquait ses règlements et instructions. C'est ainsi qu'on nous demanda de remplir le fameux « Questionnaire » dont Ernst von Salomon fit dix ans plus tard la trame d'un roman picaresque et narcissique. Égrenant d'innombrables questions, ce document commençait par une demande particulièrement bien appropriée au cas des déportés-résistants français : « En quelle année avez-vous adhéré au Parti national-socialiste ? » De plus il était rédigé en allemand et les Américains exigeaient qu'il fût rempli en quatorze exemplaires. La plupart des Français étaient incapables de se débattre seuls avec ce monument de l'esprit géométrique; nous demandâmes aux séminaristes de s'en charger; ils avaient un minimum d'instruction, et la patience était une vertu qu'ils devaient pratiquer par devoir d'état. Les Américains nous firent prêter une vingtaine de machines à écrire et à raison d'au moins une heure par questionnaire ce Kommando d'un genre nouveau (mais ne ressemblait-il pas, machines mises à part, aux kommandos d'enregistrement qui accueillaient naguère les Neuzugänge, les nouveaux arrivages ?) avait du pain sur la planche. Par bonheur la colonie française fondait comme neige au soleil. En dépit des oukases et des menaces des Américains, l'individualisme et l'amour du système D poussaient les Français tant soit peu valides et tant soit peu courageux à abréger leur nouvelle « quarantaine » en prenant la clé des champs. Près de la moitié du groupe français se volatilisa de cette manière, à la grande fureur des Américains, et au grand soulagement de Michelet, de son équipe – et du Kommando des séminaristes.

L'armée américaine craignait le typhus au moins autant que naguère les SS. D'où l'idée de consigner en quarantaine tous les habitants du camp. Mais les moyens disciplinaires n'étaient plus les mêmes. Quand le capitaine Rosenberg menaça de faire chercher Edmond Michelet par la Military Police, après que notre chef eut refusé de venir siéger au Comité international pour protester contre une décision inadmissible pour les Français, il provoqua une hilarité générale et prolongée dans les chambrées du quartier français. La mesure la plus urgente, sinon la plus efficace, fut l'aspersion obligatoire de poudre DTT, mortelle pour les poux, que devait subir quiconque entrait ou sortait de l'ancien camp de détention. Pour exécuter cet ordre, comme pour une multitude d'autres besognes, les Américains recrutèrent des auxiliaires bien nourris, bien vêtus et bien payés – tout cela paraissait un rêve – parmi les plus solides des « personnes déplacées », ex-prisonniers qui ne pouvaient ou ne voulaient rentrer chez eux. Armés de boîtes à piston ces robustes gaillards s'amusaient comme des fous chaque fois qu'ils pouvaient enfiler leur instrument sous les jupes d'une infirmière que soulevait ensuite un fort nuage de DTT.

Quand nous recevions des visiteurs du dehors, et nous en avions en fait tous les jours, le problème du service nous donnait du souci. Il n'était pas question de nous faire servir par des camarades, et c'était fort déplaisant de devoir à tour de rôle interrompre la conversation pour aller chercher et faire circuler des plats. Quelqu'un, alors, se rappela les Waffen-SS français qui croupissaient dans notre local d'arrêt. J'avais remarqué un bonhomme qui paraissait plus éveillé que les autres. Je le fis sortir de sa cellule et l'interrogeai sur son passé. Garçon de café de son métier, souteneur par la suite et trafiquant de marché noir, l'engagement dans l'armée allemande l'avait soustrait à la vengeance de collègues avec lesquels il avait eu des différends. Ayant rapporté cet entretien à Michelet, je fus autorisé à proposer à mon interlocuteur de se charger avec ses compagnons de la cuisine et du service de table. « Si vous travaillez à notre satisfaction, nous vous traiterons convenablement quoi que vous ayez fait dans le passé. Nous vous ramènerons en France et là nous vous remettrons à la maréchaussée. » Je fus sensible à une certaine symétrie entre le discours que je tenais ainsi à ces prisonniers, et celui que Schüssler nous avait fait quand il avait pris la direction du Kommando du fichier. Marché conclu, nous n'eûmes pas à nous plaindre de notre nouveau personnel. Je n'en vis jamais de plus empressé ni de plus respectueux. Le souteneur était excellent cuisinier. Pour entretenir leur zèle, nous demandions souvent aux officiers, nos invités, ce qu'ils pensaient des Français qui s'étaient engagés chez l'ennemi. L'on devine la réponse, et les plats se mettaient alors à danser quelque peu dans les mains de nos « garçons ». Ayant à sa droite Mgr Daguzan, vicaire général de l'évêché de Pau et ancien lieutenant-colonel d'Infanterie coloniale, et à sa gauche l'officier invité le plus élevé en grade, Edmond Michelet présidait ces repas avec autorité et bonhomie. Nos visiteurs nous apprenaient l'histoire dont nous avions été absents, le Débarquement, la Bataille de Normandie, la Libération de Paris, le rétablissement de la France sous la conduite de De Gaulle. Ce mois de mai passé à Dachau au service de nos camarades fut pareil à un sas de décompression dans les remontées de plongée sous-marine. Nous nous adaptions lentement et progressivement au monde que nous allions à la fois retrouver et découvrir.

Parmi les problèmes à résoudre, un des plus imprévus fut celui des juifs de Rhodes. Un jour, trois jeunes filles assez jolies à voir, malgré leurs robes de fortune et leurs cheveux rasés qui commençaient seulement à repousser, demandèrent à nous parler. Je les reçus dans mon bureau, voisin de celui de Michelet; en excellent français elles m'expliquèrent alors qu'elles appartenaient à la minorité juive de l'île de Rhodes, placée sous administration italienne depuis la guerre italo-turque de 1911, malgré le caractère grec de la grande majorité de la population. Elles avaient fréquenté l'école de l'Alliance israélite, jusqu'au jour où – après la capitulation de Badoglio – les Allemands s'étaient substitués aux Italiens et avaient commencé à déporter les juifs. A Auschwitz, lors de la sélection, elles avaient été séparées de leur famille; vigoureuses, elles s'étaient retrouvées dans un des « camps de la forêt » près de Landsberg, affectées à la construction de l'usine souterraine. Après la libération, elles étaient venues à Dachau. Puisque leurs parents étaient morts, elles souhaitaient rejoindre des cousins vivant en Rhodésie. La tragédie s'articulait en jeu de mots : de Rhodes par Auschwitz et Dachau elle menait en Rhodésie. Mes visiteuses, pupilles d'un établissement français, sollicitaient en quelque sorte notre protection que Michelet n'hésita pas un instant à leur accorder. Elles furent donc naturalisées à titre provisoire et admises dans notre quartier où nous leur attribuâmes un logement décent. Comme tout se savait à Dachau, et rapidement, d'autres femmes de la communauté israélite de Rhodes, et d'autres élèves de l'Alliance israélite, de Salonique notamment, vinrent solliciter la même faveur. L'une d'elles était un peu plus âgée, elle avait perdu à Auschwitz son mari et deux enfants en bas âge. Pour nous remercier elle nous offrit ses talents de cuisinière qui étaient réels. Mme Lombroso vint ainsi compléter notre dispositif ménager. Un soir, alors que je rentrais à la petite villa que j'occupais avec Gosselin, distante de quelques minutes du mess, je rencontrai un homme et une femme qui marchaient étroitement enlacés, s'arrêtant souvent pour s'embrasser avec passion. C'étaient notre SS-souteneur-garçon de café et notre cuisinière juive. J'eus d'abord envie de rire, mais à l'instant d'après je me sentis pris d'un grand élan de tendresse pour ce couple si peu attendu. C'était ça, aussi, la paix.

# *ANNEXE*

## RAPPORT SUR LA SITUATION DES FRANÇAIS, ANCIENS INTERNÉS AU CAMP DE DACHAU EN DATE DU 8 MAI 1945

*État sanitaire :*

Au dixième jour de la libération du camp, la situation des Français de Dachau, et en général des anciens internés, ne s'est guère améliorée du point de vue sanitaire.

1. *L'épidémie de typhus* s'est amplifiée, le nombre de cas nouveaux augmente tous les jours à la suite du désordre qui a succédé dans tous les services administratifs du camp à l'hypertension de l'ordre allemand. Les malades du Revier, les habitants des blocs typhiques consignés circulent librement dans le camp, transportent leurs poux de bloc en bloc.

La concentration humaine dans le camp, destiné au début à 9 000 hommes, a augmenté dans les derniers jours avant la libération dans des proportions effrayantes. La population actuelle s'élève à plus de 30 000. Dans la seule journée du 24 avril plus de 6 000 personnes, pour la plupart des prisonniers évacués des camps de Buchenwald et de Flossenbürg, sont arrivées. Dès lors, aucun contrôle administratif ou sanitaire sérieux n'a été tenté. Dans les anciens blocs consignés où ces nouveaux arrivants avaient été logés règne une atmosphère irrespirable. Dans ces chambres destinées à 75 hommes en sont entassés jusqu'à 600, pour la plupart épuisés, malades, mourants. Il est parfois impossible de distinguer dans une accumulation de corps humains les cadavres et les mourants. Les prisonniers couchent à trois par lit, sans compter ceux qui ne trouvent pas de lit du tout et couchent à même le plancher.

Ces conditions expliquent l'insuccès de toutes les tentatives de désinfection générale du camp, et laissent prévoir l'échec de l'expérience actuelle poursuivie par les Américains qui consiste à inviter toute la population à se présenter à la tente de désinfection établie sur la grande place du camp. Comme les individus les plus sales et les plus pouilleux ne se présentent pas et comme aucun obstacle n'est mis à la circulation des habitants des blocs suspects, rien n'empêche les désinfectés récents d'attraper à la sortie de la désinfection les poux du voisin. Rien n'est fait en outre pour la désinfection, ou plutôt le remplacement des paillasses dans les blocs, dans lesquelles se sont succédé, le plus souvent, depuis de longs mois, plusieurs générations d'occupants (2 ou 3 hommes par paillasse)! Les soins donnés à la population des blocs fermés, les plus menacés par l'état d'épuisement (misère physiologique, ulcères, œdèmes) dans lequel ils se trouvent, sont pratiquement nuls, exception faite de l'action volontaire, courageuse mais insuffisante et non officielle de quelques séminaristes français.

Pour enrayer l'épidémie de typhus et pour sauver des dizaines de Français, un seul moyen s'impose : l'évacuation des blocs du Revier (infirmerie) sur les nombreuses baraques inoccupées du camp SS et l'utilisation des neuf blocs ainsi libérés pour décongestionner les anciens blocs fermés. Cette évacuation est commencée et se poursuit actuellement au rythme de 150 malades par jour. Pour évacuer les 6 000 malades du camp on peut donc envisager un délai d'un à deux mois. La patience des prisonniers serait ainsi mise à une dure épreuve, qui semble bien inutile. Ce n'est pas l'absence de lits qui pourrait empêcher un établissement plus rapide, les lits abondent dans le camp SS où les milliers de soldats étaient logés dans des conditions d'hygiène impeccables. Inutile d'ajouter que les anciens prisonniers français préféreraient voir les questions sanitaires les concernant traitées uniquement par des médecins français et leurs malades soignés dans un hôpital français, ce n'est certainement pas la place qui manque. Mais la création d'un hôpital mixte suffirait déjà à enrayer l'épidémie, si elle est suivie d'une désinfection générale des restants, générale et obligatoire et poursuivie avec une rigueur impitoyable.

2. Une multiplication des cas de *diarrhée* a suivi immédiatement l'arrivée des Américains. Elle s'explique par l'abondance déraisonnable des nourritures non adaptées aux conditions spéciales du camp qui ont été distribuées sans distinction aux bien portants et aux plus déficients, en particulier des conserves de viande. Une nourriture plus nuancée semble indispensable si l'on veut empêcher des pertes terribles. Il ne faut pas oublier que des centaines de prisonniers se trouvent dans un tel état d'épuisement qu'ils ne peuvent même plus assimiler de l'ovomaltine liquide et chaude que l'on tente de leur donner.

3. Devant un tel état de choses l'on ne s'étonnera pas d'apprendre que la mortalité, loin de décroître depuis la libération, a augmenté assez sensiblement :

| | |
|---|---|
| Le 25 avril (lendemain des arrivées massives de Buchenwald, jour exceptionnel) | 101 morts |
| Le 1er mai | 135 morts |
| Le 2 mai | 121 morts |
| Le 3 mai | 119 morts |
| Le 4 mai | 106 morts |
| Le 5 mai | 111 morts |
| Le 6 mai | 117 morts |
| Le 7 mai | 110 morts. |

Dans la seule journée du 1er mai, sans compter une trentaine de morts inconnus, parmi lesquels se trouvaient à coup sûr quelques Français, *seize* de nos compatriotes sont morts.

4. L'on ne peut omettre de signaler le véritable scandale du crématoire, où des centaines de cadavres restent sans sépulture depuis la libération dans un état de putréfaction et de liquéfaction accentué, afin d'offrir un spectacle suggestif aux visiteurs autorisés, ou le plus souvent non autorisés, qui viennent faire le tour du camp. Ces cadavres empestent aux

alentours du camp, vers le soir on les sent dans toutes les baraques; d'autant plus que le même fait se produit à la chambre des morts du Revier.

*État administratif :*

Le désordre qui s'est installé dans les blocs et qui a eu pour résultat la recrudescence de l'épidémie de typhus n'a pas épargné les Administrations centrales du camp. C'est ainsi que la liste des effectifs du camp et la liste des morts n'ont pas pu être continuées, alors qu'elles avaient été établies, en ce qui concerne les Français, sans interruption dans des conditions de clandestinité souvent très dures sous la domination des SS.

Ces quelques remarques sont loin d'être exhaustives. Il semble pourtant qu'elles suffisent à justifier les plaintes des Français qui ont l'impression d'être abandonnés à eux-mêmes, livrés à des visiteurs étrangers souvent plus curieux qu'efficaces. Ils réclament avant tout une présence continue, une liaison ininterrompue avec les autorités militaires françaises les plus proches du camp, ainsi qu'avec le gouvernement. Ils pensent que 3 000 Français de Dachau, que 1 200 Français d'Allach (qui vivent dans des conditions pires encore que ceux du camp mère), ont droit à une sollicitude particulière, notamment les résistants authentiques qui se trouvent parmi eux. Ils désirent qu'un officier de liaison soit en permanence auprès d'eux, qui puisse servir d'intermédiaire entre eux et les autorités américaines de Dachau et des échelons supérieurs. Ils demandent qu'on ne perde pas de vue que leur évacuation est une affaire d'intérêt national et que chaque Français mort depuis la libération du camp est une perte irréparable et injustifiable.

Gaston Gosselin, Centre National Maquis (MUR)
Chef du Centre de Régulation Nationale de Paris.

Gilbert Lazard, Centre National Maquis (MUR)
Service des Cadres.

| | |
|---|---|
| Jean Lorenceau, | Centre National Maquis (MUR)<br>Chef Régional Adjoint Normandie. |
| Joseph Rovan, | Chef du Bureau National Documentation du S.I. des MUR<br>Membre du Directoire de *Témoignage Chrétien.* |
| Jean-Pierre Sussel, | Chef Régional Combat Montpellier, Secrétaire Général du Comité Général des Experts. |

*Ce texte, rédigé par les « Intellectuels délirants »,*
*fut confié à Roger Stéphane qui le remit au gouvernement français.*
*Quelques jours plus tard un vaste quartier du Camp SS*
*fut attribué aux Français libérés.*

TABLE

*

## DES FAITS DIVERS

*Cet ouvrage a été réalisé sur*
*Système Cameron*
*par la SOCIÉTÉ NOUVELLE FIRMIN-DIDOT*
*Mesnil-sur-l'Estrée*
*pour le compte des Éditions Julliard*
*le 17 février 1987*

*Imprimé en France*
Dépôt légal : février 1987
N° d'édition : 4846 – N° d'impression : 5830